빈센트 반 고흐 평전

불꽃과 색채

빈센트 반 고흐 평전

불꽃과 색채

지은이 슈테판 폴라첵 | 옮긴이 주랑

초판 1쇄 인쇄 2013년 11월 20일 | 초판 1쇄 발행 2013년 11월 25일

펴낸이 송성호 | 펴낸곳 이상북스

책임편집 김영미 | 북디자인 이승욱 | 인쇄 미르인쇄

출판등록 제313-2009-7호(2009년 1월 13일) | 주소 서울특별시 마포구 서교동 448-38 201호

이메일 beditor@hanmail.net | 전화 02-6082-2562 | 팩스 02-3144-2562

ISBN 978-89-93690-23-1 03990

- 책값은 뒤표지에 표기되어 있습니다.
- 파본은 구입하신 서점에서 교환해 드립니다.
- 이 도서의 국립중앙도서관 출판시도서목록(CIP)은 e-CIP 홈페이지(http://www.nl.go.kr/cip/php)와
  국가자료공동목록시스템(http://www.nl.go.kr/kolisnet)에서 이용할 수 있습니다.
  (CIP 제어번호: CIP2013021434)

빈센트 반 고흐 평전

불꽃과 색채

슈테판 폴라책 지음 | 주랑 옮김 | 반이정 평론

이상
북스

이 책은 Stefan Pollatschek의 Flammen und Farben:Das Leben des Malers Van Gogh(saturn-Verlag, Wien, 1937)를 번역했다. 본문에 나오는 인명과 지명 등의 고유명사는 〈외래어표기규정〉을 기준으로 표기했다.

빈센트는 다시 의식을 잃었다. 그리고 한참 후 다시 깼다.

"내 그림을⋯⋯ 내 그림과 파이프를 좀⋯⋯."

테오와 가셰 박사는 빈센트의 그림들을 가져와 벽에 걸었다.

아를르의 노란 집과 의자, 전원 풍경, 정물화와 초상화 등의 그림이었다.

"많군."

빈센트가 중얼거렸다.

"그렇지, 아주 많다네."

가셰 박사는 계속해서 그림을 가져왔다.

"기가 막혀, 정말 훌륭하다고."

가셰 박사는 그림을 새로 가져올 때마다 외쳤다.

"자, 이젠 자네도 저항할 수 없겠지. 빈센트, 자넨 대가야. 그래서 자네 그림은 모두 틀에 끼우는 거야."

빈센트가 미소 지었다.

"이제 돌아가도 좋다고 말해 주시오."

빈센트가 속삭였다. 그리고는 온몸을 심하게 떨었다.

(…)

관 뒤에는 테오와 가셰, 툴루즈 로트렉, 에밀 베르나르, 폴 시냐크, 조셉 반탕, 파스케, 그리고 집주인…… 이렇게 여덟 명이 따라갔다.

"이 묘지는 정말 깨끗한 곳이야. 가엾은 빈센트가 자주 그리던 보리밭에 둘러싸였군."

모두 구덩이 앞에서 조그만 삽으로 흙을 퍼 넣었다.

제일 먼저 테오가 앞으로 나왔다.

형은 이제야 그렇게 원하던 평화를 얻었네. 그런데 나는 영원한 슬픔을 얻었어. 왠지 나도 곧 형 곁으로 갈 것만 같은 생각이 들어. 그러면 형이랑 나란히 누울 수 있겠지. 어머니, 우리 두 사람은 정말 다정한 형제였어요.

테오는 마음속으로 이렇게 말했다.

가셰는 커다란 해바라기 꽃다발을 무덤 속으로 던졌다.

"노란 꽃을 좋아했던 자네에게 이 꽃을 보내네. 하지만 이 꽃은 자네가 그린 것만큼 아름답지 않군."

제벤베르겐의 기숙학교에서 지내던 열세 살 무렵의 빈센트.

오베르의 공동묘지에 나란히 묻힌 빈센트와 테오.

01

빈센트와 테오가 태어난 준테르트의 목사관. 깃발이 꽂힌 방이 빈센트가 태어난 곳이다.

1

"빈센트, 문 좀 닫고 다녀라."

할머니가 말했다.

"꼭 닫아야 해요? 닫고 싶지 않아요."

소년은 대답했다.

"어른이 말을 하면 들어야지. 버릇없는 아이처럼 구는구나."

옆에 있던 어머니가 말했다.

"예전에는 버릇없는 아이들을 그렇게 다루지 않았다. 그렇게 무르게 대해서야 말을 듣겠냐. 세 살 버릇 여든 간다고, 어릴 때부터 똑부러지게 가르쳐야지. 요즘에는 정말……."

"어머니, 빈센트는 남다른 아이예요. 예민하고, 몸도 약하고……."

"몸이 약하다고? 앤 변덕스럽고 사납기까지 하니, 가끔 때려줘야 말을 들을 거다. 어릴 때 매는 약이 되는 법이다."

"저는 그렇게 생각하지 않아요."

1853~1872

"너도 아이를 많이 길러봐서 잘 안다는 듯한 말투구나. 하지만 안나, 나는 아이를 열둘이나 길러냈다. 물론 나도 아이들이 귀여웠지. 그렇지만 엄하게 대했다. 그래서 모두 훌륭한 사람이 되었어. 요하네스는 해군 중장, 네 남편은 할아버지와 같은 목사고, 헨드릭 빈센트는 브뤼셀의 어엿한 미술상이 되었고……."

브레다의 반 고흐 부인이 자식들 이야기를 시작하면 끝이 없다는 것을 안나는 알고 있었다. 아들들 이야기가 끝나면 육군의 고관과 결혼한 딸들 이야기를 시작할 것이다. 안나는 얼른 아들을 쳐다봤다. 흐트러지고 곤두선 머리털을 보며 또 깎아줘야겠다고 생각했다. 그런데 이 아이는 왜 이렇게 머리칼이 빨리 자랄까.

"빈센트, 이리 온. 머리를 좀 빗어야겠다."

"싫어."

구석에 버티고 서 있던 소년은 대답했다.

"그런 아이에겐 고운 말이 먹히지 않는 법이다."

할머니가 큰소리로 말했다.

"빈센트, 말 좀 들으렴. 할머니가 너를 나쁜 아이로 생각해도 괜찮다는 거니?"

"난 아무래도 좋아."

"네 자식 교육의 결과를 아주 잘 보여주는구나. 네 자식이니 네 법대로 키우려무나. 뭐, 어쩔 수 없는 일이지."

"빈센트, 당장 할머니께 잘못했다고 해!"

"싫어."

“그럼 좋다. 대신, 저녁은 없다.”

“됐어.”

할머니는 웃기 시작했다.

“이 애 말대꾸하는 것 좀 봐라. 네 교육이 아주 잘 먹힌 모양이로구나.”

“아무래도 안 되겠다. 아버지께 말해야겠다.”

“상관없어.”

소년은 이렇게 대답하고는 손가락 끝을 질겅질겅 씹어댔다.

“빈센트! 그렇게 손톱을 깨물면 못쓴다.”

“재밌어, 그리고 맛있는걸.”

“엄마한테 말대꾸하지 말고. 자, 이리 온. 머리를 빗겨줄 테니.”

안나가 끌어당기려 하자 소년은 재빨리 몸을 빼 마당으로 뛰어나갔다. 등 뒤에서 시어머니의 비웃는 소리가 들렸다. 안나는 밖으로 나가 악을 쓰며 뻗대는 아이를 끌고 들어왔다. 그때 브레다의 반 고흐 부인이 일어났다.

“안나, 더 이상 보고만 있을 수는 없구나.”

브레다의 반 고흐 부인은 빈센트의 따귀를 때리고는 문 앞에 앉혔다.

“어머니, 아이를 때리지 마세요. 저는 아이를 때리면서 키우고 싶지 않아요.”

“그러냐. 그렇지만 나도 할머니로서 그냥 보고만 있을 수는 없구나.”

“제 자식은 제가 교육시킬게요.”

“그래, 그렇게 키운 자식이 어떻게 되는지 보자꾸나.”

“어머님, 이 앤 제 자식이에요.”

1853~1872

"네 태도도 몹시 마음에 들지 않는구나. 나는 브레다로 돌아가야겠다."

그리고 그녀는 기세등등하게 방에서 나갔다.

점심 무렵, 목사인 반 고흐가 돌아왔다. 그는 해바라기 꽃을 한 다발 들고 있었다.

"안나, 당신 표정이 마치 하루 종일 비라도 온 것 같구려. 무슨 일이라도 있었소?"

안나는 자초지종을 말했고, 반 고흐 목사는 아내를 위로했다.

"어머님을 너무 나쁘게만 생각하진 말아요. 어머님은 당신 아이들을 모두 그런 방식으로 키워냈고, 빈센트를 좀 때린다고 뭐 큰일이야 나겠소."

"그래도 나는 빈센트를 때리면서 키우고 싶진 않아요. 더구나 어머님이 손을 대는 건……."

"당신 마음은 충분히 이해하오. 그래도 앞으로는 어머님 앞에서 좀 조심하는 게 좋을 것 같소. 괜히 테오한테까지 불똥이 튈까 걱정이 되는구려."

안나는 조금 뉘우치는 마음이 들었다.

"어머님께 인사드리고 오리다."

이렇게 말하고 목사는 나무계단을 올라갔다.

"테오도르, 마침 잘 왔다. 막 짐을 싸고 있었다. 네 처가 나를 무시하는 마당에 더 이상 이 집에 있고 싶지 않구나."

"어머니, 마음 푸세요. 안나도 진심은 아니었을 거예요. 빈센트가 하도 예민한 아이인지라…… 게다가 몸도 약하고요."

"그 앤 고집도 세고 버릇이 없어."

"저도 좀 걱정이 되긴 해요. 워낙 다른 아이들과 달라서요."

목사는 생각에 잠기는 듯 말했다.

"아무리 그래도 애를 그렇게 키워서는 안 된다. 나쁜 버릇은 일찌감치 고쳐줘야지. 때려서라도."

"아무튼 어머니, 마음 푸세요. 집사람이 잘못한 것 제가 대신 사과드려요. 제발 마음 푸세요."

저녁 무렵 테오도르는 두 여인을 화해시키기 위해 어머니와 아내, 아들까지 노란 소형 마차에 태우고 들로 나갔다.

"해가 지는 풍경이 정말 장관이군요. 저 멋진 색채! 화가가 아니라도 그림으로 그리고 싶은 마음이 드는데요."

"그럼 헨드릭이 그 그림을 자기 화랑에서 팔게다."

브레다의 반 고흐 부인이 농담을 했다.

"저녁 해가 정말 빨갛게 타오르는군."

"아니에요. 해는 노래요!"

조그만 소년, 빈센트는 기를 쓰며 외쳤다.

"그건 네가 모르는 소리다. 보렴, 해가 새빨갛게 타오르고 있잖니?"

"아냐, 아냐. 아니란 말이야. 해는 노랗다고요!"

소년은 이렇게 격하게 외치더니 옆에서 어른이 잡아주어야 할 정도로 온몸을 떨었다.

브레다의 반 고흐 부인도 이번에는 속으로 겁을 먹었다.

씨 뿌리는 사람

아를르 | 1888 | 유화 | 64×80cm | 오테를로, 크뢸러뮐러 미술관

해질녘의 버드나무

아를르 | 1888 | 유화 | 31.5×34.5cm | 오테를로, 크뢸러뮐러 미술관

2

양철통과 그물을 가지고 개울로 가던 빈센트는 마당에서 놀고 있는 동생 테오와 누이동생 곁을 지나쳤다.

"나도 같이 가면 안 돼?"

누이동생이 물었다.

"너같이 어린애는 물에 빠지기 쉬워. 물귀신이 잡아먹으면 어쩌려고!"

빈센트는 눈썹을 찡그린 채 누이동생을 바라보았다.

"치, 오빠 미워!"

빈센트는 누이동생 엘리자벳의 말은 들은 체도 않고 휙 지나쳤다.

"분명 또 그 징그러운 딱정벌레를 잡아서는 바늘로 꽂아두려는 걸 거야."

엘리자벳은 한 마디 덧붙였다.

"빈센트 형은 딱정벌레를 모으는 거야. 비슷해 보이지만 다 다른 이름을 갖고 있대."

옆에 가만히 있던 조그만 테오가 말했다.

"라틴어 이름이야."

빈센트는 돌아보며 말해 주었다.

"형은 아는 게 참 많아. 나도 크면 형처럼 될까?"

"빈센트 오빠가 똑똑하다고? 맨날 심술만 부리고 우리랑 잘 놀아주지도 않는걸 뭐."

"형은 나이가 많고 우린 아직 어려서 그래."

"테오 오빠는 빈센트 오빠 편만 들어."

"그래도 가끔 형이 우리랑 놀아주기도 하잖아. 자꾸 그런 식으로 얘기하지 마."

"빈센트 오빠가 바보 같은 이상한 장난만 하니까 그렇지."

"그래? 그렇지만 지난번엔 장미꽃도 주었잖아."

"빈센트 오빠가 엄마 외투를 입고 두건을 쓰고는 미치광이 흉내를 냈었어. 얼마나 무서웠다고. 물론 웃기기도 했지만."

빈센트는 개울가에 앉아 물방개를 잡을 작정이었지만 황금빛 금송화와 파란 물망초에 눈이 팔려 한 시간이나 그냥 앉아 있었다. 그러고는 보리밭을 넘어 낮은 전나무 숲으로 난 길을 통해 집으로 돌아왔다. 그 조그만 동네의 어느 집 하나, 창문 하나 빈센트의 눈에 익지 않은 것이 없었다. 숲의 오솔길이며 나무들, 나무 위의 새집 모두를 빈센트는 눈에 담아두었다.

이미 어두워져 반 고흐네 아이들은 모두 집 안에 들어와 놀고 있었다. 엘리자벳이 빈센트를 보더니 말했다.

"딱정벌레 많이 잡았어? 나 좀 보여줘. 어떻게 생겼는지 보게. 뿔 달린 것도 있어?"

빈센트는 들은 척도 않고 창가의 책상으로 걸어갔다. 책상 의자에 앉아서는 시멘트를 가지고 무언가를 만들었다. 얼마 전 어떤 미장이에게 얻은 것이었다. 그때 시멘트 반죽하는 법도 알아두었다. 아버지 방에서 커다란 코끼리 그림이 있는 책을 가져올까도 싶었지만 이미 빈센트의 손안에서 작은 코끼리는 모양새를 갖추고 있었다.

"아주 근사한걸. 멋지구나!"

언제 돌아왔는지 등 뒤에서 아버지의 음성이 들렸다. 아버지는 늘 그런 식으로 소리도 없이 조심스럽게 다가왔다.

"그거 이리 주세요!"

아들이 만든 작은 코끼리 모형을 손에 쥐고 신기한 듯 바라보는 반 고흐 목사에게 빈센트가 소리쳤다. 그러더니 아버지 손에서 그것을 대 뜸 낚아채 뭉개버렸다.

"빈센트, 뭐하는 짓이냐! 열심히 만들어서는 그렇게 망가뜨리다니, 이해할 수가 없구나."

"별 것도 아닌데요, 뭐. 시시해요."

"지금 행동은 결코 잘한 일이라고 할 수가 없구나."

반 고흐 목사는 낮은 목소리로 말하며 아들의 눈을 찬찬히 들여다보 았다.

저녁 식사 후 반 고흐 목사는 아내에게 말했다.

"아무래도 빈센트는 기숙학교에 보내는 게 좋을 것 같소. 제벤베르 겐의 프로빌리 씨한테라도 말이오."

"그러면 좋겠지만…… 아이들이 여섯이나 있으니…… 똑똑한 여자 가정교사를 두는 편이 나을지도 몰라요."

"그건 차차 더 생각해 보기로 하고, 아이들에게 밤 인사나 하러 갑 시다."

아이들이 누워 있는 방에 들어서 보니 침대 하나가 비어 있었다.

"빈센트가 또 없어졌네요."

"너무 신경 쓰지 말아요, 안나. 지난번처럼 밤 산책이라도 나갔나보지."

"그 애는 참…… 하나님께서는 착한 다섯 아이를 주시면서 한 아이는……."

"안나, 그런 소리는 하는 게 아니오. 내가 빈센트를 찾아오리다."

빈센트는 사립문 밖 풀밭에 누워 밤하늘을 보고 있었다. 아버지가 다가가도 놀라지 않았다.

"보세요, 별이 빛나고 있어요. 특히 저기 저 별은 유난히 밝아요. 마치……."

"낮의 해처럼 말이냐?"

"아뇨, 낮의 해와는 다르게 밝은걸요. 그러니까 저 별은…… 낮의 공기처럼 밝아요."

"낮의 공기?"

아버지는 고개를 갸웃했다.

3

빈센트와 테오는 노란색 작은 마차를 타고 헨드릭 숙부의 별장으로 향했다. 빈센트와 테오는 일가친척들 중에서 헨드릭 숙부를 제일 좋아했기 때문에 여간 신나는 게 아니었다.

헨드릭 숙부는 부자였지만 거드름을 피우지 않았고, 아이들 눈높이에 맞춰 놀아주고 재미있는 이야기도 해주는 멋진 어른이었다. 아이들에게 커서 무엇이 되고 싶냐고 물으면 아이들은 곧잘 이렇게 대답했다.

"헨드릭 숙부님 같은 미술 상인이 될 거예요!"

헨드릭 숙부의 별장에는 화랑도 있었다. 숙부는 가끔 조카들을 데리고 화랑 안을 돌며 설명을 해주기도 했다. 이 날도 숙부는 조카들과 함께 정원을 산책한 다음 화랑으로 데리고 갔다.

"빈센트, 제벤베르겐의 기숙학교를 벌써 졸업했다고? 그래, 졸업 성적은 어떠냐?"

빈센트는 대답은 하지 않고 혼잣말을 중얼거렸다.

"그래, 더 이상 묻지 않으마. 그런데 이제 앞으로 무슨 일을 할지 정해야 할 텐데, 생각은 해보았니?"

빈센트는 흘깃 숙부를 노려보았다. 부모님과 다 이야기했으면서 모르는 체 묻는 숙부가 마음에 들지 않았다. 어른들은 왜 솔직하게 말하지 않는 걸까, 빈센트는 생각했다.

"왜 대답을 안 하지?"

"그러니까 저는……."

그때 테오가 팔꿈치로 옆구리를 찔렀다. 숙부에게 괜히 버릇없이 굴지 말라는 표시였다. 테오는 언제나 빈센트가 곤란한 지경에 처할 것 같으면 이런 식으로 도와주었다.

이 애는 어쩌면 내 속을 이렇게 잘 알아챌까? 빈센트는 생각했다.

"저도 미술 상인이 되려고 한다는 걸 숙부님도 잘 알고 계시잖아요."

"그래서 말이다. 나도 여러 가지 걱정이 많다. 네 어머니 말처럼 한 달쯤 집에서 쉬다가 헤이그로 일을 배우러 가거라. 그곳의 구필 화랑은 유명한 곳이다. 내 조카라고 해서 특별대우를 받을 거라고는 생각하지 마라. 다른 사람들과 마찬가지로 너도 그곳에서 네 할 일을 제대로 해야 할 거다. 그래야 일을 배울 수 있고. 테르스테크 씨가 너를 돌봐줄 게다. 열심히 해서 우리 집안의 이름을 욕되게 하지 말거라."

헨드릭 숙부는 조카에게 약간의 돈을 주었다.

"집을 떠나면 돈이 필요하게 마련이다. 다른 사람들에게 폐를 끼쳐서는 안 돼. 잘 가지고 있다가 꼭 필요한 데 써라. 테오, 네게도 돈을 주마. 너도 착실히 공부해서 미술 상인이 되면 좋겠구나."

돌아오는 마차 안에서 테오는 빈센트를 바라보며 말했다.

"숙부님은 참 좋은 분이야."

빈센트는 잠자코 듣고만 있었다.

"정말 좋은 분 같아."

테오는 다시 한 번 말했다.

"그럴지도 모르지."

그제야 빈센트는 대꾸했다.

"형은 숙부님이 마음에 들지 않는 모양이네."

"난 선량한 사람은 좋아하지 않아."

"왜?"

테오는 놀라 물었다.

"말해도 넌 이해 못할 거야."

빈센트는 퉁명스레 대꾸하고는 돌아오는 내내 한 마디도 하지 않았다.

노란 하늘과 태양의 올리브 숲

생레미 | 1889 | 유화 | 73.7×92.7cm | 미네아폴리스, 미네아폴리스 미술연구소

수확하는 농부

생레미 | 1889 | 유화 | 59.5×72.5cm | 에센, 폴크방 미술관

4

외스테르비크에서 학교에 다니던 테오는 8월이 되자 헤이그로 빈센트를 찾아왔다. 빈센트는 테오를 반갑게 맞았다. 날씨는 청명했고 두 사람은 미술관으로 박물관으로 함께 돌아다녔다.

테오가 다시 학교로 돌아가자 빈센트는 테오의 빈자리를 크게 느꼈다. 그는 거의 일주일마다 테오에게 편지를 썼다. 편지는 대부분 그림에 대한 내용이었다.

그리고 1년 후 테오 역시 구필 화랑의 브뤼셀 지점에서 일하게 되었다. 얼마 안 있어 빈센트는 런던 지점으로 가게 되었는데, 떠나기 전 브뤼셀로 동생을 찾아갔다. 테오는 빈센트를 보는 순간 부둥켜안고 싶었으나 그렇게 하지 못했다. 언제나 그렇듯 왠지 모를 수줍음이 그의 행동을 가로막았다. 그렇지만 형을 끔찍이도 사랑하는 자신의 마음을 어떻게든 표현하고 싶었다.

사실 빈센트의 태도에는 타인이 도무지 가까이하기 힘든 무언가가 있었다. 그래서 다가가 말을 시키려 하다가도 입을 다물게 되었다. 게다가 옆에 있는 사람은 전혀 아랑곳 않고 침묵을 지키기 일쑤였다.

이번에도 빈센트는 아무 말도 하지 않았다. 벌써 한 시간째 함께 걷고 있으면서 테오는 형에게 한마디 말도 건네지 못했다. 형을 만나 반가운 마음이 그리 컸는데…… 이윽고 테오가 입을 열었다.

"최근에 숙부님 뵌 적 있어?"

빈센트는 가만히 고개를 저었다.

"형은 숙부님을 별로 좋아하지 않는 것 같아……."

"특별히 좋아할 이유가 없잖아."

"숙부님은 언제나 우리를 위해 여러 모로 애써주시잖아."

"그렇지. 하지만 난 숙부님이 걸핏하면 신성한 미술이 어떻고 하는 소리를 하는 게 마음에 안 들어."

"그럼 형은 미술이 신성하지 않다고 생각하는 거야?"

빈센트는 갑자기 걸음을 멈추더니 단장을 휘두르며 말했다.

"그러니까 그런 말은 할 필요도 없단 거지. 당연한 얘기를 왜 그렇게 하는지……."

테오는 잠자코 있었다.

빈센트는 말을 이었다.

"숙부님한테 미술품은 장사의 대상으로서 신성한 거야. 미술품 장사를 하고 있으니 당연하지."

"당치도 않아, 형."

"넌 뭐든 좋게만 생각하는구나. 그런데 실상은 아니다. 숙부님을 봐라. 미술이 신성하다는 말을 하면서도 아무것도 모르는 사람들에게 아무 가치도 없는 미술품을 값비싸게 팔아넘기잖아. 다른 장사치들과 다를 게 없어."

"그래도 숙부님을 그렇게 생각하는 건 좋지 않은 것 같아."

"인생의 진실은 가끔은 좋지 않은 걸 좋지 않다고 말할 때 비로소 드러나는 법이지."

"그렇지만 세상엔 미술상도 있어야 한다고."

테오가 말했다.

"내 말은 미술상이 없어져야 한다는 게 아니야. 왜 끊임없이 자신의 일을 신성하다고 하는지 모르겠단 거야."

이렇게 말하며 빈센트는 단장을 거칠게 휘둘렀다.

"어디 약 장수가 약을 신성하다고 하거나 양말 장수가 양말이 신성하다는 말을 하던? 미술상은 미술과 아무 관계가 없다는 거다. 미술은 미술, 장사는 장사야."

"형, 난 미술상도 미술에 공헌하는 바가 있다고 생각해. 숙부님을 비난할 일은 아니라는 거지. 어차피 미술상이 있어야 사람들도 미술품과 손쉽게 접할 수 있는 거고."

"그런데 도대체 왜 그런 시시한 것들을 팔고 있지?"

"사람들이 그걸 원하니까……."

"그렇지 않아. 사람들의 취향은 우리가 생각하는 것보다 훨씬 고급이야. 사람들이 시시한 미술품에 감탄하는 건 모두 미술상들 때문이야."

"우리 상인들이 아무리 좋은 그림을 보여줘도 사람들은 익숙한 걸 좋아해. 새로운 건 어쩐지 좀 꺼려한다고. 그러니 할 수 없는 것 아닌가?"

"아냐, 미술상들은 저급한 걸 선호해."

"진짜 미술상이라면 가끔 시시한 걸 팔기도 하겠지만, 가능성 있는 미술가를 찾아내 그들에게 경제적인 지원도 하고 도움이 되는 친구들도 소개해 주고, 뭐 그래야 하는 거 아닌가?"

빈센트는 문득 걸음을 멈추고 동생을 바라보았다.

"그래, 맞아!"

"적어도 난 그런 미술상이 되고 싶어."

테오는 단호하고도 열의에 차 말했다.

빈센트는 단장을 던지고 양팔을 벌려 동생을 부둥켜안았다.

"주님, 제 동생을 축복하소서. 지켜주소서."

대로 한복판에서 이렇게 감상적으로 돌변하는 형의 모습을 보며 테오는 기쁘기도 하고 부끄럽기도 했다. 모자를 벗고 양팔을 벌린 채 서 있는 형을 다른 사람들이 어떻게 볼까 염려스러웠다. 테오는 걸음을 재촉했다. 형은 아직도 머리칼을 바람에 휘날리며 그 자리에 서 있었다.

테오는 형에게 다시 물었다.

"형은 미술상에 대해 뭔가 확고한 생각이라도 있는 거야?"

빈센트는 잠시 가만히 있는 듯하더니 갑자기 또 단장을 휘두르며 소리쳤다.

"나는 도무지 미술에서 신성한 것을 발견할 수가 없어. 신성한 것이란 전혀 생각지도 못한 곳에서 발견할 수 있는 거야."

"대체 그게 어디라는 거야?"

"하나님 속에 있단다, 테오."

"그럼 형은 왜 할아버지나 아버지처럼 목사가 되지 않았어?"

"난, 안 돼."

"왜?"

"넌 선하지만, 난 악인이야."

"형……."

"난 천성이 악한 비열한 인간이야."

1853~1872

이렇게 말하고 빈센트는 갑자기 웃기 시작했다.

"왜, 놀랐니?"

테오는 어떤 말을 해야 할지 몰랐다. 그러나 간신히 마음을 추스르고 속삭이듯 말했다.

"난, 형이 걱정될 뿐이야."

서른 살 무렵의 테오.

빈센트의 어머니 안나 코르넬리아 반 고흐.

02

영국 런던, 프랑스 파리, 영국 램스게이트 1873~1877

구필 화랑 헤이그 지점의 내부 전경.

1

런던은 안개가 끼면 묘한 황색 기운 속에서 때때로 투명하리만치 밝아지곤 했다. 빈센트는 그것이 마음에 들었다. 또 일을 하며 좋은 그림을 볼 기회도 있었다. 물론 대부분의 그림들은 시시한 것들이었지만 가끔 뒤프레[1], 미셸[2], 도비니[3], 마리스[4], 이스라엘[5], 모베[6] 등의 그림도 볼 수 있었다.

"자네가 쓰레기라고 경멸해 마지않는 것들이 사실은 우리의 삶을 지탱해 준다네."

선임자인 크라이언이 이렇게 말하자 빈센트는 강력히 반발했다. 크라이언은 말을 이었다.

"반 고흐 군, 실크 모자를 쓰고 영국 청년 같은 차림새를 하고 있다고 우리 같은 장사치가 하나님 앞에 나설 수 없다고 생각하지는 않겠지? 그렇지만 만약 우리에게 깨끗하게 차려 입고 일요일에 교회에 나갈 여유가 없다면 말일세, 하나님을 찬미할 수도 없지 않겠나? 그러니 결국 잘 팔리는 그림이 우리에게 가치 있는 것 아니겠나?"

빈센트는 큰 소리로 맞받아치려 했지만 크라이언은 자신의 말을 계속했다.

"빈센트 군. 자, 마음을 가라앉히고 내 말 좀 들어보게. 그림에 대해 아는 건 화가도 아니고 미술사가도 아니란 말이야. 그림을 사는 사람들이 그림에 대해 제일 잘 안다고 할 수 있지. 그들의 선택이 가장 정당하지."

빈센트는 이런 편협한 시각을 갖고 있는 크라이언과는 말을 하지 않기로 작정했다. 그뿐만이 아니라 빈센트는 화랑에 있으면서 아무에게도 무엇에도 개의치 않았다. 자기만의 생각에 잠겨 멍하니 있다가 손님을 대하는 그의 태도를 보고 윗사람과 동료들이 수군댔지만, 그는 그런 사실조차 알아채지 못했다.

한번은 프랑스의 어떤 젊은 화가 그림을 찾는 부인에게 그 그림에 대해 혹평하다가 윗사람에게 욕을 먹은 적도 있었다. 그러나 빈센트는 자신의 행동에 대해 별 문제를 느끼지 못했다. 다만 낮 동안의 근무 시간이 지루하다고 느낄 뿐이었다. 근무를 마치고 집에 돌아갈 때가 되어서야 그는 비로소 활기에 찼다.

빈센트는 로이어라는 미망인의 집에 기거했는데, 그곳의 커다랗고 쾌적한 방에서 테오에게 편지를 썼다. 가끔씩 자신이 살고 있는 방의 모습을 상세하게 알려주고 싶은 마음에 편지지 구석에 그림을 그려 넣기도 했다. 재미삼아 한 일이었지만 그림 솜씨가 서툴러 문득 그림을 배울까도 생각했지만 곧바로 잊어버렸다. 화랑에 있는 한 시간은 두 시간 같았지만 집에 있는 두 시간은 한 시간 같았기에 그런 생각을 확장시킬 여유가 없었다.

그런데 로이어 부인의 딸 우술라가 문제가 되었다. 날씬한 몸매에 갈색 머리를 땋아 늘어뜨린 그 소녀에게 빈센트가 마음을 빼앗겨버린 것이다. 우술라는 탁아소에서 일했는데, 빈센트는 우술라에게 그곳에서 어떤 일을 하는지 물어보곤 했다. 우술라는 자신이 돌보는 귀여운 아이들에 대해 열심히 말해 주었다. 빈센트는 물론 우술라의 말을 귀담아 듣지 않았다. 대신 우술라의 손짓, 몸짓을 바라보며 그녀의 눈이 장밋빛 같다느니, 저녁 햇빛과 아침 햇빛 중에서 어느 쪽이 더 좋으냐는 질문을 느닷없이 해서 우술라를 어리둥절하게 만들었다. 어쨌든 빈센트는 우술라가 집에 있는 동안에는 그녀의 곁을 떠나지 않았다.

그리고 밤이 되면 그녀의 꿈을 꾸었다. 기분 좋게 온몸을 쭉 뻗고 누워 있는 그녀의 새하얀 육체가 나타났다. 빈센트는 꿈에서 본 그녀의 몸을 그렸다. 그러나 곧바로 찢어버리고는 자신을 욕했다. 자기 자신이 매우 비열하게 생각되어 이제는 우술라를 쳐다볼 용기도 나지 않았다.

이즈음 빈센트는 더 자주 테오에게 편지를 썼다. 물론 자신이 품고 있는 열정에 대해서는 한마디도 하지 않았다. 그런 말을 편지에 써서 도대체 어쩌자는 말인가…… . 하지만, 어느 날 문득 편지를 쓰기 시작했다. "사랑하는 동생아, 나는 그녀를 사랑한다…… ."

그러나 바로 찢어버렸다. 이따위 말을 써서 무얼 하겠다는 것인지, 꼭 수다스런 노인네 같다는 생각이 들었다. 빈센트는 갑자기 화가 나 자신을 후려갈기고 싶어졌다.

빈센트는 생각했다. 내가 그녀를 사랑하고 있다는 말을 어떻게 전할수 있을까? 아마도 그녀는 웃을 것이다. 그녀는 아름답고 사랑스럽다. 그녀는 천사다. 반면에 나는…… 어둠의 화신이다. 그런 내가 그녀와 짝이 될 수 있을까? 그건 죄악이다.

만약 그녀와 결혼할 수 있다면…… 아, 그녀가 나 같은 놈을 남편으로 삼을 리가 없다. 그저 나 혼자서 그녀를 동경하고 열망하는 것이다. 이조차도 죄악일까?

그녀의 머리칼은 어쩌면 그렇게 윤이 날까. 약간 푸른빛이 도는 광택이 난다.

"우술라……."

빈센트는 용기를 내서 말을 걸었다. 평소와 달리 그는 말을 더듬었고, 몹시 떨었다. 뭔가 좀 그럴 듯하게 말하고 싶었지만, 생각과 달리 입에서는 얼간이 같은 말이 나왔다. 빈센트는 사랑 고백을 하며 자신을 저주했다.

"우술라, 당신과 결혼하고 싶소."

"농담 좀 그만하세요, 빈센트."

"농담이 아니오. 진심으로 당신과 결혼하고 싶소."

"당신은 마치 제가 돌보는 장난꾸러기 아이 같아요."

우술라는 웃으며 대꾸를 하다가 문득 빈센트의 눈빛을 보더니 정색을 했다.

"당신은 제가 이미 오래전에 약혼을 했단 사실을 몰랐나요?"

"약혼이라니, 당신은 나를 알고 있으면서 다른 사람과 약혼했단 말이오?"

빈센트는 더 이상 아무 말도 할 수 없었다. 그는 생각했다. 말하는 방법이 잘못된 것이었을까? 아니다. 말하는 방법이 문제가 아니라 내 자신이 문제였던 거다. 나 같은 남자는 잠시라도 그런 욕심을 내서는 안 되는 거였다. 붉은 머리털에 얽힌 얼굴을 해서 젊은 여인의 마음을 얻을 수는 없지. 게다가 나는 친절하지도 않다. 쾌활한 매력도 없고 유머감각도 없다. 나는 어둠의 인간, 불행한 구더기 같은 존재다. 그저 흙 속에 파묻혀 있으면 족할……

그는 거울 속 자신의 얼굴을 후려갈겼다.

얼마 후 빈센트는 그 집으로부터 멀리 떨어진, 시의 변두리에 있는 조그만 셋방으로 거처를 옮겼다.

그는 아무하고도 말하지 않았다. 화랑에서도 마지못해 손님들을 응대했고, 동료들과는 아예 말을 섞지 않았다.

어느 날 크라이언이 일을 마치고 같이 돌아가자며 정답게 말을 걸어왔다. 그러나 빈센트는 단 한마디로 거절했다.

"나 혼자 편하게 있고 싶어."

"참 어쩔 수 없는 녀석이군."

크라이언은 숭얼거렸다.

집 주인 마르샹 부인과 그를 대하는 사람들 모두 그를 뭔가 모자란 사람으로 생각했다. 빈센트 자신 역시 스스로를 그렇게 생각했다.

그는 집에 돌아와서는 책을 읽었다. 그러나 그저 눈으로 글자들을

좇고 있을 뿐 책의 내용은 전혀 모른 채였다. 그는 냉큼 일어나 한길로
달려 나가고 싶었지만 그럴 만한 기운이 없었다. 도대체 자신이 왜 이
러고 있는지 몰랐다.

'우술라가 나를 이렇게 만들었을까?'

'그래, 맞아. 그녀다!'

마음속에서 한 목소리가 외쳤다. 그러나 다음 순간 다른 목소리가
들렸다.

'우술라 탓이 아니다. 나를 나 아닌 누구의 탓으로 돌린단 말인가.
나는 단지 저항력이 없을 뿐이다.'

저항력이라고? 내가 무엇에 저항한다는 말이지? ……나 자신에 대
해? 그래, 나 자신에 대해서다. 내 속에는 못된 짐승이 있다. 그걸 몰
아내야 한다.

봄이 되자 헨드릭 숙부가 빈센트를 찾아왔다. 그는 조카를 호텔로
불렀다.

"얼굴빛이 왜 그 모양이냐?"

말쑥한 차림의 신사는 물었다.

"거울은 보고 다니는 거냐? 그런 모습을 하고 화랑에서 손님을 맞
을 수 있겠느냐? 화랑에서도 너 때문에 골치를 앓고 있다고 들었다.
내가 얼굴을 들고 다닐 수가 없구나. 왜 사람들과 어울리지 못하는 거
냐? 모름지기 상인이란 친절해야 하는 것은 말할 것도 없고 옷차림도
말끔해야 한다. 젊은 애가 왜 그 모양인지 모르겠구나. 누구든 젊은 시
절 여자문제로 속을 끓이기 마련이지. 세상에 여자는 많다. 자, 기운

내라. 내가 파리 지점에서 근무할 수 있도록 조치를 취해 주마. 그곳에 가면 뭔가 새로운 걸 얻을 수 있을 게다."

2

빈센트가 머물던 몽마르트의 방은 쾌적했다. 그곳에 그는 렘브란트의 염가판 동판화나 그 복사판을 몇 장 걸어두었다. 특히 〈얀 식스의 초상〉 앞에서 빈센트는 곧잘 깊은 생각에 빠져들곤 했다.

또 방 한쪽에는 기도 책상을 사다놓았다. 빈센트는 그의 아버지나 할아버지처럼 목사가 되어야 했을까? 아니면, 생활을 위해서라면 남을 속이는 일도 마다않는 상인으로 충실히 살아가야 하는 걸까? 화랑에서의 모든 일들이 그에게는 속임수로밖에 생각되지 않았다. 교활하면 교활할수록 존경받고, 돈을 많이 벌면 벌수록 더 일 잘하는 사람으로 인정받았다.

화랑의 총책임자로 일하는 부소와 발라동은 구필의 사위로 대단한 수완가들이었다. 그들은 가난한 화가들의 그림을 턱없이 싸게 사서는 돈 많은 손님들에게 매우 비싸게 팔아넘겼다. 굶주린 화가에게는 그림 값으로 20프랑도 안 되는 돈을 주고는 그것을 150프랑 넘는 값에 팔아치우는 그들의 모습을 보고 빈센트는 진저리를 쳤다. 게다가 부소는 마치 자신이 하나님이라도 된 듯한 표정으로 가난한 화가들을 대했다. 빈센트는 부소에게 빈정거리며 말했다.

"저 화가가 조금이라도 돈을 더 받게 하기 위해 애쓰셔야겠군요."

"그럼, 그래서 내가 미술상으로 존재하는 것 아니겠나. 내가 저 가엾은 남자의 그림을 사주지 않으면, 저자는 먹고살 수가 없을 걸세. 그러니 팔릴지 안 팔릴지도 모르는 그림들을 내가 사주는 것이지. 창고에 가 보게나. 팔리지 않은 그림들 때문에 발 디딜 틈이 없다네."

"모두 좋은 값에 팔 수 있을 것 같은데요."

빈센트는 짜증을 억누르며 말했다. 그는 이렇게 말하고 싶었다.

당신은 얼마 되지 않는 돈으로 가난한 화가의 그림을 넘겨받아 창고에 두었다가는 그 화가가 유명해지거나 죽으면 몇 갑절 되는 값에 팔아넘기지요. 당신은 아주 치사한 투기꾼이오. 더구나 당신은 상품이 아니라 살아 있는 인간의 능력을 투기의 대상으로 삼고 있단 말이오.

그런 빈센트를 보고 부소는 비웃는 듯 말했다.

"자넨 내가 하는 일을 경멸하고 있군. 상인이 되어서 그런 생각을 가지고 있으면…… 자네 숙부님이 자네가 말하는 걸 들으면 아마 깜짝 놀랄 거야."

빈센트는 잠깐이라도 시간이 생기면 미술관으로 달려갔다. 그곳에 있는 렘브란트의 〈엠마오의 순례자들〉 앞에 서면, 자신도 마치 그들 중 한 사람이 된 것 같은 기분이 들었다. 코로[7]의 올리브 동산의 기막힌 광채는 그의 넋을 빼앗았다. 저녁 무렵의 푸른 하늘 아래 선명하게 서 있는 어두운 빛의 올리브나무와 두세 그루의 고목이 서 있는 언덕, 그 위에 반짝이는 저녁별…… 그는 이 그림을 그린 화가를 축복했다.

밀레의 그림을 경매하는 자리에서는 마치 자신이 서 있는 자리가 신성한 곳이라도 된 것 같아서 신이라도 벗어버리고 싶은 충동이 일었다. 그러나 커피나 후춧가루라도 흥정하는 듯한 모습의 미술상들을 보고는 분노가 치밀었다. 그렇지만 그는 자리를 뜰 수 없었다. 밀레의 그림이 있었기 때문이다.

메소니에[8]의 그림 앞에서는 신의 은총을 입은 화가의 필력에 경탄했다. 그러자 부소가 나타나 회심의 미소를 띠며 이렇게 말하는 듯했다. '아주 좋은 그림이야. 상당한 값을 받을 수 있겠는걸.'

빈센트는 교회에서 조용히 기도하며 생활하는 아버지가 갑자기 부러워졌다. 아버지는 미술이 이런 식으로 모독당하고 있는지 모를 것이다. 아니, 세상이 이렇게 돌아가는 줄 모를 것이다. 인생 위에 높이 솟아오르려면 날개가 있어야 한다. 기도와 인내와 신앙이라는…… 아버지에게는 아버지 인생의 빛인 성경이 아버지에게 날개를 부여한 것이다.

그날 빈센트는 온종일 그 생각만 했다. 밤이 되어 테오에게 편지를 쓸 때에도, 장화를 닦고 있을 때에도.

신에 대한 믿음이 있고, 그 믿음으로 살아갈 수 있는 사람은 얼마나 행복한가. 신앙심이 있는 사람이야말로 예술을 이해할 수 있을 것이다. 예술은 신앙이다. 그러자 갑자기 모든 것을 포기하고 신을 위해 살고 싶다는 강력한 욕망이 솟았다. 목사가 되거나 예술가가 되어야 한다. 아, 그러나 그것은 얼마나 요원한 일인가. 목사도 예술가도 선택된 사람만이 될 수 있다. 그저 평범한 사람들은 하루하루 열심을 다해 살며, 열심히 사는 사람에게 은혜를 내리시는 신을 믿으면 되는 것이다.

그러나 마음이 겸손해지지 않으니 무슨 소용이란 말인가. 그는 도저히 그림 장사를 참아낼 수 없었다. 화랑에서 일어나는 모든 일들을 잠자코 넘기기 어려웠다. 엊그제도 가슴에 훈장을 잔뜩 단 장교에게 시시한 그림을 비싼 값에 팔았다. 빈센트는 그 수단 좋은 판매원과 그를 칭찬하는 부르동을 참을 수 없었다. 모두 한통속이 되어 남의 돈을 빼앗고 있다고 생각하니 밤이 되어서도 울화가 가라앉지 않았다. 미술상이 아니라 강도라는 생각이 들었다.

다음날이 되어서도 빈센트는 시무룩해 있었는데, 한 부인이 화랑에 들어서더니 거실용 그림을 찾았다.

"거실용 그림이라는 건 없습니다."

빈센트의 말에 부인은 놀란 표정으로 그를 쳐다보았다.

"좋은 그림과 나쁜 그림은 있을지 모르겠지만, 거실용이라든지 식당용 그림은 없습니다."

"난, 그저 거실 한편에 걸 그림이 필요한 거예요."

빈센트는 사비에르 드 콕[9]의 조금 큰 그림 두 점을 가져왔다. 그중 한 점은 여름의 저녁 풍경을 그린 것이었다. 원경으로는 농가와 밭이 보이고, 고리버들로 둘러싸인 목장으로 한 처녀가 암소들을 데리고 돌아오는 풍경이었다. 해는 이미 져서 공기가 미묘한 노란빛을 띠고 있었다. 그런데 그 미묘한 노란빛이 빈센트를 열중하게 했다. 그러나 부인은 그 그림을 보려고도 하지 않았다.

"이건 거실용 그림이 아니잖아요."

빈센트는 화가 머리끝까지 치밀었으나 꾹 참고 다시 가브리엘이 그린 아침 풍경 그림을 가져왔다.

"이 그림도 좀 크네요. 좀 더 작은 걸로 가져다줘요."

"아니, 그림을 크기 먼저 보고 사는 법도 있나요?"

빈센트는 큰 소리로 말했다. 그리고는 바로 다른 그림을 가져왔다.

"자, 이건 꼭 맞는 크기일 겁니다. 크로아의 그림으로, 작지만 희소 가치가 있지요. 이 튼튼한 농마農馬를 보세요……."

"이런 그림을 어떻게 거실에 걸어요. 안 어울려요. 농사꾼의 말 그림 을 거실에 걸어두라니, 당신 제정신인가요?"

빈센트는 화가 나서 온몸을 떨었다.

"저기 저 정물화가 좋겠네요."

부인은 빈센트가 보여주지도 않은 조그만 그림을 가리키며 말했다.

"저건 쓰레기예요. 저런 그림은 팔지 않습니다."

"저 그림을 보여줘요."

"그건 팔지 않겠다고 말하지 않았습니까."

빈센트는 참다못해 소리를 질렀다.

"팔지도 않을 그림을 왜 화랑에 가져다둔 거죠?"

"다른 사람이라면 팔지 모르겠지만, 저는 안 팝니다."

"내가 왜 여기에서 이런 대접을 받고 있는지 모르겠군요. 여기 말고 도 화랑은 많아요."

그때 부소가 달려왔으나 그의 노련한 솜씨로도 단단히 화가 난 부인 의 마음을 돌이킬 방도는 없었다.

"더 이상은 못 참겠네."

저녁이 되자 부소는 빈센트에게 말했다.

"존경하는 반 고흐 씨의 조카라서 그동안 봐줘 왔지만, 이래서 어떻게 계속 일할 수 있겠나? 자넨 화랑에 방해가 될 뿐이야. 나는 더 이상 자넬 돌봐줄 수가 없네. 자넨 병이 있는 것 같아."

3

램스게이트는 런던에서 기차를 타고 네 시간 반 걸리는 곳이었다. 맑게 갠 하늘에는 흰 구름이 흘러가고 과수원에는 꽃이 흐드러지게 피어 있었다.

빈센트는 한 학교의 보조교사로 일하기 위해 그 학교의 교장 스톡스의 자택으로 먼저 갔다. 마침 스톡스는 집에 없었고, 말이 별로 없는 그의 아내와 아들이 약간 거만한 태도로 그를 맞았다. 열 살에서 열 다섯 살까지의 아이들 스물네 명이 식당에 앉아 함께 식사를 할 때에야 빈센트는 마음이 조금 편해졌다.

음식은 양도 적었고 맛도 없었다. 아이들은 마지못해 음식을 먹는 분위기였다. 스톡스 부인이 한 아이에게 물었다.

"에드워드, 넌 왜 제대로 먹지 않는 거니?"

"어제도 오늘도 양배추뿐이니 더 이상 못 먹겠어요."

"그렇게 말하면 안 돼. 식탁 위에 오른 음식에 대해서는 무엇이든 감사하는 마음으로 먹어야 하는 거다. 그게 바로 교육이기도 하고. 그걸 위해 너희 부모님이 너를 이곳에 보낸 것 아니니?"

"그렇지만…… 집에서는 이렇게 매일 같은 음식만 주진 않는단 말이에요."

"하나님이 주시는 음식에 대해 그렇게 말하면 벌 받는다. 교장 선생님께 일러줘야겠구나. 게다가 너희 부모님이 보내는 기숙비로 너희들에게 날마다 맛난 음식을 해줄 수는 없어. 턱없이 부족하다고."

식사를 마치고 스톡스 부인은 빈센트에게 말했다.

"아이들은 자기 부모들이 내는 기숙비로 우리가 요술이라도 부려 매일 맛난 음식을 해주길 바라는 것 같은데, 어림없는 일이지요. 그나마 기숙비를 밀리는 부모들도 있으니 우리로서는 할 수 있는 일이 없어요. 바깥양반이 돌아오면 자세한 이야기를 해줄 테니, 일단 아이들을 데리고 나가 운동을 좀 시켜주세요."

빈센트는 열 명의 소년들과 함께 바닷가로 나섰다. 그런데 아이들에게 무슨 말을 어떻게 해야 할지 막막했다. 얼마 전까지만 해도 그 자신이 학생이지 않았던가. 그런데 이제 교사로서 학생들을 지도해야 하는 것이다. 그는 아무 말 않고 땅바닥만 보고 걸었다. 그러다가 가끔 아이들에게 몇 마디 말을 시켜보았으나 그마저 금세 끊기고 말았다.

그러나 바닷가로 나오자 그런 걱정을 할 필요가 없었다. 바닷가에는 볼거리로 가득 차 있었다. 고딕양식의 집들은 노란 돌로 지어져 있었고, 뜰에는 삼목이나 키 작은 상록수 덤불이 있었다. 항구는 배로 가득 차 있었는데, 무수한 돛대가 회색 하늘을 찌를 기세여서 모든 것이 회색으로 보였다.

빈센트는 테오에게 보내주려고 해조海藻를 주웠다. 그리고 나서 아이들과 함께 담쟁이로 덮인 조그만 교회로 갔다. 교회 입구에는 "보라, 내가 세상 끝 날까지 너희와 함께하겠다"라는 성경 구절이 씌어 있었다. 들에는 밀이 막 자라기 시작했다.

빈센트 일행은 울타리 옆에 빨간 가시나무 꽃이 핀 밭을 지났다. 후미 한쪽에는 높이가 이층집만한 가파른 사암(砂巖) 벼랑이 있었고, 그 밑에는 커다란 돌과 백악암(白堊巖), 조가비 등이 있었다. 바다는 연못처럼 잔잔했고, 그 위에 회색 하늘이 비쳤다. 조수는 빠지는 참이었다.

이틀 후, 스톡스 교장이 돌아왔다. 그는 건장한 체격에 키도 크고, 대머리에 볼수염을 기르고 있었다. 아이들은 엄격한 그를 무서워하는 것 같았다. 그는 빈센트에게도 무뚝뚝하게 굴었다.

"교사는 얼마나 많이 알고 있느냐보다는 자신이 알고 있는 것을 얼마나 효과적으로 아이들에게 전달하느냐가 중요하오. 일단 당신에게 프랑스어와 독일어 기초를 부탁하겠소. 아이들을 철저하게 관리 감독해야 할 것이오. 스물네 명의 개구쟁이들을 돌본다는 건 쉬운 일이 아니오. 게다가 학교 운영도 겨우겨우 해나가고 있는 실정이오. 한 이틀 런던으로 수업료 독촉을 하러 갔다가 겨우 3파운드를 받아 왔단 말이오. 아직 받지 못한 돈이 그 여덟 곱은 되니……."

왜 스톡스 교장이나 그 부인이 돈 얘기만 하는지 모를 일이었다. 스톡스는 빈센트가 목사 집안 출신이라는 것을 알고는 그에게 종교 수업도 맡겼고, 빈센트는 그 일에 집중했다. 가지고 있던 낡은 성경을 꺼내 성경을 공부하며 이렇게 소박하게라도 하나님께 봉사할 수 있다는 사실에 감사했다.

빈센트는 종종 기도서를 가지고 바닷가로 나갔다. 그리고 오랫동안 바다를 바라보았다. 그런데 어느 날 갑자기 바다 빛이 노란색으로 변해 버린 것처럼 보였다. 수평선 위로 가느다란 빛이 가로지르고, 그 위를 떠도는 어두운 회색 구름으로부터 비가 비스듬히 쏟아졌다. 바람이 불어서 흰 길 위에 피어오른 먼지는 바다 쪽으로 날아가고, 바닷가 풀밭에 난 빨간 찔레나무 덤불과 향자라란화[10]가 흔들렸다.

저 멀리로 아련히 작은 도시가 보였다. 석판으로 이은 지붕과 고딕풍으로 지은 집들은 마치 뒤러[11]의 동판화처럼 보였다. 그러나 바다가 가장 아름다울 때는 아직 어스름한 새벽녘, 수평선 너머로부터 밝아지기 시작할 무렵이었다. 그때 바닷가에 누워 있노라면 갖가지 상념이 구름처럼 피어올랐다. 그는 기도했다.

'사랑의 하나님이시여, 저로 하여금 수치스러운 행위에 빠지지 않도록 지켜주소서. 저는 그럴 만한 가치가 없지만…… 제 어머니를 보아 저에게 은혜를 베풀어주소서. 당신은 사랑이시고, 모든 것에 자비를 내리시옵니다.'

그는 또 매일 테오에게 학교나 바닷가, 바위나 배 그림을 그려서 편지를 보냈다. 목사가 되고자 하는 그의 욕망은 더욱 강해졌다. 아이들과 가난한 사람들에게 하나님의 말씀을 전하고 싶었다. 그러나 어떻게 그렇게 할 수 있을까…….

빈센트는 적은 급료를 주며 잔소리만 해대는 스톡스를 대하기가 갈수록 어려워졌고, 교사 노릇도 점점 시들해졌다. 그러던 어느 날, 스톡스는 빈센트에게 교사로는 적합하지 않은 것 같으니 런던에 가서 밀린 수업료나 받아오라고 했다. 빈센트로서는 선택의 여지가 없었다.

돈을 아끼기 위해 런던까지 가끔은 걸어서 가야 했다. 그리고 그곳에서 가난한 사람들의 울음소리를 들으며 이 집 저 집의 계단을 오르내렸다. 물론 돈은 조금밖에 받아내지 못했다.

그러나 다시 찾은 런던의 인상은 강렬했다. 저녁 무렵 거리에 불이 켜지기 시작하면 빈센트는 변두리 쪽으로 걸어 나갔다. 런던 동쪽의 유대인 거주지 화이트채플에서 그는 온 가슴이 동정심으로 가득 차 메어오는 것을 느꼈다.

누더기를 걸친 이 사람들을 정말 인간이라고 부를 수 있을까. 길바닥에서 먹이를 찾아 헤매는 동물과 무엇이 다르다고 할 수 있을까. 하나님께서는 이 불쌍한 사람들을 구원해 주시지 않는단 말인가. '모든 것을 영원히 당신 뜻대로 하옵소서. 그러하오나 당신의 이 자녀들을 보지 못하시옵니까? 제가 더욱 진심으로 당신을 섬기겠나이다. 저들을 구원해 주소서.'

빈센트는 이 가엾은 형제들을 구제하기 위해 하나님을 섬겨야겠다고 생각했다. 또 그들의 삶을 그림으로 그려야겠다고 생각했다.

나는 저들의 생활을 있는 그대로 그려서는 안 된다. 캔버스에 그리는 것이 아니라 종이 위에 검정과 하양의 초크를 가지고 그리리라.

그러나 하나님께서 만들어주신 사람의 얼굴을 그린다는 것은 너무도 무엄한 일이 아닐까. '너희는 우상을 만들지 말지어다'라는 말씀이 성경에 적혀 있지 않던가. 그뿐 아니라 인간은 하나님의 모습을 본 따 만들어진 것 아니던가.

그는 자신이 못마땅해졌다. 예술이란 대체 무엇일까? 교만과 불손이다……. 나는 오직 겸손한 마음을 가지고 하나님만을 섬겨야 한다.

빈센트가 런던에서 돌아오자 스톡스는 욕을 늘어놓았다.

"역시 자네는 쓸모가 없군. 가난한 사람들 사정이야 잘 알고 있네. 돈은 못 받아오고 그들의 말만 들어주고 오다니. 돈 많은 부모들은 나에게 자식을 보내지 않네. 동정도 좋지만 나도 살아야 할 것 아닌가."

스톡스는 돈을 아끼기 위해 학교를 아이슬워스로 옮겼다. 그리고 빈센트는 그곳을 떠나야겠다는 생각을 굳혔다.

그러던 어느 날 저녁 빈센트는 템스 강변을 산책하며 생각에 빠졌다. 진창길을 지나 덤불 가득한 둑 위로 나섰다. 어두운 길 저편에 정다운 불빛이 보이는 조그만 목조 교회가 보였다. 그곳에서 오르간 소리가 들려왔다.

저곳이야말로 내가 가야 할 곳이다. 아버지나 할아버지처럼……. 그의 마음속에서 작은 움직임이 들려왔다.

나는 아버지가 계신 집으로 돌아가야 해. 아버지만이 나를 도와주실 수 있을 거야.

4

도르트레히트 시의 반 블루세&반 브라암 서점의 주인 브라트는 딸에게 말했다.

"난 이제까지 반 고흐 같은 사람을 본 적이 없다. 하는 짓이 다 이상한 데다가 이 세상 사람이 아닌 것 같은 생각이 들 때도 있으니……."

그러자 딸이 맞받았다.

"저도 그렇게 생각해요. 그 사람을 보면 어쩐지 기분이 나빠져요. 지난번에는 저를 몰라보더라고요. 하루에도 몇 번씩 마주치는 사이인데 말이에요. 정말 별나요."

"일이라도 제대로 하면 별 상관이 없겠지만, 일할 때도 그 모양이라니 영 딱하구나."

"게다가 늘 쓰고 다니는 그 실크 모자를 보세요. 테가 군데군데 해져 볼썽 사나와요."

"어제는 한 장에 일 페니히짜리 그림을 사러 온 아이에게 커다란 종이 한 장을 싸주더구나."

"그 사람은 하나님 얘기만 나오면 눈이 빛나요."

"확실히 못생긴 얼굴이지만…… 그렇게 열심히 지껄일 때는 정말……."

"아버지, 저는 그 사람 얼굴이 못생겼다고 단정 짓기는 좀 어려운 것 같아요."

"그 붉은 머리털하며 얽은 얼굴을 보고도 그런 말을 하는구나."

"하지만 그 눈이……."

"참내, 여자들 속은 알다가도 모르겠구나. 누가 봐도 볼품없는 사내의 얼굴에서……."

"어쨌든 그 사람은 괴짜예요."

이렇게 말하고 브라트 양은 자리를 떴다.

갑자기 엄청난 비가 내렸다. 빈센트는 밤늦게까지 일하고 돌아오는 길에 또 교회 앞을 지났다. 비구름 사이로 비치는 달빛에 어우러져 느릅나무가 바람에 흔들렸다.

빈센트가 묵고 있는 잡화상 리이켄의 집은 물이 마루 위까지 차올라 난리법석이 났다. 빈센트는 같은 방을 쓰는 겔리츠와 함께 가게의 물건들을 부지런히 위층으로 날랐다. 이튿날 밤 겔리츠는 빈센트에게 말했다.

"보기엔 약골이더니 무거운 물건들을 잘도 나르더군."

"몸을 움직여 일하면 기분이 좋아져. 난 육체노동이야말로 하나님의 뜻에 가장 맞는 일이라고 생각하네."

"인간이 하는 일은, 그게 무슨 일이거나 다 소중한 것 아니겠나?"

"그렇다고 할 수 있지. 그렇지만 뭐니 뭐니 해도 육체노동이 가장 훌륭하고 유익하다고 생각해. 몸을 놀리고 있노라면 쓸데없는 생각도 사라지고……."

"그래서……?"

"그러니까 이 세상의 불행이라는 것은 우리 인간들이 생각을 너무 많이 하기 때문에 생기는 게 아닐까 싶어. 하나님은 마음이 단순한 자에게 가장 가까이 계시는 것 같아. 나는 소박한 육체노동을 하는 쪽이 생각에만 빠져 지내는 사람보다 훨씬 하나님께 가까이 있다고 생각해."

"자네의 통찰력은 정말 놀랍군!"

"저 하늘을 좀 봐. 한쪽은 마치 황금으로 만들어져 있는 것 같지 않나? 코이프12)가 그려놓은 그림 같아."

"자넨 아는 것도 많군."

"정말 코이프의 그림과 똑같아. 어제도 저기 낡은 문 옆에 있는 수로를 지날 때 그런 생각을 했어. 눈이 내리고 있었는데, 집들의 불빛은

띄엄띄엄 보이고 사방이 괴괴하더군. 멀리 눈 속에서 야경꾼들의 모습이 거멓게 보이고, 수로의 물이 잔뜩 불어서 배도 검은 형상으로 또렷이 보였어. 회색 안개가 끼어서 검은 형상이 더욱 선명했어."

"자네의 말은……."

"왜 그러나?"

"그러니까…… 책 가게 점원 같지 않아서 그래. 도대체 자네 속에 누가 들어 있을까?"

빈센트의 병실로 들어온 의사가 물었다.

"환자가 가끔 이렇게 발작을 일으켰나요?"

"아뇨, 처음입니다."

잡화상 리이켄이 말했다.

"그동안 환자에게 뭔가 징후가 있었을 텐데……."

"맞아요. 이 사람은 몽유병자였어요. 가끔 한밤중에 일어나 초에 불을 붙이고는 잠옷차림으로 집안을 돌아다녔지요. 정말 기분이 좋지 않았습니다."

"그래서 나는 내보내자고 했는데, 이 양반이 도무지 말을 듣지 않았어요."

옆에서 리이켄의 아내가 거들었다.

"그러다가 위험한 일이라도 생기면 안 될 것 같아 내보내자고 그렇게 말해 왔건만…… 이런 일이 생기고 말았네요. 바로 일주일 전에 제가 그랬어요. 양초 값은 알아서 혼자 내라고요. 매달 방값에 양초 한

자루 값을 포함시키기는 했지만 매일 그렇게 써대니 원."

"발작이 일어났을 때는 어떤 상황이었나요?"

의사가 물었다.

여기에 대해서는 겔리츠가 대답했다.

"빈센트와 단 둘이 방에 있었어요. 갑자기 날카로운 비명을 지르더니 바닥에 쓰러지더군요. 머리를 마룻바닥에 세게 부딪쳐 전 그만 빈센트가 죽는 줄 알았습니다. 그런데 온몸에 경련을 일으키고 얼굴을 일그러뜨리더니 이를 갈면서 입에 거품을 물더군요. 그러더니 숨을 크게 한 번 내쉬고는 잠이 들었습니다."

"환자의 부모는 누구죠?"

의사는 환자 가까이 몸을 구부려 살펴보며 물었다.

"이 사람의 아버지는 에텐의 그 훌륭한 목사님 반 고흐 씨랍니다."

리이켄이 말했다.

"환자가 평소에 술을 많이 마셨나요?"

"이 사람이 술을 마시는 것은 한 번도 본 적이 없습니다."

"이 사람은 고기도 안 먹고 소스도 치지 않아요."

리이켄의 아내가 옆에서 거들었다.

"전부터 걱정이 좀 되긴 했어요. 빈센트는 종교 이야기 외에는 거의 말을 하지 않았습니다."

겔리츠가 말했다.

"목사 열 명보다 더 열심이었다니까요. 정말이지 미친 것 같았어요."

리이켄의 아내가 말했다.

1873~1877

빈센트의 상태를 보러 온 브라트 양은 방 한구석에서 이렇게 말했다.

"이 사람은 밤에는 기도하고 낮에는 졸기만 했어요. 전 이 사람이 이상하다고 생각하지 않았어요."

일요일이 되어 테오가 책과 그림을 가지고 형을 찾아왔다. 빈센트는 테오를 부둥켜안았다.

"사랑하는 동생아, 너는 어쩌면 이렇게도 친절하단 말이냐. 넌 나에게 무얼 해주고 싶어 안달이라도 난 것 같구나."

저녁 무렵 두 사람은 나란히 산책을 나섰다.

"저 기막힌 색채의 향연을 보려무나. 초록빛, 노란빛, 빨강과 까만빛, 보랏빛과 주황빛, 그리고 하양과 파랑 빛이다. 인간이 꽃과 전나무의 푸른빛, 담쟁이와 빨간 찔레나무를 사랑하는 건 정말 좋은 일이다. 꽃을 사랑하는 인간치고 악인은 없다. 그래서 나는 인간에 대해 실망하지 않을 거다. 사람을 싫어하는 사람은 많지. 동물을 싫어하는 사람은 아마도 그보다 적을 거야. 하지만 꽃은 누구나 좋아하지 않니."

빈센트는 술에 취한 듯한 음성으로 중얼거렸다.

테오는 부모님과 집안일들에 대해 빈센트에게 말했다. 그러자 빈센트는 소리쳤다.

"그럼, 아버지만큼 훌륭한 분은 없어!"

그러더니 말을 이어 나갔다.

"하나님을 섬기며 살 수 있다면 얼마나 좋겠니. 내가 얼마나 성경에 열중하고 있는지 말로 설명할 수 없을 지경이란다. 매일매일 성경을 읽지만, 난 그걸 통째로 외워버리고 싶다. 내 생활이 다시 한 번 바뀔 것 같아. 성경을 온전히 이해해 내 것으로 만들고 싶어. 그리고 그 속에 나오는 옛날 이야기, 특히 그리스도의 생애를 철저히 연구하고 싶어. 우리 집안에는 그리스도가 계신 것과 다름없어. 또 진정한 의미의 그리스도의 가정이야. 우리 집안은 대대로 한 사람은 꼭 목사였거든. 나도 할아버지나 아버지의 정신을 이어받아서 그리스도를 위해 전력하고 싶어."

땅을 보며 걷고 있던 테오는 문득 형을 바라보았다. 빈센트는 모자를 벗어 손에 들고 하늘을 쳐다보고 있었다. 그의 붉은 머리가 바람에 나부꼈다.

"아멘. 형, 형은 형의 생각대로 해요. 나는 언제나 형을 도울 테니……."

빈센트는 겔리츠에게 말했다.

"나는 오늘 네덜란드교와 구 가톨릭, 가톨릭, 루터파, 이렇게 네 군데 교회에 다녀왔어."

"포용력이 대단하군."

겔리츠의 말에 빈센트는 눈을 크게 뜨고 그를 한 번 바라보더니 파이프에 담배를 담으며 말했다.

"그러니까 자네는 자기 종파와 다른 교회에는 하나님이 안 계시다는 건가?"

그날 밤 일이 끝나기 전 브라트는 빈센트를 불렀다. 그는 무겁게 입을 열었다.

1873~1877

"반 고흐 군, 언제 자네와 찬찬히 한번 이야기해 볼 작정이었네. 자네도 알겠지만 지금까지 난 자네의 괴이한 행동들에 대해 별 말을 하지 않았네. 존경하는 자네 아버지 얼굴을 생각해서였지. 그런데 더는 힘들 것 같아. 한번 보게나. 장부의 한가운데 성경 구절이 써 있지 않나, 브룩 카멜 상점 장부 차변에는 '하나님께서는 복음을 전하기 위해 나를 보내셨음이로다'라고 적혀 있더군. 우리 서점 단골 은행 장부에는 '그 아버지는 멀리서 그임을 알아보고 진심으로 불쌍히 여기더라'하는 구절이 써 있었네. 자네에게 묻겠네. 자네라면 자네 같은 사람을 계속 서점에 둘 수 있겠나?"

"죄송합니다. 새 장부를 사다가 모조리 다시 쓰도록 하겠습니다."

빈센트는 오랜 시간을 들여 장부를 고쳐 쓰고 브라트에게 그만두겠다고 말했다. 그 역시 자신이 서점 직원으로 적합하지 않다는 결론에 이르렀던 것이다.

"잘 생각했네. 그런데 앞으로 무얼 할 작정인가? 새로운 일을 찾기에는 나이가 많은 것 같고."

"아버님과 의논해 볼 생각입니다. 될 수 있다면, 목사가 되려고 합니다."

"자네 생각이 그렇다면 그게 가장 좋은 일이겠지."

브라트는 말했다.

WHITE

"네가 목사가 되려고 결심한 것에 대해서는 전적으로 찬성한다."

반 고흐 목사는 뒷짐을 지고 방안을 왔다 갔다 하며 말했다.

내심 아버지의 반응을 걱정했던 빈센트는 마음을 놓았다.

"네가 신실한 마음으로 하나님을 섬기겠다고 결정한 것에 대해 매우 기쁘게 생각한다. 그런데 조금 걱정되는 게 있다. 그러니까 너는…… 어떤 일에든 좀 극단적이고 과격한 편이라…… 하나님을 사랑한다고 하는 네 마음도 한번 생각해 보자꾸나. 그렇게 극단적으로 무한히 하나님을 사랑한다고 하는 것이…… 과연 하나님 뜻에 맞는 걸까? 너는 중도를 모른다. 그런데 남들 앞에 서기 위해서는 절제가 필요한 법이다. 너는 성급하게 하늘 끝까지 날아오르려 하기 일쑤야. 네게는 인내심이라는 게 없어. 또 너는 마치 그리스도가 네 친구라도 되는 듯 생각하고 있단 말이다. 그것은 무엄한 일이다. 하나님께 대한 사랑은 언제나 한결같아야 한다. 확 타올랐다가 금방 꺼져버리는 짚불 같아서는 안 된다."

빈센트는 생각했다. 아버지가 나를 저런 식으로 오해하고 계시다니…… 아니, 어쩌면 아버지의 말이 진실일까? 실제로 나는 천박하기 그지없고 경솔한 인간이란 말인가? 그러나 나는 진심으로 그리스도를 사랑하고 전력을 다해 그를 섬기려 한다. 아버지는 워낙 조용한 분이시라 나처럼 과격한 성미의 인간을 이해 못하시는 건지도 모른다. 아, 그러나 결국 아버지는 나를 너무도 잘 알고 계신 게 아닐까…….

"자, 이제 좀 구체적으로 이야기를 하자꾸나. 너는 먼저 국가시험을 치를 준비를 해야 한다. 그건 그리 어렵지 않을 게다. 그런데 그 다음 꼬박 7년 동안 본격적으로 공부를 해야 한다."

"하나님 말씀을 전하기 위해 그렇게 많이 공부를 해야만 하나요?"

빈센트는 한숨을 쉬었다.

"하나님 말씀을 전하기 위해서는 하나님에 대해 알아야 한다. 하나님을 알 수 있는 방법은 단 하나, 성경을 통한 길밖에 없지. 그런데 그 성경이 고대 언어로 씌어 있단다. 그러니 먼저 라틴어와 히브리어, 그리스어를 배워야 한다."

"그렇다면 당연히 그렇게 해야지요."

"곧 스물네 살이 되는데, 해낼 수 있겠니? 요하네스 숙부께서 널 잘 돌봐주실 거다."

빈센트에게 라틴어와 그리스어를 가르치는 N. B. 멘데스 다 코스타는 마이엘프라츠에서 4층에 방을 얻어 지내고 있었다. 빈센트는 몇 살 연상의 멘데스를 매우 좋아하고 또 존경했다. 그래서 공부하는 것이 힘들기도 했지만 대체로 즐거웠다.

"멘데스, 영 못마땅한 표정이군요. 무슨 저주라도 걸렸는지, 열심히 공부한다고 했는데 이 불규칙동사는 도무지 머릿속에 들어가질 않네요. 내 머리가 신통치 않은가봐요."

"빈센트, 당신은 어학을 새로 공부하기에는 나이를 좀 먹었어요."

멘데스는 웃으며 말했다.

"난 그렇게 생각하지 않았는데…… 전에 아버지도 그런 말씀을 하셨어요."

빈센트는 잠시 뒤 한숨을 쉬며 다시 말했다.

"아…… 역시 난 안 되겠어요. 머리를 벽에라도 부딪고 싶은 심정이에요. 그렇게라도 나 자신한테 벌을 주고 싶네요."

"그런 행동을 해서는 안 됩니다."

멘데스는 정색을 하고 말했다. 그러나 빈센트는 아랑곳 않고 말을 계속했다.

"난 나를 혹독하게 벌주었어요. 일전에는 아무것도 입지 않고 매서운 추위에 헛간에서 잠을 잔 적도 있지요. 그렇지만 그 정도로는 어림도 없는 것 같아요."

"아니, 도대체 무슨 짓을 한 거예요?"

"내 이 나쁜 기억력은 천성이 게으르기 때문인 것 같아서요. 머리만 게으른 게 아니라 몸뚱이도 게으르고, 또 정신 상태는 나사라도 하나 풀린 듯하고…… 완벽한 게으름뱅이인 거죠."

멘데스는 아무 말 않고 창가 쪽으로 다가갔다. 창 밖에는 눈이 내리고 있었다.

이 남자는 도무지 알 수 없는 인간이다. 오랜 시간 같이 시간을 보내 어느 정도 이해했다고 생각하는 순간 갑자기 전혀 다른 인간인 것처럼 엉뚱한 행동을 할 것이다…….

"몸뚱이가 못돼먹었다고요. 그래서 나는 내 등과 넓적다리를 후려갈겼어요. 보세요, 다리에 이렇게 피가 배었어요."

이렇게 말하더니 빈센트는 옷을 벗으려고 했다.

1873~1877

"뭐하는 짓이에요! 그만해요."

"제발 나쁘게 생각하지는 말아주세요. 당신에게 주려고 묘지 옆에서 갈란투스[13)를 꺾어왔어요."

빈센트는 애원하듯 말했다.

두 사람은 자리에 앉아 수업을 시작했다. 멘데스는 낭독을 한 후 설명을 해나갔다.

빈센트는 정신을 똑바로 차리고 잘 들으려고 애썼다. 그러나 끊임없이 솟아나는 잡념 때문에 집중을 할 수 없었다. 그는 하얀 옷을 입고 단상에서 신도들에게 설교하는 자신의 모습을 상상했다. 갑자기 머리가 아프고 쇠테라도 쓴 것 같은 느낌이 들었다. 빈센트는 자신의 기도 소리가 들리는 것 같아 다시 토마스 아 켐피스[14)의 장엄한 제단 장식화를 떠올렸다. 토마스가 그림을 그린 것은 죄악일까? 그러나 그는 얼마나 훌륭한 화가였던가.

"빈센트, 오늘은 여기까지 합시다. 아무래도 당신은 지금 수업을 할 수 있는 상태가 아닌 것 같아요."

"또 내 자신을 벌주는 수밖에 없겠군요."

빈센트는 큰 소리로 이렇게 말하더니 방 안을 성큼성큼 걸어다녔다.

"오해는 하지 말았으면 좋겠습니다. 나도 내가 왜 이 모양인지 모르겠어요. 그런데 말이에요. 라틴어와 그리스어 문법을 모르면 설교를 해서는 안 된다고 생각하십니까? 가난한 사람들에게 영혼의 평화를 주기 위해 반드시 줄리어스 시저의 원서를 읽어야 한다고 생각하느냔 말입니다."

멘데스는 잠시 생각하는 듯하더니 머뭇거리며 말했다.

"목사가 되기 위해서는 시험을 치러야 해요. 그러기 위해 정해진 과목을 습득해야 하는 것이고요."

"알고 있어요."

빈센트는 멘데스의 말을 가로막으며 말을 계속했다.

"하지만 힘만 들 뿐이지 아무 의미도 없는 일이에요. 토마스 아 켐피스가 얼마나 훌륭하게 성경을 번역해 놓았습니까? 그것으로 충분하다고요. 도대체 무엇 때문에 이 까다로운 문법의 낡아빠진 말을 배워야 하는지 모르겠단 말입니다. 그렇게 하지 않고서는 하나님을 믿을 수도 없고, 사람들을 하나님께 인도할 수도 없단 말입니까? 라틴어로 기도하지 않으면 하나님께서 알아듣지 못하신답니까?"

"왜 나에게 그런 말을 하는지 모르겠군요. 우리는 언제나 옛날 말로 하나님께 기도합니다."

"아, 당신은 유대인이었지요. 그걸 잊고 있었네요."

멘데스는 미소를 지으며 말했다.

"우리는 우리가 유대인이라는 사실을 결코 잊지 않는답니다. 매순간 그것을 생각하지요. 유대인이라는 것은 아픔입니다."

"내가 얘기하려는 건 그게 아니에요."

"빈센트, 모든 것에 대해 좀 더 가볍게 여유를 가지고 생각하면 안 될까요?"

"그리스도를 알기 위해 그리스어 문법이 반드시 필요할까요? 결코 그럴 리 없어요. 그런 건 사람들이 하나님과 인간을 떼어놓기 위해 궁리해 놓은 것에 불과해요. 그건 하나님 앞에 높은 벽을 쌓아놓고 열쇠가 없는 자들에게는 출입을 금지하는 행위와도 같아요. 라틴어 문법 따위를 공부하느니 렘브란트의 그림을 보는 편이 그리스도의 고뇌를 이해하는 더 나은 방법이죠."

"라틴어 지식은 절대적으로 필요합니다. 빈센트, 당신 혼자서 아무리 기를 쓰고 반대해도 소용없어요."

요하네스 숙부는 빈센트를 서재로 불렀다. 빈센트는 문 옆에서 쭈뼛대며 서 있었지만, 그는 돌아보지도 않았다.

빈센트가 요하네스 숙부 댁에 온 지도 꽤 되었지만 두 사람은 식사도 함께한 적이 없었다. 하루 종일 얼굴 한 번 마주치지 못하는 경우가 많았다. 빈센트는 자기 방에만 틀어박혀 있었다.

요하네스 숙부는 손님이 찾아왔을 때에도 빈센트를 그 자리에 불러 인사시키는 일이 없었다. 그것이 처음에는 빈센트의 감정을 꽤나 상하게 했지만, 군대 업무 외에는 관심이 전혀 없는 숙부라는 생각을 하고는 혼자서 쓴웃음을 지었다. 숙부는 마치 톱니바퀴 장치처럼 규칙적으로 생활했다. 빈센트는 자신이 숙부를 이해하지 못하는 것처럼 숙부도 자신을 이해하지 못하리라고 생각했다.

아마도 숙부는 나를 미워하고 있을 것이다. 부모님의 부탁 때문에 어쩔 수 없이 나를 자신의 집에 두는 것이리라. 빈센트는 생각했다.

무엇 때문에 나를 이렇게 문 옆에 세워두는 걸까? 편안한 자세를 해도 좋다는 허락을 받을 때까지 부동자세를 취하고 있어야 한단 말인

가. 나를 군대식으로 훈련이라도 시키려는 걸까?

빈센트는 헛기침을 했다. 그러자 해군 중장은 곧바로 조카 쪽으로 돌아섰다.

"그래, 잘 지내고 있느냐? 빈센트, 네게 할 말이 있다."

"……."

"네 아버지가 언제까지나 네 옆에 살아 계시지는 못하리란 사실을 너도 잘 알고 있을 것이다. 그러니 너는 좀 더 정신을 차려야 한다."

역시 군대식이군. 빈센트는 생각했다.

"도대체 밤에는 어디를 그렇게 쏘다니는 게냐? 그동안 난 네가 자신이 해야 할 일은 알 만한 나이라고 생각하고 아무 간섭도 하지 않았다. 더구나 넌 지금 목사가 될 준비를 하고 있잖니?"

요하네스 숙부는 이렇게 말하고는 무엇 때문인지 큰소리로 웃더니 다시 정색을 했다. 빈센트는 두통을 느끼며 잠자코 있었다.

"무엇이든 지나친 건 불건전한 법이다. 그런 불성실해 보이는 생활은 그만둘 수 없겠니? 밤새도록 도대체 무얼 하고 돌아다니는 거냐?"

"저는 그저 기도드리고 산책하며 제 자신에 대해 생각하는 시간을 가졌을 뿐이에요."

"집 안에서는 기도를 드리거나 생각을 하지 못한단 말이냐?"

이 뼛속까지 군인인 사람이 나를 이해할 리 없지. 빈센트는 이렇게 생각하며 잠자코 있었다.

"또 침구가 자주 피투성이가 되어 있다는데, 그건 무슨 말인 게냐? 한 주에도 세 번이나 침구를 갈아야 한다고 들었다."

1873~1877

빈센트는 아무 말도 하지 않았다.

"왜 대답을 하지 않는 게냐? 말하지 못하는 무슨 이유라도 있는 거냐?"

"아닙니다."

"그런데 왜 아무 말도 못하느냐."

빈센트는 머뭇머뭇 말했다.

"매질을 하는 겁니다. 저는……."

"뭐라고? 정말 정신이 나간 녀석이구나. 피가 나도록 제 몸을 때리다니, 그것도 내 집에서. 너란 녀석은 도대체 이해할 수가 없구나. 제정신이 아니라고밖에……."

"그러니까……."

"네 말은 더 이상 듣고 싶지 않다. 넌 분명 제정신이 아니야. 멀쩡한 정신을 가지고서 그런 짓을 할 리가 없지."

"이유를 말씀드리자면…… 그러니까……."

"됐다. 한심한 녀석 같으니. 왜? 정신병원에라도 들어가고 싶으냐? 게다가 지난 일요일에는 교회를 일곱 군데나 돌아다녔다고 하더구나. 유대교 모임에도 갔다지?"

"저는 우리가 믿는 종교의 근원인 이스라엘의 가르침을, 그러니까 유대교에 대해 좀 더 연구해 보고 싶었어요."

이렇게 말하며 빈센트는 차라리 웃고 싶었다. 숙부에게 꼬치꼬치 신문당하고 있는 상황이 우스꽝스럽게 느껴졌다.

"그리고 이건 또 어떻게 된 일이냐?"

숙부는 시계를 꺼내 보여주며 말했다.

"그건 제 시계인데……."

빈센트는 놀라며 말을 이었다.

"그게 어떻게 숙부님 손에 있지요?"

"일요일에 네가 교회 헌금자루에 넣은 걸 뫼켄 목사님이 내게 보내주셨다."

빈센트는 도무지 기억나지 않는 일이었다. 어쩌다가 기억력이 이리 되었지…… 정말로 난 미치광이가 되어 가고 있는 건가. 이런 생각을 하자 빈센트의 가슴은 심하게 뛰기 시작했다. 그러나 요하네스 숙부는 계속해서 말했다.

"지난 일요일에는 헌금자루를 가져온 사람에게 네 장갑을 주었다고 하더구나. 네 부모님이 얼마나 걱정하고 있을지 알겠다."

내가 장갑을 어떻게 했었지? 빈센트는 생각했다. 그러자 갑자기 심장이 경련을 일으켰다. 눈앞이 새빨개지고 뭐라 말할 수 없는 공포가 몰려오면서 얼굴이 경직됐다. 그리고는 짐승 같은 신음소리를 내면서 마룻바닥에 쓰러졌다.

"이게 무슨 일이냐. 큰일 났다!"

요하네스 숙부는 소리를 질렀다.

"왜 이러는 거냐? 빈센트, 빈센트…… 민나, 게오르크, 얀, 빨리 이리 좀 와봐라. 어서 의사를 불러 오너라, 어서. 빈센트가 죽는다."

"그러니까 당신은 제롬[15]이 그린 저 프리네가 아름답지 않다는 말이군요."

멘데스가 물었다.

"아름답다고 할 수는 없지요. 아름다움으로 치자면 차라리 이스라엘이나 밀레가 그린 못생긴 여자가 낫다고 생각해요. 에두아르 프레르[16]가 그린 쭈그리고 앉아 있는 노파 그림도 괜찮고요. 프리네 같은 아름다운 여자의 육체가 도대체 무슨 의미가 있지요? 무의미해요. 짐승도 아름다운 육체를 가지고 있어요. 아니 오히려 인간보다 아름답지요. 하지만 이스라엘이나 밀레, 프레르 같은 사람들이 그린 인물 속에서 꿈틀대는 저 숭고한 정신은 짐승에게서는 결코 찾아볼 수 없는 것이지요. 내가 제롬을 사랑하지 않는 이유예요. 한 사람이 두 임금을 섬길 수 없는 것과 마찬가지로, 밀레와 제롬을 동시에 사랑할 수는 없단 말이에요."

빈센트는 큰소리로 아주 급하게 말했다.

눈을 감고 곰곰이 생각하며 빈센트의 말을 듣던 멘데스는 미소를 지으며 되물었다.

"그럼 당신은 거리에서 예쁜 아가씨를 봐도 아무 느낌이 없단 말인가요?"

빈센트는 대답하지 않았다. 그는 우술라를 생각했다.

마지막으로 그녀를 본 것이 언제였던가. 3년 전, 아니 3000년도 더 지난 일만 같다. 런던에서였던가, 아니면 아득히 먼 저 별 위에서였던가. 그녀는 정말로 살아 있는 여자였던가, 아니면 내 마음대로 만들어 낸 환상이었던가.

잠시 후 빈센트는 천천히 말했다.

"못생겼다든가, 늙었다든가, 가난하다든가 해서 그 불행한 삶의 그늘이 그려진 여인이 나는 더 아름답다고 생각해요. 말하자면 아름다운 가면을 쓴 것에 불과한 인형 같은 여자보다는 인생의 풍부한 경험을 한 정신과 마음을 가진 여자 쪽이 나에게는 훨씬 더 강렬하게 다가온다는 것이지요."

빈센트는 스스로를 성격파탄자라고 생각하며 암스테르담의 어두운 밤거리를 정처 없이 헤매고 다녔다.

나는 나 자신과 세상 사람들에 대해 어떻게 해야 좋을지 모르겠다. 나는 왜 다른 사람들처럼 소소한 일상에서 행복을 찾지 못하는 걸까? 왜 언제나 불만족 상태인 거지?

하나님께서는 왜 나에게 은총을 베풀어주시지 않는 걸까? 나는 하나님의 충실한 종이고 싶은데…… 하나님께서 오만하고 사악한 나의 본성을 꿰뚫어보고 계신 걸까?

나는 정말로 사악한 인간일까? 진정 선량해지고 싶지 않은 걸까? 혹시 나는 아무짝에도 쓸모없는 허영심에 빠져 스스로를 다른 인간들과 다르다고 믿고 있는 건 아닐까? 그런 식으로 우월감을 느끼려 하기 때문에 하나님께서 벌을 주시는 것은 아닐까?

그는 어제 스트리커 숙부가 상선학교商船學校 학생들에게 설교하는 튜더 예배당에 갔었다. 그리고 생각했다.

목사라고 하는 스트리커 숙부나 내 아버지는 어쩌면 저렇게 선량할 수 있을까…… 저들은 확고한 신념을 가지고 있다. 그러나 나는 침착하지도 못하고 성실하지도 못하다. 어디 한곳에 지긋이 있지를 못한다. 나는 주위의 사물들이 계속해서 변화하지 않는 상태를 견딜 수가 없다.

나는 설교를 할 수 있게 될 때까지 도저히 몇 해씩이나 기다리고 있을 수가 없다. 그렇다. 언제나 그렇듯 나는 성급하다. 아, 그러나 바로 하나님께서 나를 이렇게 성급한 인간으로 만드신 것 아니던가! ……내 결점과 약점을 하나님의 책임으로 돌리고 있는 나는 또 얼마나 죄인인가!

한밤중에 거리에서 만나는 사람들은 얼마나 기묘해 보이는지…… 그들은 마치 인생의 행로를 잘못 잡아 몰락하고 만 사람들 같다. 해가 지면 그들의 시커먼 형상이 헤매기 시작한다. 그들은 바로 밤의 공포다. 그들은 이루 말할 수 없을 만큼 처참하다……. 그리고 내 자신을 잃기 시작한 비참한 내 모습 역시 그들과 똑같다…….

빈센트는 브레드스트라트에 왔다. 그리고 어느 조그만 집 앞에서 걸음을 멈추었다. 그곳에 렘브란트가 살고 있었다는 것을 생각해 낸 것이다.

나는 마음의 눈으로 또렷하게 볼 수 있다. 그 화가는 어떤 경건한 목사보다 더 하나님 가까이 있었다. 아, 예술가는 모두 하나님께서 가장 사랑하는 자녀 아닐까?

사람이 하나님을 온전히 이해하고 바르게 섬기기 위해서는 예술가가 되는 길밖에 없지 않을까? 그것이 바로 하나님의 은총 아닌가? 그렇다. 내가 그림을 그릴 수 있다면 얼마나 좋을까…… 그렇다…… 그림이다, 그림이다…….

나는 참으로 어리석은 몽상가에 불과하다. 내가 화가가 된다고? 모

두들 나를 바보 같은 녀석이라고 비웃을 만도 하다. 이미 렘브란트가
세상에 나왔는데…… 내가 그림을 그리려 한단 말인가?
　빈센트는 아버지에게 편지를 썼다.

　저는 공부를 많이 해서 될 수 있는 목사는 도저히 못 될 것 같습니다.
이제 보니 제 머리는 학문과는 거리가 있습니다.
　저는 제가 보잘것없는 인간인 것을 알기에 겸손하게 살아가려 합니
다. 정식 목사는 될 수 없으니 선교사가 되어 보리나주의 가난한 갱부
들에게 설교하고 싶습니다. 그러기 위해서는 증명서도 필요 없고, 라
틴어와 그리스어를 알지 못해도 됩니다. 그저 석 달 동안 브뤼셀의 신
학교에서 공부하면 됩니다. 게다가 수업료가 전혀 없으니 먹고 살 수
있는 최소한의 비용만 있으면 될 것입니다. 이것이 가장 좋은 방법 같
습니다. 끊임없이 고뇌하는 인간인 저로서는 역시 가난하고 고뇌하며
살아가는 사람들에게 복음을 전하고 싶습니다.

　빈센트의 편지를 읽고 난 반 고흐 목사는 아내에게 말했다.
　"빈센트가 원하는 것을 해줘야 할 것 같소. 자식을 도와주는 것이 부
모가 할 일 아니겠소."
　"저는 아직도 가끔 빈센트 걱정에 잠을 못 잘 때가 있어요. 우리가
빈센트에 대해 지나친 걱정을 하고 있는 걸까요?"
　"나 역시 그래요. 하지만 우리는 그저 부모로서 해야 할 일을 하고,
그 결과는 하나님께 맡기는 수밖에…… 우리 눈에 잘못된 일같이 보이

는 것도 하나님의 뜻일 것이오."

"잘못된 일도 하나님의 뜻이라고요?"

"난 그렇게 생각해요. 우리의 많은 아이들 중 빈센트만 좀 유별나지. 우리가 나머지 아이들을 올바르게 길러낸다면, 설혹 빈센트가 잘못된 것 같아 보여도 그건 우리의 잘못이 아니오. 우리의 능력 밖의 일……."

반 고흐 목사는 방안을 왔다 갔다 하더니 창가에서 걸음을 멈추고 뜰을 바라보았다.

"저것 봐요. 튤립 꽃이 아주 곱게 피었소. 빨간 것도 있고 노란 것도 예쁘구려. 하지만 똑같은 흙에서 똑같이 햇볕을 쬐고 비를 맞고 자랐는데도 이쪽에 있는 것은 제대로 자라지 않았소."

"아, 빈센트를 생각하면 잠도 잘 수가 없어요. 그 앤 어떤 일에든 싫증을 너무 빨리 느끼는 것 같아요. 벌써 직업도 몇 번을 바꿨는지 모르잖아요. 게다가 이제는 보리나주의 갱부들에게 가겠다고요? 그 애가 그곳에서는 자리를 잡을까요?"

"그 애는 딱히 살아가는 기쁨을 느끼지 못하는 것 같소. 언제나 시무룩하고 우울해 보인단 말이오. 그래서 이번에는 좀 어려운 일을 계획하고 있는 것 같소."

"그 애는 자존감이 낮아요. 그래서 언제나 자기 자신을 생각하며 처신하는 것에 익숙하지 못하고, 또 어떤 때는 자신을 희생하는 것이 최선이라고 생각하는 것 같아요. 도대체 왜 그러는지……."

"교회가 그 애에겐 도피처 같소. 도대체 무엇 때문에 도피를 하는지는 모르겠지만……."

반 고흐 목사는 여전히 시선을 창밖에 둔 채 말했다.

7월, 반 고흐 부자는 브뤼셀의 신학교 목사인 봇세르의 반 데 브링크와 멧헤른의 피터센, 브뤼셀의 데 용을 찾아갔다.

"자네는 왜 보리나주 같은 곳에서 설교를 하고 싶다는 건가?"

데 용이 물었다.

"영국에서 지낼 때 디킨스의 소설을 읽은 후 생명의 위험을 무릅쓰고 암흑 속에서 살아가는 갱부들이 불쌍하다는 생각을 했습니다. 지리책을 찾아보니 보리나주는 몬즈의 서쪽 지방으로 주민들이 모두 갱부라고 하더군요. 그들은 우리와는 매우 다른 삶을 살고 있습니다. 그들에게는 낮이 없습니다. 일요일 외에는 햇빛도 제대로 보지 못합니다. 그저 비좁은 갱도 속에서 희미한 불빛에 의지해 일할 뿐입니다. 석탄을 파기 위해 몇 시간씩 허리도 못 펴고 일하고 있는 것입니다. 아시는지 모르겠지만, 갱도는 사람이 기어 다녀야 할 만큼 좁은 곳이 산재해 있습니다. 또 도처에 생명을 위협하는 위험이 도사리고 있습니다. 그러나 다행히 그곳의 갱부들은 하나님을 믿고 있습니다. 그들이 조그만 램프를 손에 들고 갱도로 내려갈 때 그들은 하나님께 자기 자신과 집에 있는 처자식을 내맡깁니다. 복음에 대한 열망은 아마도 갱부들 사이에서 가장 강력할 것입니다. 저는 그곳의 가난한 갱부들을 위해 살고 싶습니다."

"아드님이 책을 너무 읽었군요."

데 용 목사가 말했다.

"그런데 갱부들이 과연 아드님을 이해할 수 있을까요? 아드님은 갱부들을 이상화해 영웅이라도 되는 것처럼 생각하고 있는 것 같습니다. 그래서는 그들을 다룰 수가 없다는 사실을 나중에야 알게 되겠지요. 하지만 어쨌든 훌륭한 생각입니다."

그때 피터센 목사가 빈센트에게 말했다.

"이곳에서는 사람들이 알아들을 수 있도록 이야기만 할 수 있으면 됩니다. 그러니까 고대어나 신학 공부는 그다지 필요하지 않습니다. 열정과 감수성만으로 충분합니다. 그렇지만 사람들을 지도하기 위해서는 공부가 필요합니다."

그러나 벽에 걸린 동판화에 정신이 팔린 빈센트는 피터센 목사의 말을 제대로 듣지 않았다. 그리고는 대뜸 물었다.

"저건 무슨 그림입니까?"

"친구가 보내준 건데, 잘 모르겠소."

목사는 이렇게 대답하며 그림에 감탄하며 서 있는 젊은이를 바라보았다.

"퇴비를 실은 수레를 밀며 마당을 걸어가는 사람 그림이군요."

빈센트가 말했다.

"그거야 뭐 보기만 해도 아는 것이긴 하지만…… 그렇군요."

목사는 미소를 지으며 말했다.

"밀레 그림이다!"

빈센트가 소리쳤다.

"아버지, 보세요. 밀레의 그림이에요. 정말 기가 막힌 그림이에요."

밤이 되어 빈센트는 테오에게 편지를 썼다.

아버지와 함께 준데르트의 들판을 걸어 돌아왔다. 저녁 해는 벌써 전나무 숲 너머로 지고, 저녁놀 가득한 하늘은 물웅덩이에 비치고 있었다. 들판의 노랑·하양·회색 빛의 모래가 풍성한 색채의 하모니를 이루고 있었다. 가끔씩 나도 모르게 마음이 평화로워져 인생이 들판에 난 저 길같이 편안하게 생각되기도 한단다.

나는 네가 건강하게 지내고, 또 마음의 양식이 될 만한 것을 찾고 있단 것이 참 기쁘다. 진실한 인생이야말로 최고의 예술이라고 할 수 있지. 그리고 혼신을 기울인 예술가의 작품만이 영원한 법이란다.

자신이 해야 할 일을 찾아 방황하던 청년 시절의 빈센트.

03

보리나주의 마르카세 탄광 제7광구 막사 전경.

1

크리스마스를 며칠 앞두고 흐린 날씨가 계속되었다. 길가에는 눈이 쌓여 있었다. 빈센트는 브뤼겔[17]의 그림이라도 보고 있는 것 같다는 생각을 했다. 보리나주에 그림 같은 것을 이해할 만한 사람은 없었다. 그러나 거리는 마티스 마리스[18]나 뒤러쯤 되지 않고서는 그려낼 수 있을 것 같지 않은 독특함이 서린 한 폭의 그림 같았다. 가시덤불에 쌓인 구불구불 뒤틀린 나무가 서 있는 좁은 길은 정말이지 뒤러의 동판화 〈기사와 죽음과 악마〉의 분위기를 빼박았다.

드디어 나는 이곳에 왔다. 그리고 그림과 화가들을 생각하고 있다.

벌써 저녁 무렵이었다. 빈센트는 밖으로 나왔다. 일을 마치고 집으로 돌아가는 갱부들이 모자를 벗으며 인사를 나누고 있었다. 온통 시커먼 그들의 모습은 하얀 눈이 쌓인 풍경 속에서 괴이하게까지 보였다. 길을 따라 늘어선 그들의 초라한 집에는 예닐곱 명씩 살고 있었고, 침대 하나에 네 사람이 누워 잠자리에 들었다.

1878~1880

빈센트는 이미 세 차례 정도 설교를 했는데, 그것은 예배당이나 교회에서 이루어진 것이 아니었다. 그는 마을회관이나 갱부들의 집, 혹은 마구간이나 헛간에서 사람들을 만나 이야기를 나누다가 어떤 필요가 느껴지면 곧바로 설교로 이어나갔다. 노동으로 다져진 굵은 손마디와 건장한 체구를 가진 갱부들은 아이처럼 그의 설교에 귀를 기울였다.

빈센트는 성큼성큼 걸었다. 늑대가 양을 잡아먹듯 인간을 삼켜버리는 대도시에서 그는 도저히 머무를 수 없었다. 그는 이렇게 노동자들 사이에서 언제까지나 있고 싶었다.

다 쓰러져 가는 어느 조그만 집 앞에 멈춰 서더니 그는 문을 두드렸다. 거기에는 나이 먹은 한 갱부가 십 수년째 살고 있었다. 집안에 들어가 보니 숨 쉬는 일조차 고통스러워 보이는 한 노인이 침대에 누워 기침을 하고 있었다.

"의사를 불러와야겠어요."

빈센트가 이렇게 말하자 노파는 비웃듯 대꾸했다.

"의사요? 필요 없소. 평생을 탄광에서 일해 망가질 대로 망가진 내 몸은…… 어떤 의사가 와도 어쩔 도리가 없을 거요."

빈센트는 어찌해야 좋을지 몰라 아무 말도 하지 못했다.

"다른 지방에서 오셨으니 이곳 사정을 잘 모르겠지만…… 차차 알게 되겠지요. 모두가 석탄 때문이란 걸……."

빈센트는 조용히 침대 옆에 앉아 기도서를 꺼냈다.

"그래요. 그놈의 석탄 때문이지요. 우리가 땅속에서 조용히 지내는 석탄을 파냈기 때문에…… 그 벌을 받아 이렇게 허파가 망가지고 만 거요."

"벌을 받다니요. 무슨 말을 그렇게 하세요."

"이곳에 사는 사람들은 모두 잘 알고 있소. 탄광에서 일하다가 석탄 때문에 병들어 한 사람 한 사람 죽어 가고 있다는 사실 말이오. 그것도 하나같이 폐가 망가져 죽어버리지. 모두 신의 뜻이겠지만……."

정말 이 모든 고통과 빈곤 역시 하나님의 뜻일까? 하나님께서는 이 불쌍한 사람들이 측은해 보이지도 않는단 말인가? 이런 생각을 하면서 빈센트는 자신이 이교도異教徒가 된 것만 같았다.

살을 파고들 만큼 굵고 거친 밧줄에 묶여 화형대의 장작더미 위에 있는데, 거기에 불을 지르는 군인들의 모습이 눈앞에 펼쳐졌다. 빈센트는 무서운 고통을 느끼고 고함을 지르려다 정신이 들었다. 주위를 둘러보았다. 그리고 불쌍한 노파가 죽어서 누워 있는 침대 옆에 앉아 있다는 사실을 깨달았다.

그가 본 환상은 16세기 한 동판화의 광경이었다.

2

빈센트는 탄광을 보고 싶어했다.

"그럼 마르카세의 갱도에 가 보시지요."

갱부 밥티스트가 말했다.

"거긴 가장 오래된 곳으로 가스 폭발이나 물이 나서 숱하게 갱부들

감자 먹는 사람들

누에넨 | 1885 | 유화 | 81.5×114.5cm | 암스테르담, 반 고흐 미술관

감자 먹는 사람들

누에넨 | 1885 | 석판화 | 26.5×30.5cm

이 죽어 나간 곳이에요. 아주 엉망인 곳으로 노상 낡은 갱도가 무너지 곤 하지요. 거기에 가면 우리가 어떻게 일하는지 잘 아실 수 있을 겁니 다. 물론 그곳의 답답한 공기를 견뎌내실지 모르겠군요."

빈센트는 그곳으로 갔다. 음산한 공기로 가득 찬 갱도 안은 모든 것 이 죽어 있는 것만 같았다. 갱부들의 얼굴은 창백하고 하나같이 야위 었다. 그리고 나이보다 늙어 보였다. 갱도 부근에는 석탄재를 뒤집어 쓴 그들의 집이 늘어서 있었고, 그 주위에는 말라죽은 나무와 석탄 찌 꺼기가 산더미처럼 쌓여 있었다.

빈센트는 승강기를 타고 밥티스트와 함께 지하 700미터 되는 곳까 지 내려갔다. 마치 우물 속으로 빠져들어가는 것만 같았다. 온몸이 저 항하는 것을 느꼈다.

"기분이 어떠신가요?"

밥티스트의 음성이 아득히 먼 데서 들려오는 것만 같았다. 귀가 울 려 귀머거리가 되고 소경이 되어버린 것 같았다. 저 위를 쳐다보니 밝 은 빛이 보였다. 별 같았다.

"저건 햇빛이에요."

밥티스트는 이렇게 말하며 빈센트의 팔을 잡았다.

"우리는 이곳에서 일하고 있습니다. 다섯 층으로 된 갱도 중 셋은 이미 다 파버렸고요."

좁고 기다란 갱도 안은 목재로 기둥을 삼아 지지해 놓았고, 그 안에서 기름에 절어 시커메진 갱부들이 조그만 램프에 의지해 석탄을 파고 있었 다. 그들은 갱도의 넓이에 따라 서거나, 웅크리거나, 벌렁 누워 일했다.

이 얼마나 끔찍한 감옥인가! 이곳에서 일하는 이 사람들은 대체 무슨 죄를 지었기에 이런 형벌을 받고 있단 말인가!

그러나 이들에게 고통을 주는 이들 역시 같은 사람들이다. 집을 따뜻하게 하거나 기계를 운전하기 위해서는 이런 고통스런 노동이 반드시 있어야만 할까? 그렇다면 왜 사람들은 이 희생자들을 존경하지 않을까. 땅 밑에서 이렇게 끔찍한 노동을 하는 이들에게 왜 지상에서나마 최소한 인간다운 생활을 할 수 있도록 보장해 주지 않을까. 햇볕을 쬐고 신선한 공기를 마실 수 있는 그 잠시 동안의 땅 위 생활에서나마 비참하게 지내지 않게 해줄 수는 없을까. 이들은 땅 위에서도 짐승보다 더 비참한 생활을 하고 있다. 이들을 이렇게 내버려두는 인간들은 늑대보다 더 잔인하다. 얼마나 몹쓸 세상인가!

그러나 이것은 그림이 될 수 있다. 아직 아무도 시도해 보지 않은 새로운 것이 만들어질 것이다. 빈센트는 생각했다.

그 후로 2, 3일이 지났다. 빈센트는 집에서 설교 준비를 하고 있었다. 그런데 갑자기 밖에서 무시무시한 굉음이 들렸다. 세상의 마지막 날이 온 것이 아닌가 생각될 정도였다. 빈센트는 허겁지겁 밖으로 나가 보았다. 사람들이 잔뜩 모여 있었다.

그들은 "폭발이다!" 하고 외치며 마르카세의 갱도 쪽으로 달려갔다. 빈센트도 사람들을 헤치고 나아갔다. 그의 눈앞에 영락없이 최후의 심판 같은 광경이 펼쳐졌다.

승강기로 사상자들이 실려 나오고 있었다. 모두 심한 화상을 입었거

앉아 있는 농부

누에넨 | 1885 | 유화 | 44×32.5cm | 오테를로, 크뢸러뮐러 미술관

물레에 앉아 있는 농부

누에넨 | 1885 | 유화 | 41×32.5cm | 암스테르담, 반 고흐 미술관

나 팔다리가 으깨졌다. 주위에서는 온통 울부짖거나 저주하는 소리가 들려왔다.

잠시 후 조용해졌을 때 승강기로 한 늙은 갱부의 시체가 실려 나왔다.

"앙드레다!"

한 늙은이가 이렇게 말하고 성호聖號를 그었다. 그 소리는 사람들 사이로 차츰 퍼져 나갔고, 이윽고 한 여자가 울부짖으며 달려왔다.

"당신들 모두가 우리 영감을 죽인 거야. 마르카세가 묘지라는 걸 뻔히 알면서도 사람들을 들어가게 했잖아. 살인자 같으니라고, 강도 같으니라고."

"당신은 돈을 받을 수 있어, 테레제."

한 사람이 극도로 흥분한 그녀를 달랜답시고 이렇게 말했다.

"돈 같은 건 필요 없어. 모두들 지옥에나 떨어져버려! 앙드레, 앙드레……"

빈센트는 그 여자를 위로해 주고 싶었다. 그러나 그녀는 아무 말도 들으려 하지 않고 미치광이처럼 악을 썼다.

"날 좀 가만 놔둬. 하나님? 흥! 하나님이 있으면 어떻게 나한테 이런 일이 있을 수 있지? 당신이 하는 하나님 얘긴 듣고 싶지도 않아."

"내가 자매님의 힘이 되어주겠습니다."

빈센트는 낮은 목소리로 말했다.

"위험한 줄 뻔히 알면서 자매님의 남편을 마르카세에 들여보낸 건 탄광 사람들 모두의 잘못입니다. 그러나 하나님은 이런 상황 속에서도 우리 가운데 계시며, 우리와 함께 눈물짓고 계십니다. 제가 자매님의 힘이 되어드리겠습니다."

"당신도, 당신이 말하는 하나님도 돈주머니의 힘은 못 당해. 이 세상 누구도 부자의 힘은 못 당한다고."

"그런 불경한 말을 하면 안 됩니다. 하나님은 우리 모두의 마음속까지 꿰뚫어보고 계십니다……."

이렇게 말하다가 문득 빈센트는 화가 치솟았다. 이따위 케케묵은 말이 무슨 소용이란 말인가. 저들을 혹사하는 사람들에 대한 분노만 북돋을 뿐 아닌가. 그러다가 그는 갑자기 무엇인가 사납게 치밀어서 자신이 큰 소리로 외치고 있다는 사실을 깨달았다.

"너희를 불행하게 하고 괴롭힌 자들이여, 저주받을지어다. 천명을 다하기 전에 너희를 무덤으로 보낸 자들에게 저주가 있을 것이다."

그의 말에 사람들의 함성이 일었다. 그제야 빈센트는 겨우 정신을 차리고 주위를 둘러보았다.

대체 무슨 일이 일어난 거지? 내가 무슨 말을 했지? 악마가 내게 그런 말을 시키기라도 한 건가?

3

빈센트는 브뤼셀의 고물상에서 스케치북을 한 권 사 두었다. 오래된 네덜란드제로 그림 그리기에 좋을 것 같았다. 그런데 스케치북에는 모두 그림이 그려져 있었다.

어찌된 일일까? 이 갱부들의 모습과 기계, 풍경 등을 그린 사람은 도대체 누구지? 이것들은 모두 어떻게 그려진 걸까? 누가 마술이라도 부린 게 아닐까? 아니다. 그건 얼토당토않은 생각이다. 그렇다면 누구일까? 나? 아니다. 나는 화가가 아니다. 나는 그림을 그릴 줄 모른다.

하지만 나도 예술이라고 할 수 있지 않을까? 아니다, 주제넘은 생각이다. 나는 그저 여기 앉아서 여러 가지 떠오르는 것을 휘갈겨 그렸을 뿐이다. 그걸 가지고 어엿한 화가라도 된 줄 생각하는 나는 정말이지 바보다. 그렇지만 나는…… 아무튼 그림은 그릴 수 있을지 모른다. 그러나…….

4

빈센트는 브뤼셀 상부로부터 호출 통보를 받았다. 돈이 떨어진 그는 빵 굽는 여자 집의 셋방에서 저녁 기도를 드리고 있었다.

여비가 없었지만 어쨌든 브뤼셀에 가기로 작정했다. 그는 추운 밤에 이불 대신 덮고 자는 재킷을 입었다.

브뤼셀 사람들은 내게 무슨 얘기를 하려는 걸까? 내가 무슨 잘못이라도 했나? 내가 지나치게 친절하기라도 하다는 말인가? 아니, 그럼 목사가 냉혹해야 될까? 브뤼셀 사람들은 직접 이 보리나주에 와서 갱부들의 비참한 삶을 봐야 한다.

그러나 빈센트는 곧 브뤼셀의 윗사람들 생각은 잊어버리고 지난번 착한 동생 테오가 보내준 스케치북 생각을 했다. 오늘도 그는 혹독한 노동으로 여윈 갱부의 모습을 그렸다.

그런데 그 얼굴이 제대로 그려지지 않았다. 고달픈 삶의 얼룩이 새겨진 그 얼굴을 누가 그림으로 그려낼 수 있을까.

좁고 지저분한 방 한쪽 구석에 좁은 나무 침대가 놓여 있었다. 그리고 거기에는 창백한 얼굴의 여자가 신음하고 있었다.

"이렇게 와주셔서 고맙습니다. 저도 이제 곧 낫겠지요. 당신은 분명 복을 받을 거예요. 다른 사람들도 곧 올 테니 같이 기도드리지요."

램프도 켜지 않은 어두운 방안에 많은 사람들이 병문안을 왔다. 허리가 구부러지고 제대로 끼니를 먹지 못한 늙은 갱부 내외도 있었다. 그곳에서 빈센트는 사도들의 이야기를 했다. 어두운 방안에서 이야기를 했지만 마치 광명 속에 있는 것 같았다. 천국의 복음을 찾아서, 오직 하나님께 귀의하려 했던 마케도니아 사람들의 이야기를 했을 때 거기 모인 사람들은 모두 경건한 태도로 귀를 기울였다.

빈센트는 앞에 앉아 있는 사람의 말소리에 제정신이 들었다.

"당신은 잘못된 행동을 했소. 갱부들에게 그리스도인다운 인내를 가르치는 대신 그들을 선동했소. 그리고 그들이 파업을 일으켰을 때 당신은 그들의 뒤를 밀어주었소."

"우리 주 예수 그리스도는 하나님의 아들임에도 불구하고 스스로 목수의 아들이라고 말씀하셨습니다. 그리고 삼십 년 동안 목수로 일하셨습니다……."

"당신은 우리에게 하나님 말씀을 가르칠 자격이 없소. 우리 앞에서 하나님을 모독하지 마시오. 우리들에게 성경 말씀을 가르치려 드는 것은 당신이 겸손하지 않다는 아주 좋은 증거요."

또 다른 자가 말했다.

"빈센트 반 고흐 씨, 당신은 갱부들을 잘못된 방향으로 인도했소. 하나님께서는 우리가 예수님의 말씀을 좇아 겸손한 마음으로 감히 외람된 일을 꾀하지 말고 순종하며 조용히 지내기를 바라고 계신 거요."

빈센트는 화가 나서 소리를 질렀다.

"갱부들은 너무 가난해서 끼니조차 제대로 먹지 못하고 있습니다. 다 쓰러져가는 집에서 옷이나 신발을 살 돈이 없어 너덜너덜해진 것을 겨우 걸치고 삽니다. 그들이 갱도에서 목숨을 걸고 일하는 것은 무엇 때문입니까? 그들의 고된 노동은 오직 탄광업자들의 이익을 위해서입니까? 그게 말이 된다고 생각하십니까?"

"그것은 모두 하나님의 뜻입니다. 당신이 증명할 수 없는 하나님께서 하시는 일에 불평을 해서는 안 됩니다."

"나는 절대로 그런 일을 그대로 넘길 수 없습니다. 말이 안 됩니다. 도저히 방관하고 있을 수 없습니다."

빈센트는 외쳤다. 의사인 데 용이 빈센트의 말에 대답했다.

"당신은 불쌍한 사람들의 영혼을 구원해 주면 됩니다. 당신의 권한 범위 안에서 그들에게 도움을 주면 됩니다. 자신들에게 빵을 주는 주인에게 대항하는 노동자들의 투쟁에 끼어들어서는 안 됩니다."

그리고 또 머리털이 조금밖에 안 남아 있는 살찌고 나이 많은 목사가 말했다.

"빈센트 반 고흐 씨, 당신의 행동은 도를 넘어선 것 같소. 먼저 당신의 필요를 채우고 나서 가난한 사람들을 돕는 것이 하나님의 뜻에도 맞고 또 칭찬받을 일이오. 그런데 당신이 하는 일은 너무도 극단적이어서 우리가 도저히 용납할 수가 없소. 당신의 하나밖에 없는 외투를 갱부에게 주지를 않나, 또 침대를 내주고 마룻바닥에서 잠을 자지 않나. 아무리 생각해도 정상적이라고 할 수가 없소."

"아…… 그들은 저보다 더 가난하단 말입니다."

"누구에게나 자기보다 가난한 사람은 있는 법이오. 그런데 자기의 마지막 쓸 것까지 남에게 주어버린다면 어찌 되겠소? 존경하는 당신의 아버지도 목사지만, 어디 자신의 집이나 옷, 또는 침대까지 가난한 사람들에게 내어주는 걸 봤소? 만약 그렇게 했다면 당신이나 당신의 형제들을 제대로 길러낼 수 있었겠소?"

"그렇지만 저는 다른 사람의 비참한 모습을 그냥 보아 넘길 수가 없습니다……."

"당신은 매사를 너무 극단적으로 생각하는 것이 문제요. 그런 극단적인 사고방식은 목사에게 적절하지 않소. 동정이나 자선에도 한도가 있어야 한단 말이오. 그렇지 않으면 미덕도 악덕이 될 수 있소."

"그런 기독교 교리는 말이 안 됩니다. 이해할 수 없습니다."

빈센트는 이렇게 말하고 나서 앞쪽을 지그시 응시하며 말을 이었다.

"그것은 배부른 사람들의 교리일 뿐 참다운 그리스도의 가르침은 아닙니다. 이웃을 사랑하라는 그리스도의 가르침은 불행한 사람들의 어려움을 그저 적절한 선에서 도와주고 넘기라는 말이 아닙니다."

"입 닥치시오. 그리고 앞으로 이런 일을 다시 만들지 않도록 조심하시오. 당신은 이제부터 설교를 할 수 없소."

5

"빈센트 형!"

테오는 머뭇거리며 말을 이었다.

"나는 무슨 일이 있어도 형 옆에서 형에게 힘이 돼주고 싶어. 어떻게 말해야 할지 잘 모르겠는데…… 나는 형이 왜 보리나주 같은 곳에서 이렇게 비참하게 지내는지 잘 모르겠어."

빈센트는 그저 초조하게 방안을 왔다 갔다 했다.

"형은 너무 말라서 유령 같아. 어쩌다가 그런 꼴이 된 거야? 게다가 하루 종일 한마디도 하질 않잖아. 그러면서 누구에게 도움이 된다는 거지? 그저 허공을 바라보며 생각에 잠긴 채 아무 일도 않고 있어. 그렇게 해서는 인간다운 삶을 살 수가 없다고. ……이렇게까지 이야기하지 않으려고 했는데, 형은 그러니까 일을 하고 싶지 않은 거야. 이런 저런 이유들은 모두 일에 흥미가 없다는 사실을 숨기기 위한 구실일 뿐이라고. 형은 현재 생활을 바꿔야 해. 난 그렇게 생각해."

테오는 왜 나에게 이런 말을 하는 걸까? 제법 큰 화랑에서 일하고 있는 자신의 지위를 과시라도 하고 싶은 걸까? 가끔 나에게 경제적인 도움을 주고 있으니 이런 충고를 해도 된다고 생각하는 걸까?

아니다. 나는 얼마나 못된 인간인가. 테오는 매달 힘들여 번 돈 중에서 나에게 50프랑에서 100프랑씩 보내주고 있다.

"형은 참을성이 없는 것 같아. 이제까지 벌써 직업을 몇 번이나 바꿨는지 한번 생각해 봐. 게다가 형은 늘 침울해. 왜 네덜란드의 집으로 돌아오지 않는 거야? 도대체 무엇 때문에 신의 버림을 받은 것 같은 이런 곳에 머물러 있는 거지?"

테오는 이렇게 말해 버리고 나서는 문득 생각했다.

괜히 이런 말을 해서 형의 감정만 상하게 한 건 아닐까? 왜 나는 이렇게까지 거친 표현을 쓰며 형에게 말했을까? 내가 형을 좀 도와주었다고 해서 이런 말을 하는 줄로 생각하지는 않을까? 잠자코 있을 걸 그랬다.

"네 말을 들으니 나도 뭐라 할 말이 없다. 자, 밖에 나가 산책이라도 하며 이야기하자. 그편이 좋겠다."

마르카세의 갱도 가까이에 이르자 빈센트는 고개를 떨어뜨렸다.

"넌 내가 일에 흥미를 갖지 않는다고 뭐라 했지만…… 누이동생의 말처럼 내가 석판공이나 빵 굽는 사람이 될 수 있을 것 같니? 그런 지루한 일을 하느니 차라리 죽어버리는 게 낫겠다고 생각해. 왜 그런지는 나도 모르겠어. 잘 설명하지 못하겠다. 내 생각을 말로 표현하려면, 일단 말로 표현해 버리면, 내 생각과 전혀 다른 것이 되어 오히려 머릿속을 혼란스럽게 만들어. 말만으로는 내 생각을 잘 설명할 수가 없다. 나는 세상 사람들의 생리와 장사의 속성을 잘 알고 있어. 그들은 모두 거짓말을 하지. 그렇게 이윤을 남겨. 그런데 난 도저히 그렇게 할 수가 없어."

"형이 자부심이 너무 강한 건가? 그러니까 형은 형이 다른 사람과는 다른 인간이라고 생각하는 거야?"

"내가 왜 부모님이 계신 곳으로 돌아가지 않고 이런 비참한 곳에서 생활하고 있는지 이야기하지 않았니. 집에서 나는 전혀 인정을 받지 못해. 이단자라고 해야 하나…… 부모님은 내가 정상적인 인간이 되리라고 생각하지 않으셔. 나를 전혀 신뢰하지 않으신다고. 그러니까 내가 집을 떠나 있는 것이 모두를 위해 좋은 일이야."

잠시 가만히 있다가 빈센트는 다시 말했다.

"왜 그런지 나는 너무 쉽게 흥분하곤 하지. 그렇게 흥분해서 실없는 짓을 저지르곤 바로 후회를 하는 거야."

형은 왜 이런 말을 하는 걸까? 동생인 내 앞에서 자신의 결점까지 저렇게 말하는 형은…… 역시 내가 그런 말을 한 것은 잘못한 일일까?

테오는 이렇게 생각하고는 형을 위로할 말을 찾았다. 그러나 빈센트는 어느새 자신의 생각에 잠겨 귀찮은 듯 그것을 가로막았다. 빈센트는 테오가 옆에 있는 것도 잊은 듯했다.

"정말이지 나는 툭하면 경솔하게 말하고 행동하고…… 왜 그러는지 모르겠어. 한 번 더 생각하고 말해야 하는데. 난 참 어리석은 인간이다. 테오, 네가 보기에 내가 다른 사람들에게 피해를 주며 사는 인간 같니?"

빈센트는 금방이라도 울음을 터뜨릴 것 같은 투로 물었다.

"아니야, 형. 왜 그런 생각을 하는 거야. 내가 괜히 생각 없이 말을 해서……."

"위로하지 않아도 돼. 내가 생각해도 내 마음은 가끔 병적이다 싶을 정도로 극단적으로 치닫곤 해."

"그건 형이 좀 과장해서 생각하는 버릇이 있어서 그래."

"부모님이 계신 고향이라…… 생각하기에 따라 어디든 고향이 될 수 있지 않을까? 그러니까…… 내가 무슨 말을 하려고 했었지? 넌 내가 일은 하지 않고 공상에만 빠져 지낸다고 했지. 쓸데없는 일만 하며 의기소침해 있다고…… 정말 그런 걸까? 사실 나는 돈을 쓰는 데 있어서도 절제력이 부족해. 그래서 언제나 네 도움을 받고 지내지. 나는 지금 아무것도 가진 것 없는 처량한 신세야. 그러니 지금까지의 방식이 아닌 다른 방식으로 살 것을 강요당하는 것도 당연하지……."

테오가 뭔가 말을 하려 했지만 빈센트는 단호하게 말을 이어 갔다.

"누군가는 마음속에 아주 뜨거운 불꽃을 지니고 있지만 아무도 가까이 다가와 몸을 녹이려 하질 않아. 그저 옆을 지나가며 연기가 조금 나는 것을 보고 그냥 가버리는 거야. 그럼 그 사람은 누군가 자기 곁에 와 몸을 녹일 때까지 기다려야만 하는 걸까? 난 잘 모르겠어. 신을 믿는 인간이라면 언젠가 그 시기가 오리라 믿고 기다리겠지…… 아, 내가 도대체 무슨 말을 하고 있는지 모르겠다. 테오, 하지만 나 같은 사람도 가끔 정신이 또렷해질 때가 있는 법이다. 그러니 진짜 게으름뱅이와는 구별을 좀 해주렴. 나는…… 그러니까 이 가슴 속에 무언가 해야겠다는 열망으로 가득 차 있으면서도 어떻게 해야 하는지 구체적인 방법을 몰라 아무것도 못하고 있는 거야. 그래서 게으름뱅이처럼 보일지 모르겠다. 나 같은 사람들은 자신이 어떤 일을 해야 하는지는 잘 모르지만 날카로운 직감만은 살아 있단다. 나도 분명 어떤 일은 잘 해낼 수 있을 거야. 존재의 이유…… 그러니까 나는 이 세상에서 어떤 일을 해야 하는 걸까? 새장 속 새도 자신이 무엇인가 해야 한다고 느낀다. 다른 새들은 집이 있어서 알을 까고 새끼도 기르는데…… 하며 새장에 머리를 부딪고 그 아픔에 몸부림치는 거야."

형은 도대체 무슨 말을 하는 거지? 아주 이성적으로 말하다가도 도무지 알 수 없는 말을 하기도 하니, 답답할 뿐이다.

테오는 이렇게 생각하며 땅바닥만 쳐다보았다. 빈센트는 계속해서 말했다.

"저 게으름뱅이 좀 봐, 하고 새장 옆을 날아가는 새들이 말하겠지. 하지만 새장 속 새는 겨우겨우 살아가고 있는 거야. 그 새의 마음을 누가 알 수 있겠니? 겉으로 봐서는 알 수가 없지. 그러나 그 새는 언제나 우울하다. 아이는 말하겠지. 새장도 깨끗하게 청소해 주고 모이도 많이 주는데 왜 그럴까? 하지만 새는 푸른 하늘과 새하얀 구름을 보며 자신의 운명에 분노하지. 나는 새장 속에 있다. 그래서 부족한 것이 없다고 너희는 말하지. 멍청이들아, 나에게 필요한 것이 내게 다 주어졌다고 생각하는 거냐. 그러면 자유는, 다른 새들처럼 될 수 있는 자유는 아무것도 아니란 말이냐. 나는 이 새장 속의 새와 같다. 게을러 보이는……."

아무래도 형은 병이 난 것 같아. 그것도 아주 심한 병…….

테오는 생각했다.

"테오, 여기서 새장이란 편견이나 오해, 무지와 불신, 잘못된 수치심 같은 것들이야."

테오는 형체를 알 수 없는 불안감에 싸여 이렇게 말했다.

"이제 그만 집으로 가자."

돌아오는 길에 빈센트는 문득 말했다.

"너 밀레의 〈들놀이〉 갖고 있지? 그거 좀 나한테 빌려줘. 밀레의 그림을 모사해 보려고. 이제까지 그려놓은 걸 보여주마. 물론 네 마음에 들진 모르겠지만⋯⋯."

어둠 속에서도 빈센트의 눈은 환히 빛났다. 테오는 갑자기 달라진 형의 태도에 놀랐다. 형은 목소리도 달라졌다. 이렇게 사람이 변할 수 있다니⋯⋯ 테오는 영문을 몰랐다.

6

빈센트는 휘파람으로 명랑한 멜로디를 불었다. 그런데 자꾸만 어느 한 부분에서 끊어졌다. 도무지 그 다음이 생각나지 않았다. 빈센트는 자신에게 음악적 재능이 없다는 사실에 화가 났다. 예술 중에서 단연 으뜸이라고 생각하는 음악을 공부하고 싶었기 때문이다. 물론 그는 다른 할 일이 너무 많아서 음악 공부에 힘을 쓸 겨를이 없었다.

빈센트는 틈나는 대로 그림을 그렸다. 하지만 종이는 너무 비쌌고, 캔버스는 꿈도 꿀 수 없었다. 게다가 그림을 그리려면 물감과 붓도 필요했다. 무얼 하나 하려 해도 필요한 물건투성이인 이 세상이 참 싫다고 생각했다.

게다가 그가 얻은 방은 너무 좁았다. 주인 여자의 아이들이 자는 두 개의 침대가 방을 떡하니 차지하고 있어서 커다란 도화지는 펼쳐놓을 수도 없었다. 빈방이 하나 있었지만 날마다 빨래를 해야 하는 갱부의 집인지라 언제나 빨래가 널려 있었다.

9프랑만 있으면 옆에 있는 조그만 집을 빌릴 수 있었지만 빈센트에 게는 그럴 여유가 없었다. 돈이 있으면 고기나 야채, 계란이나 흰 빵도 먹고 싶었다. 그러나 음식에 대한 욕심은 접기로 했다.

프랑스에도 가고 싶었다. 그는 다른 고장의 색다른 풍경과 사람들의 모습이 궁금해 견딜 수가 없었다. 분명 프랑스는 프랑스만의 독특한 색채가 있을 것이다. 프랑스에 가려면 10프랑이 필요했다.

마침내 그는 출발했다.

언제나 탄광의 연기가 안개처럼 뿌옇게 덮여 있는 보리나주의 하늘 과 달리 프랑스의 하늘은 상쾌했다. 또 이끼 가득한 초가지붕의 농가 와 도비니나 밀레의 그림에 나올 법한 아름다운 새가 보였다.

빈센트는 매우 즐거웠다. 여기저기 걸어다니며 색다른 풍광을 보고 그 속에서 느끼는 시장기마저 유쾌했다.

한번은 그가 그림을 그리는 것을 보고 있던 한 농부에게 그림 한 장 을 그려주고 빵 한 조각을 받기도 했다. 말 그대로 그림을 그려 빵을 얻은 것이다. 그는 매우 기뻤다. 빵 한 조각이었지만 행복했다. 그러나 지쳐 잠이 들면 꿈속에서 새파란 야채와 노란 과일, 빨간 고기 따위가 수북이 담긴 식탁을 보았다. 꿈에서 깨어났을 때 그는 한없이 처량했 다. 처음 눈을 떠서는 꿈과 현실 속에서 배고픔도 깨닫지 못하다가 차 차 위 속이 아파지기 시작하면 그제야 배고픔을 느꼈다. 배고픔 앞에

토탄을 채취하는 여인들

드렌테 | 1883 | 유화 | 27.5×36.5cm | 암스테르담, 반 고흐 미술관

서 그는 속수무책이었다. 자신을 속이려 했지만 현실의 굶주림은 어쩔 도리가 없었다.

배고픔은 더욱 고통스럽게 그를 괴롭혔고, 결국에는 마음껏 먹는 생각 외에는 아무것도 할 수 없었다. 게다가 그는 나뭇가지 위나 건초를 쌓아 둔 헛간에서 잤다. 한번은 빈 마차 안에서 잤는데, 아침에 일어나 보니 온몸이 새하얗게 서리로 덮여 있었다.

한 동네를 지날 때에는 보리나주의 광부들과는 딴판인 그곳 사람들의 모습에 놀랐다. 보리나주의 시커먼 광부들과 반대로 그들은 기분이 좋아 보였고 꿈속에라도 거닐고 있는 듯 경쾌했다.

하는 일에 따라 사람이라는 것은 이토록 모습과 표정이 달라질 수 있구나. 무섭고도 두려운 일이다. 그러므로 한 사람의 진정한 풍모는 그로 하여금 여러 가지 직업을 갖게 하여 그 갖가지 모습들을 그려 보지 않고서는 알 수가 없을 것이다.

유능한 화가에게 배우거나 미술학교에 들어가 그림을 공부하고 싶다. 그러려면 한 달에 100프랑은 들 것이다. 아, 그건 내게 꿈도 꿀 수 없는 큰돈이다. 연필이나 초크를 다루는 방법이라도 배울 수 있으면 좋으련만……. 내 그림은 서툴기 그지없다. 내가 휘갈긴 그림에 비해 메리용[19]의 작품은 어떤가. 메리용은 벽돌이나 화강암, 철봉이나 다리의 아치 등에도 깊은 고뇌가 배어나게 그린다.

빈센트가 프랑스로 온 것은 쿠리에에 있는 유명한 화가 쥘 브르통[20]을 보기 위해서였다. 그는 브르통의 제자가 되고 싶었다. 그러기 위해 배고픔이나 노숙은 참을 수 있었다. 그러나 막상 브르통의 아틀리에에가 있는 집을 보고는 실망하고 말았다. 너무도 말쑥하고 무취미하게 지어진 새 벽돌집은 시시하게만 여겨졌다. 빈센트는 이곳에 오기까지의 고생을 까맣게 잊어버렸다. 그리고 생각했다.

이따위 집에 사는 남자를 진정한 예술가라고는 할 수 없다. 브르통 같은 인간에게 배우느니 차라리 춥고 배고픈 편이 낫겠다. 추위나 굶주림은 중요한 것이 아니다. 그림을 그리는 것, 그것이 내게 유일하게 중요하다.

빈센트는 이런 생각으로 기분이 좋아졌다. 그리고는 늘 부는 유쾌한 멜로디를 휘파람으로 불었다.

시엔의 딸

헤이그 | 1883 | 검정색 초크와 연필 | 43.5×25cm | 오테를로, 크뢸러뮐러 미술관

04

빈센트가 사랑에 빠졌던 사촌 누이 케이와 그녀의 아들.

1

"빈센트 반 고흐라고 합니다. 동생 테오의 소개로 찾아왔습니다⋯⋯."

이렇게 말하고 빈센트는 입을 다물었다. 더 이상 무슨 말을 해야 할지 모르기도 했고 왠지 역겹게 느껴졌기 때문이다. 이 거만하고 멋을 잔뜩 부린 남자가 화가란 말인가. 빈센트는 차라리 돌아가고 싶었다. 그러나 일단 찾아온 이상 그렇게 할 수는 없었다.

"네, 얘기 들었습니다, 반 고흐 씨."

라파르트는 붓을 내려놓고 손을 닦았다. 그리고는 맵시 있는 벨벳 저고리로 갈아입었다. 빈센트는 그의 이젤을 보았다. 솜씨가 없는 편은 아니었다.

이런 멋쟁이가 화가라니⋯⋯ 불공평하다. 화가이거나 건달이라면 몰라도 양쪽 모두라니⋯⋯ 불공평하다.

"난 아틀리에에서 얘기하는 걸 좋아하지 않아요. 반 고흐 씨, 저쪽으로 가죠."

1880~1883

두 사람은 벽을 새하얗게 칠한 옆방으로 갔다. 역시 새하얀 장의자와 고급스런 가구, 그림들이 눈에 들어왔다. 두터운 양탄자가 바닥에 깔려 있었고, 벽에도 걸려 있었다. 장식장 위에는 도자기와 은그릇이 놓였다. 문득 보리나주의 갱부들 집이 떠올랐다.

화가가 이렇게 부유할 수 있다니, 놀라운 일이다. 나는 이제까지 줄곧 좁고 지저분한 방에서 지냈는데…… 또 이곳 브뤼셀에서는 어떻게 지내게 될지 전혀 모르는 상황이다. 그리고 내 앞에 사치스런 삶을 사는 한 사람이 있다. 우리 두 사람 다 그림을 그리는 사람이다…… 이것이 모두 하나님의 공평하신 뜻이란 말인가?

"이렇게 와주셔서 정말 반갑습니다. 담배는 피우는지요?"

빈센트는 그의 얼굴을 쳐다보았다. 그리고 그가 호인이라는 사실을 인정하지 않을 수 없었다. 그의 음성은 듣기에도 좋았다.

"그림을 그리신다고요? 다른 사람들에게 보여주기도 하십니까?"

"남에게 보여줄 만한 것은 못 됩니다."

빈센트는 이렇게 중얼거리고는 다시 말을 이었다.

"현재로서는 그저 혼자 연습을 하고 있을 뿐이니까요."

"다른 사람에게 그림을 보여주고 평가받고 싶다는 생각은 없으십니까?"

라파르트는 미소를 지으며 말했다. 그런데 여기에 빈센트의 기분이 상했다.

"내 그림이 뭐 대단치 않다는 건 잘 알고 있습니다."

도대체 이 자는 왜 웃고 있는 거지? 내가 이 남자에게 굽실거릴 이유는 없다.

"이제 겨우 시작한 거니까요."

빈센트는 매우 퉁명스럽게 말했다.

"그러니까 정식으로 그림 공부를 하신 적은 없는 거죠?"

멋쟁이가 물었다.

"나에게는 그럴 돈이 없어요. 빵과 감자만 겨우 먹고 사는 형편이니까요."

빈센트는 이렇게 말하고 나서 그런 말을 아무렇지도 않게 내뱉은 자신에게 화가 났다.

내가 왜 이 남자에게 이런 말을 하고 있는 걸까? 내가 가난하다는 것을 다른 사람에게 알릴 필요는 없다. 하나님은 왜 나를 이 부유한 남자 앞에서 한없이 초라하게 만드시는 걸까…… 아니, 나의 경솔함을 하나님에게 돌리는 모습이라니. 내가 내뱉은 말의 책임을 하나님께 돌린단 말인가? 내게 무얼 베풀어주기라도 할 것처럼 굴어봐라, 확 숨통을 눌러주고 말 테다…….

그러나 라파르트는 빈센트의 말을 들었는지 말았는지 시가를 피우며 이렇게 말했다.

"반 고흐 씨, 나는 당신이 미치광이라는 점이 마음에 들었소. 말하자면 나도 미치광이라오."

자기나 나나 미치광이라고? 아무리 봐도 벨벳 저고리를 입은 이 멋쟁이가 미치광이라고는 생각되지 않는다.

"하지만 정식으로 미술 공부를 하지 않고 그림을 그리기는 힘들 거예요. 독학으로는 발전해 나갈 수가 없어요."

"동생의 소개로 찾아갔던 루로프 씨도 그런 말을 하더군요. 루로프 씨는 미술학교 입학을 권했는데, 나는 그렇게 하고 싶지 않아요."

"무슨 이유라도 있나요?"

벨벳 저고리 사내의 이 말에 빈센트는 또 다시 불쑥 이렇게 말하고 말았다.

"나는 돈이 없고, 또 미술학교 같은 건 나와 맞질 않아요."

이렇게 말하며 빈센트는 목사가 되기 위해 공부하던 무렵을 떠올렸다. 그는 라틴어 문법과 그리스어 불규칙동사 외우기 따위를 질색했었다.

그림에도 불규칙동사 같은 것이 있겠지. 화가가 되기 위해서는 사람의 팔과 다리, 코 등의 치수를 자로 재어야만 하는 걸까……

"해부학 지식 없이 모델을 제대로 그릴 수는 없는 법이니까요."

"그 정도는 알고 있습니다. 하지만 해부학을 반드시 미술학교의 교수에게 배울 필요는 없지요. 혹시 라파아텔을 아십니까?"

"모릅니다."

"이야기를 하다 보니 지금 막 생각이 났습니다."

빈센트는 대단한 것이라도 아는 듯이 잘난 체하는 자신의 태도가 마음에 들지 않았지만 설명을 하기 시작했다.

"인상학과 골상학에 관한 아주 좋은 책을 쓴 사람이에요. 사람의 성격을 두개골의 생김새나 용모로 알 수 있다는 의견을 피력했지요. 그림 그리는 사람에게 아주 유용한 책이에요."

빈센트는 이로써 이 마음에 들지 않는 남자에게 적절한 대응을 해준 셈이었다. 하지만 그는 점점 이 남자가 정말로 아니꼬운 인간인지에 대해서는 회의가 들었다. 사실 빈센트 자신이야말로 거친 데다가 꼬일 대로 꼬여서 화도 잘 내고 참을성까지 없는 인간 아닌가.

빈센트는 조금 낮은 소리로 덧붙여 말했다.

"루로프 씨가 마디올이라는 교사를 추천해 주었는데, 글쎄 한 시간에 1프랑 반이나 수업료를 받겠다고 하지 뭐예요. 너무 비싸요."

나는 또 무슨 못난 이야기를 하고 있단 말인가. 이 돈 많은 남자 앞에서 왜 자꾸만 돈 얘기를 하느냔 말이다. 이 무슨 못난 짓이람.

빈센트는 이렇게 생각하고는 얼른 말을 이었다.

"커다란 종이에다 인체 골격을 다섯 장 그렸습니다. 하나는 머리뼈와 근육, 두 번째는 몸통 골격, 세 번째는 손등 뼈와 근육, 네 번째는 손바닥뼈와 근육, 다섯 번째는 골반과 다리 골격이지요. 존의 해부도를 참고했어요. 아시는지요?"

"책을 많이 읽으시는 모양이군요. 좋습니다."

뭐가 좋단 말이야, 하고 빈센트는 생각했다. 그러면서 셰익스피어와 빅토르 위고, 디킨스 등 최근에 읽은 작가들을 생각했다. ……또 누가 있더라. 아, 그래. 졸라다, 에밀 졸라.

"그렇습니다."

빈센트는 이렇게 말하며 눈을 반짝였다.

빈센트는 점차 이 라파르트라는 남자가 괜찮은 인간이라는 걸 알게 되었다. 그래서 그의 벨벳 저고리나 잘난 체하는 태도에도 아무렇지 않게 되었다. 전혀 아니꼽다는 생각이 들지 않았다.

나아가 그는 가끔 라파르트의 아틀리에 신세를 졌다. 물론 그 이상은 이 부유한 화가의 호의를 받아들이지 않았다. 테오도 지속적으로 돈을 부쳐주고 아버지도 힘닿는 데까지 경제적 원조를 해주곤 했지만 그것으로 생필품을 사고 모델을 사서 그림을 그리기에는 역부족이었다. 그렇다고 라파르트의 돈을 받을 수는 없었다.

빈센트는 말라빠진 빵과 감자만으로 연명했다. 그 사정을 라파르트가 알 바는 아니었다. 빈센트는 절대로 라파르트의 도움을 받지 않으리라 마음먹었다. 물론 그의 널찍한 아틀리에에서 작업을 할 때면 유쾌하기 그지없었다. 그것으로 족했다.

처음으로 빈센트는 라파르트에게 자신의 스케치 두어 장을 보여주고는 그의 얼굴을 뚫어져라 바라보았다. 얼핏 웃거나 어깨를 으쓱하지 않을까 생각했다. 라파르트는 비싼 수업료를 내고 미술학교에서 해부학과 투시화법을 배우고 있었다. 매우 능란한 솜씨로 그려내는 그의 그림은 균형미가 있고, 빛과 어둠이 조화되어 있었다. 사물이 정확하게 그려졌고, 색채도 따뜻하고 부드러워 좋은 느낌을 풍겼다. 그에 반해 빈센트 자신의 그림은 마구 휘갈겨댄 것 같은 느낌을 주었다.

빈센트가 뚫어져라 바라보는 건 아랑곳 않고 라파르트는 빈센트의 그림을 눈앞에 바짝 대기도 하고 멀리 떼어 보기도 하며 열심히 들여다보았다. 그것도 모자라 이젤에 세워 보기도 하며 언제까지나 바라볼 양 같았다.

그는 한마디도 하지 않았다. 그리고 이때부터 빈센트는 라파르트를 깊이 좋아하게 되었다. 이제 부자라는 이유로 라파르트를 경멸하지 않기로 했다.

빈센트는 라파르트의 아틀리에에서 그림을 그렸다. 비싼 돈을 지불하고 모델을 살 수는 없었지만 라파르트의 집에서 늙은 머슴이나 하녀, 늘 찾아오는 거지들을 모델로 삼았다. 그리고 자신이 그린 그림을 롭스[21]처럼 신문에 실어 돈을 벌 수 있으면 좋겠다는 생각을 했다. 라파르트는 그 말을 듣고 웃었다.

"그런 벌이는 생각보다 신통치 않아요."

이 사람은 나를 무시하는 걸까?

빈센트는 화가 나서 라파르트의 얼굴을 곁눈으로 보았다. 그러다가 금세 스스로를 나무랐다. 이 라파르트라는 사람의 친구가 되려 했던 자신을 떠올렸기 때문이다.

빈센트의 그림 실력은 나날이 발전했다. 최근 그는 테오에게 〈지나는 길에〉와 〈난로 앞〉이라는 제목의 그림을 보냈고, 가끔 형의 그림을 칭찬하는 편지를 보내오던 테오는 그 그림들을 보고 매우 기뻐했다.

동생은 상당히 오랫동안 화랑에서 일했으니까 분명 그림을 보는 안목이 있을 것이다. 하지만 내 그림에 대해서는…… 혹시 겉으로만 호평하는 건 아닐까? 나는 얼마나 자부심 강한 얼간이란 말인가.

빈센트는 어떻게든 그림을 팔고 싶었다. 그만큼 돈에 쪼들렸다. 게다가 최근에 그는 헌옷 가게에서 얼떨결에 저고리와 바지, 그리고 한 벌에 3프랑이나 하는 속바지를 샀다. 또 4프랑짜리 신발도 샀다. 당장 투시화법 수업료 선금 5프랑이 필요한 상황이었다. 앞뒤 생각하지 않고 물건들을 사버렸기 때문에 그는 테오나 아버지에게 다시 돈을 부탁해야 했다.

이 무슨 부끄러운 짓이람.

라파르트는 5월에 여행을 떠날 계획이었기 때문에 빈센트는 더욱 걱정이 되었다. 그러면서 다른 화가들과 공동생활을 하면 좋겠다는 생각을 했다. 함께 살며 그림이 팔리면 공동의 재산으로 삼는다면, 그들 중 누군가의 그림이 팔리기만 해도 돈 걱정 없이 살 수 있기 때문이다. ……그렇지 않으면 부모님이 있는 에텐으로 돌아갈까. 들판에는 그릴 거리가 가득하다. 어딜 가든 일할 수 있다.

2

벽이나 의자 위는 물론 옷장 속에까지 빈센트가 계속해서 그려대는 그림들로 가득 찼다. 반 고흐 목사는 아내와 자식들, 또 하인들과 친구들에게 아들의 작품에 대해 설명했다.

"이건 무얼 그린 건가요?"

목사 얀젠이 말했다.

"나무를 그린다고 그린 것 같은데…… 이건 도무지 나무로 보이지 않네요."

"그 그림은 거꾸로 보는 거요."

반 고흐 목사가 말했다.

"아…… 그래요. 그래도 역시 잘 모르겠군요. 예술이란 참…… 이해하기 어렵군요. 그런데 당신은 아드님에 대해 무척 관대한 것 같습니다."

"맞아요."

그때 빈센트의 여동생 엘리자벳이 끼어들었다.

"지저분해 보이고 정성을 들인 흔적이라고는 찾아볼 수 없는 이런 걸 예술로 착각하고 있는 거죠. 마치 미치광이가 아무 생각 없이 붓질을 해놓은 것 같아요. 빈센트 오빠는 언제나 좀 미치광이 같았어요. 나쁜 습관이 몸에 배어서 여자인 내게도 다정하게 대할 줄 모르고…….게으름뱅이 소리를 듣기 싫어 이따위 그림이나 그리고 있는 거예요. 교활하기 그지없어요. 빈센트 오빠에게 돈을 대주는 테오 오빠도 마찬가지예요. 난 새 옷을 사야 하는데…… 차라리 오빠가 빵 굽는 사람이라도 되었다면 나았을 거예요. 그랬다면 적어도 빈둥거리며 식구들에게 금전적인 문제로 폐를 끼치지는 않았겠지요."

잡화상을 하는 바이넨은 또 이렇게 말했다.

"이걸 그림이라고 그렸단 말인가요? 여섯 살 먹은 우리 집 아이도 이 정도는 그리겠네요. 빗자루로 마구 쓸어놓은 것 같군요."

"이렇게 지저분한 색깔을 쓰는 사람은 마음도 생각도 지저분할 것 같아요. 그림이 서툴다고 하긴 뭣하지만…… 그림에 이런 색을 쓰다니."

교사인 앙뜨완은 빈센트의 그림 한 점을 보더니 성호를 그었다.

"이게 비를 든 여자를 그린 거란 말인가요? 이상하군요. 이 여인에게는 손가락도 없고, 또 팔은 말라비틀어졌군요. 그리고 눈은 어디에 붙어 있는 건가요? 여기 이 반짝이는 점이 혹시 눈인가요?"

빈센트의 어머니 안나 역시 머리를 절레절레 저으며 이렇게 말했다.

"나는 도무지 그 애의 그림을 이해 못하겠어요. 그림이라고 하면 좀 더 아름다운 걸 그려야 할 것 같은데…… 아무래도 난 그 애를 이해하지 못하나 봐요."

"그래 맞소. 모두들 그런 말을 하는 건 빈센트를 제대로 이해하지 못하기 때문이오."

반 고흐 목사가 말했다.

"이 비를 든 여자 그림을 잘 봐요. 얼마나 힘이 넘치는지…… 가난에 절은 모습이 정말 잘 드러나지 않았소."

에텐으로 찾아온 라파르트는 8월의 2주일 동안 빈센트와 지냈다. 두 사람은 아침부터 저녁 무렵까지 함께 이곳저곳 돌아다니며 미친 듯이 그림을 그렸다. 라파르트는 마침 대작^{大作}을 그리기 시작했다. 빈센트는 펜화를 한 장 마무리하고는 라파르트가 그림 그리는 모습을 바라보았다.

"지금 내가 서툴다고 생각하고 있지요?"

라파르트가 물었다.

"난 이 빨강색이 아주 좋은데요. 물론 나라면 좀 더 강하게 할 것 같지만……."

"당신이라면 그렇게 할 수 있겠지요……."

라파르트는 우울하게 말꼬리를 흐렸다.

"왜 그런 말을 하는 거죠?"

빈센트는 놀라서 물었다.

"인생과 대결할 생각이 아니라면 딜레탕트^{dilettante}로 여겨진다고 해도

할 수 없겠지요. 당신이라면 이 빨강도 괜찮을 거예요. 하지만 난 안
돼요. 당신은 가난한 것이 예술가에게 큰 장애가 된다고 생각하는 것
같지만 오히려 돈이 많다는 것이 예술에 전혀 도움이 되질 않네요."
　"라파르트, 당신이 왜 그렇게 생각하는지 모르겠지만, 나는 아무 걱정
없이 그림 공부만 할 수 있으면 정말 좋을 것 같다는 생각이 드는데⋯⋯."
　"내가 파리에서 어떤 일을 당했는지 알아요? 정말 비참했어요. 라
몽은 내 그림들은 제대로 보지도 않고 '당신만큼 돈이 있다면 난 그림
따위는 그리지 않겠소' 하더군요. 고갱은 또 이렇게 말했지요. '돈 많
은 사람치고는 제법 그리는군.' 매사가 이런 식이에요. 모두들 나를 얕
잡아보는 듯했어요. 아마 당신이라면 그런 대접은 받지 않았을 거예
요. 예술가에게 돈은 수치예요."
　"난 모든 예술은 하늘이 준 축복의 상징이라고 생각하는데⋯⋯."
　빈센트는 말했다.

3

　어떻게 하다가 내 생활이 이렇게 달라졌지?
　빈센트는 그림을 그리면서 생각했다.
　사람도 풍경도 빛도 태양도 달라졌다. 내 작품들은 눈에 띄게 진보
했다. 이 모든 것이 어떻게 이렇게 아름다워졌을까⋯⋯.
　빈센트는 그 답을 알면서도 스스로 감정에 도취되어 몇 번이고 이런
생각을 되뇌었다.

그렇다. 사촌누이 케이가 에텐에 오고부터다. 그때부터 모든 것이 달라졌다. 케이는 얼마나 기막힌 여자인가. 우술라는 비할 바가 아니다. 다른 어떤 여자도 케이의 아름다움과 우아함을 따라오지 못한다. 아…… 또 얼마나 아름다운 가슴인가.

그러나 나는 이런 시시한 공상이나 하는 별 볼일 없는 놈이다. 천사 같은 여인 케이를 모독하고 있다. 그녀는 어쩌면 그렇게 한결같이 다정할까. 그녀에게는 미망인 복장도 아름답다. 그러나 신부의 옷은 더 잘 어울릴 것이다. 신부…… 내 주제에 그녀를 신부로 삼을 수 있을까? 나는 돈이라고는 한 푼도 벌지 못하고 있다. 테오가 우리를 먹여 살릴 수 있을까? 말도 안 되는 생각이다. 내가 어떻게 감히 그녀를 신부로 삼을 수 있겠는가. 하지만 그녀를 내 것으로 만들고 싶다.

그러나 그녀가 분명히 말했듯 주제넘은 생각이다. 사랑한다고 말했을 때 그녀는 말했다. "죽은 남편 외에는 아무도 사랑하지 않을 거예요."

나는 청혼했고, 분명히 거절당했다. 그런데 아직도 희망을 버리지 못하고 있다. 정신 나간 짓이다. 하지만 그녀와 결혼하지 못한다면 나는 죽어버릴지도 모른다. 그만큼 그녀를 사랑한다. 아, 내 인생은 어쩌면 이토록 험난한 가시밭길 같은지…….

예술에 있어서도 그랬다. 나에게는 언제나 골치 아픈 일뿐이다. 그러나 나는 참아야 한다. 이전보다 더…… 그러면 언젠가 그녀도 나와 결혼하겠다는 마음을 품게 될 것이다. 나와 같은 생각을 하게 될 날이 반드시 올 것이다. 나의 이 뜨거운 마음에 아무 반응도 일으키지 않을 리 없다. 나는 케이를 사랑하면서부터 착한 인간이 되었다. 나는 모든 인간을, 나아가 모든 것을 더욱 사랑하게 되었다. 또 내 그림은 얼마나 많이 진보했는지…… 전에는 생각도 못했던 일들을 척척 해내고 있다.

그러나 그녀를 차지하려면 대단한 어려움과 싸워야 한다. 죽은 사람의 그림자와 싸워야 한다. 그녀는 아직도 죽은 남편을 사랑하고 있다. 아, 나는 아무래도 그녀를 차지하지 못할까? 그녀는 딱 잘라 거절했다…….

"너 많이 힘든 모양이구나."

어머니 안나가 말했다.

"하지만 만약 케이가 승낙을 했다 해도 케이의 부모님이 허락하지 않을 게다. 넌 가족을 부양할 능력이 없어 보이니 말이다."

빈센트는 아무 말도 하지 않았다.

"네 아버지도 반대하고 계신다. 혈족결혼은 절대 안 된다고 하신다."

빈센트는 역시 아무 말도 하지 않았다.

"그림에 대해서는 아는 게 없으니 네 그림에 대해서는 아무 말도 않겠다. 하지만 한 가지 묻고 싶어. 앞으로 어떻게 살아갈 작정이니?"

빈센트는 대답하지 않았다.

"그리고…… 이런 말 하는 것이 나도 마음 아프다만…… 케이는 너를 좋아하지 않는단다. 그걸 모르겠니?"

빈센트는 침묵을 지켰다.

"공연히 친척들 사이에 불화거리를 만들지 말자. 백부님이 얼마나 완고한지 알지 않니?"

반 고흐 목사가 말했다.

"백부님도 아버지와 같은 목사잖아요. 하나님을 섬긴다는 목사에게 완고함이 미덕인가요?"

"케이도 너를 좋아하지 않는다지 않니. 그렇다고 또 머리를 벽에 들이박거나 해서는 절대 안 된다. 인생이란 언제나 그렇게 뜻대로 되지 않는 법이란다…… 이번 일은 잘되기 어려울 것 같구나."

빈센트는 말이 없었다.

"케이, 난 내 목숨을 걸 만큼 너를 좋아해."

빈센트가 말했다.

"그런 말 듣고 싶지 않다고 벌써 몇 번을 말했나요?"

"케이, 내 말 좀 들어줘…… 아, 내가 좀 더 말을 잘할 수 있다면 얼마나 좋을까? 그러니까 나는 다른 사람들과는 좀 달라……."

"그건 잘 알고 있어요."

"난 일을 못하고…… 나는 지금 욕망에 불타고 있는 게 아니야. 아, 나는 계속해서 바보 같은 말만 지껄이고 있군. 내가 하려던 말은 이게 아니었는데…… 케이의 존경을 받기 위해서는 좀 더 자제심을 발휘해야 하는데…… 너를 보면 자꾸 냉정한 마음을 잃어버리게 돼. 그런데 말이야, 냉정을 지키며 어떻게 사랑을 할 수 있겠어, 케이."

케이는 잠자코 있었다.

"네가 만약 다른 사람을 사랑하고 있다면 포기하겠어. 그런데 넌 죽은 사람을 사랑한다고 하고 있어. 네 슬픔이 내게 전해져 와…… 너에게 다시 인생의 기쁨을 느끼게 해주고 싶어."

"……."

"내 그림은 날로 좋아지고 있어. 또 예술가가 일을 하기 위해서는 사랑이 필요한 법이야."

"······."

"어떻게 해서든 네 곁에서 살고 싶어. 물이나 공기처럼 나에게 너는 꼭 필요한 존재야. 네가 없이는 화가도 될 수 없어. 그림을 그릴 수 없다고. 너 없이 나는 일도 할 수 없고 살아갈 수도 없어."

문득 정신을 차리고 보니 케이는 앞에 없었다. 빈센트는 혼자 지껄이고 있었던 것이다.

그녀는 한마디 인사도 없이 암스테르담으로 가버렸다. 반 고흐 목사도 그의 아내도 빈센트에게 케이가 가버렸다는 소리를 차마 하지 못했다.

빈센트는 그림을 그리려고 들로 나갔지만 아무것도 할 수 없었다.

2, 3그루덴의 돈만 있으면 암스테르담으로 갈 수 있다. 그리고 그녀를 만날 수 있다. 나는 그녀의 부모와 결판을 내러 가야만 한다. 하지만 무슨 수로 여비를 마련할 수 있을까······. 길을 걷다 돈이라도 주울 수 있을까? ······이런 들판 한가운데 돈이 떨어져 있을 리 없지. ······아버지 주머니라도 뒤져볼까? ······이 무슨 바보 같은 생각인지. 난 정말 짐승만도 못한 녀석이다. 하지만 나는······ 케이를 만나야 한다. 어떻게 돈을 마련한담······ 돈, 돈, 돈.

빈센트는 집으로 달려갔다. 그리고 테오에게 돈을 보내 달라는 편지를 쓰기 시작했다.

테오가 돈을 보내줄까? 틀림없이 보내줄 것이다. 이렇게 툭하면 동생에게 돈을 보내 달라고 하는 나는…… 그 애가 만약 식비에서라도 빼내 내게 돈을 부쳐줘야 하는 거라면 어떡하지…… 정말 부끄럽다. 하지만 나는 케이에게 가야 한다…….

이튿날 그는 하루 종일 불안했다.

돈이 왔다. 빈센트는 춤을 출 듯 기뻐하며 식구들에게 아무 말도 하지 않고 암스테르담으로 떠났다.

4

지금 곧바로 케이에게 가기에는 시간이 너무 이른 것 같다. 백부는 아직 교회에 있을 테니 두 시간쯤 더 있다가 한낮에 가는 게 좋겠다. 그동안 화가연맹의 전람회에라도 가볼까…….

빈센트는 전시실 안을 부지런히 돌아다녔지만 아무것도 보고 있지 않았다.

이것들이 모두 예술작품이다. 그리고 이 그림들을 그린 사람들 역시 모두 예술가고…… 그래, 나 역시 예술가다. 그리고 예술가들은 모두 불후의 명작을 열망한다. 그런데 얼마나 오랜 기간 그 가치를 인정받아야 불후의 명작이라고 할 수 있는 걸까? 바빌론 시대의 화가들 중 지금까지 알려진 사람이 있나? 그저 내가 죽음으로써 내 모든 것 역시 함께 사라지고 마는 것 아닐까…….

카이저스그라흐트에 있는 백부의 집 가까이 오자 빈센트의 가슴은

요동질 쳤다. 그런데 마침 식사 시간이었고, 빈센트는 식사가 끝날 때까지 기다려야 했다. 잠시 후 식당으로 안내되어 들어갔을 때 케이의 모습은 보이지 않고 백부 내외만 앉아 있었다. 빈센트는 더듬거리며 인사했다. 그리고는 백부의 말을 가로막으며 다짜고짜 물었다.

"케이는 어디 있습니까?"

"네게 이런 말을 하기가 미안하다만……."

"케이는 어디 있습니까?"

"네가 왔다는 말을 듣고 나가버렸다."

순간 빈센트는 현기증을 느끼고 간신히 의자에 기대 몸을 가누었다. 그는 생각했다.

그녀를 만나야 한다. 케이가 집에 없다는 말은 다 거짓이다. 집에 있을 것이다. 다른 사람의 존경을 받는 목사가 거짓말을 하다니…….

"케이 일은 어서 잊어라. 그게 잘하는 일이다."

이렇게 말하는 백부의 음성이 멀찌감치 들려오는 것만 같았다.

백부는 왜 저렇게 점잔을 빼며 말하는 걸까? 나에게 설교라도 하고 있다고 생각하는 걸까? 다 소용없는 일이다. 나도 설교를 한 적이 있다. 아…… 그런데 그게 언제였지…… 내가 정말 목사가 되려 했던 걸까?

"나는 네가 할 수 있는 일도 없고 자기 가족을 부양할 능력도 없다는 말을 하고 싶지는 않다. 네 그림에 대해서도 이러쿵저러쿵 얘기하고 싶지 않다. 하지만 넌 그림을 그려서 살림을 꾸려 나갈 수는 없을 것 같더구나. 가장이 되려면 먼저 가족을 부양할 능력이 있어야 하는 법이다. 돈을 벌어야 한다는 말이다."

빈센트는 차라리 귀를 막고 싶었다.

"나도 이런 말은 하고 싶지 않았다. 그리고 가장 중요한 건 케이가 너에 대해 아무 감정이 없다는 것이다. 그러니 어쩌겠느냐, 신의 뜻이 아닌 게지……."

"아멘."

이렇게 세속적인 생각에 찌든 목사와 얘기해 봤자 아무 소용없을 것이란 생각이 들었다.

"저녁때면 케이도 돌아오겠지요? 그때 다시 오겠습니다."

빈센트는 이렇게 말하고 백부의 집을 나왔다.

이제 어디로 갈까…… 저녁때까지는 대여섯 시간이나 남았다. 빈센트는 한길을 급히 걸었다. 다른 화가들의 작품이라도 보러 갈까? 그러다가 테오를 만나게 될지도 모른다.

저녁 여섯 시, 빈센트는 다시 백부의 식당에 앉아 있었다. 두어 자루의 양초를 켜두고 백부 내외는 거만하게 앉아 있었다.

"케이는 없습니까?"

빈센트는 물었다.

"내 말이나 좀 들어봐라."

백부의 목소리는 간교하고 사악하게 들렸다. 빈센트는 자기 앞에 앉아 있는 이 건장한 체격의 백부를 마치 처음 대하는 것 같았다.

이제 목사의 탈을 벗고 본색을 드러내려 하는구나. 저 투박한 손과 간교한 눈매는 백정 같기도 하고 늑대 같기도 하다. 저 모습을 그림으로 그리면 꼭 좋겠다. 복음을 전한다는 목사의 모습으로서 참으로 인상적이다.

"좋은 말로 해도 못 알아들으니 심한 말을 할 수밖에 없구나. 나는 내 딸이 너와 결혼하는 것을 강력하게 반대한다. 그렇게 하느니 차라리 딸아이를 내쫓아버리겠다. 하지만 내 딸은 조신한 아이다."

말씀 참 잘하시는군요, 목사님. 참으로 그럴듯한 말입니다. 계속해서 그렇게 당신의 속내를 실토하시지요.

빈센트는 이렇게 생각하며 비웃었다.

"다행히 케이는 아버지 말을 잘 듣는다. 그리고 무엇보다 너를 좋아하지 않아. 너는 부끄럽지도 않으냐?"

부끄럽지 않냐고? 케이는 정말 나를 싫어하는 걸까?

"케이를 만나고 싶습니다."

"케이는 앞으로 너를 절대 만나지 않겠다고 하더라."

"제가 불 속에 이렇게 손을 넣고 있을 동안만이라도 제발 케이를 만나게 해주십시오."

이렇게 말하고 빈센트는 손을 촛불 속에 넣었다.

"이런 못난 놈이 있나. 정말 미치광이가 따로 없구나. 어쩌자고 이따위 짓을 하는 게냐. 내가 진작부터 너를 알아봤다."

백부는 급히 촛불을 불어 꺼트렸다.

백부의 말이 옳다. 나는 미치광이다. 손가락은 조금도 아프지 않다. 다만 나의 온 존재가 고통스러울뿐……

"가혹하지만 네게 사실대로 말하는 편이 좋겠다. 난 네게 잘 대해주려 했다. 하지만 더 이상은 그렇게 할 수가 없다. 케이는 네 집에서 돌아와 이렇게 말했다. 너 같은 인간은 정말이지 싫다고, 다시는 만나고 싶지 않다고 말이다."

"정말로 케이가 그렇게 말했습니까?"

"그렇단다."

"백모님, 그게 사실인가요?"

빈센트는 울먹였다.

"그래, 정말 그렇게 말했단다."

"안녕히 계십시오."

빈센트는 백부의 집을 뛰쳐나왔다.

아! 맑은 공기를 마시고 싶다. 드넓은 들판으로 나가 맑은 대기 속에 온몸을 맡기고 싶다.

빈센트는 어두운 밤거리를 한 시간도 넘게 뛰어다녔다.

도대체 내가 왜 이러고 있는 걸까…… 술에라도 취했단 말인가. 여자가 뭐라고…… 그래, 내게는 사랑이 필요하다. 나는 사랑 없이는 살 수가 없다.

그의 앞에 살이 찐 덩치 큰 여자가 걸어갔다.

"케이!"

저건 케이가 아니다. 케이는 날씬하고 샤르댕[22]이나 얀 스텐[23]의 그림 속 여자 같지…… 그 부드러운 팔로 나를 안아준다면…… 그 따뜻한 피가 흐르는 육체를 부둥켜안을 수 있다면 얼마나 좋을까. 걸음걸이조차 가벼운 그녀의 다리는 또 얼마나 아름다울까.

빈센트는 앞에 걸어가는 그 여자를 불렀다. 그리고 그녀를 따라 어두운 계단을 올라갔다. 빈센트는 그 허연 육체의 유혹에 자신을 내던 졌다.

그는 누워 있는 여자에게 속삭였다.

"케이……."

"난 케이가 아니에요."

여자는 이렇게 말하고는 차가운 손으로 빈센트의 등을 쓰다듬었다. 빈센트는 몸을 떨었다.

사람들은 왜 여자들에게 영혼이 없다고 말하는 걸까? 어째서 여자 들을 나쁘게 말하는 걸까? 이 여자가 마음에 든다면, 내게 없어도 되 는 정도의 돈을 주어도 나쁘지 않은 것 아닌가? 이 여자에게는 그럴 만한 가치가 있다. 그런데 이 여자는 왜 이렇게 끊임없이 떠드는 걸 까? 이 여인 역시 삶의 고달픔이 있겠지…… 그런데 이 방은 정말 쾌적 하다.

방안은 밝았다. 바닥에 깔린 융단의 빛은 회색이었지만 방 전체의 분 위기가 샤르댕의 그림처럼 따뜻했다. 암홍색 천을 바른 덧문과 화덕, 옷장과 장식 없는 커다란 침대 등이 있는 어엿한 직업 부인의 방…….

그런데 이 여자는 젊지 않다. 케이가 훨씬 젊다. 케, 케이…….

"케이가 아니라고 했잖아요."

"미안해요. 자꾸만 그렇게 말해서…….."

"케이라는 여자가 어쨌다는 거예요? 그 여자가 당신을 매몰차게 거 절이라도 했나요?"

"부탁이니 아무 말도 하지 말아줘요."

"당신의 케이도 다른 여자들과 똑같은 여자예요. 남자들은 모두 바보예요. 자기가 좋아하는 여자만 여자인 줄 알지요. 그 여자도 평범한 여잔데……."

"제발 부탁이니 더 이상 아무 말도 말아줘요."

"참 답답한 사람이군요. 직업이 뭐죠?"

"그림을 그리지요."

"흠, 그래요?"

여자는 한숨을 쉬었다.

"왜 한숨을 쉬는 거요? 아는 사람 중에 화가라도 있단 말이오?"

빈센트는 여자의 옆얼굴을 바라보았다. 무엇 때문에 이 여자에게 끌렸을까? 여자가 호의를 보였기 때문일까? 그것만은 아니다. 그는 전부터 이런 유의 여자들에게 관심을 갖고 있었다. 밤거리에서 이런 유의 여자와 함께 걸어 다니는 남자들을 부러워하기도 했다.

이 가련한 여자들은 양가집의 교육받은 처자들보다 영리하고 세상 돌아가는 이치도 잘 알고 있다. 또한 사랑이 풍부한 생활만이 인간을 자유롭게 할 수 있다는 것을 알고 있다. 성애적^{性愛的}인 것 안에 세상의 모든 지혜가 있는 것 아닐까? 그러므로 성애적인 경험이 풍부한 여자야말로 정이 깊고, 정이 깊다는 것은 최고의 지성이 아닐까. 정이 깊다는 것은 지성의 전제^{前提}가 아닐까. 무한히 깊이 사랑하고 사랑받는 여자만이 지적이라고 할 수 있을 것이다……. 그런데 나는 지금 무슨 생각을 하고 있는 거지…… 케이, 케이. 나는 정말로 그녀를 사랑하고 있는 걸까? 사랑하고 있다고 생각하는 건 아닐까? ……케이.

"또 케이 타령이군. 좋아요. 케이 생각 따위는 하지 않게 해줄 테니."

5

"더 이상 빈센트 오빠를 못 참겠어요. 별것도 아닌 일에 버럭 화나
내고…… 화났을 때 오빠 눈을 보면 정말 겁나요."

엘리자벳이 말했다.

"그래도 어쩌겠니. 오빠인데 참아줘야지. 오빠는 지금 무척 힘든 시
기를 보내고 있단다."

"엄만 언제나 오빠 편이에요. 오빠가 사람을 죽였대도 엄만 오빠 편
일 거예요."

"그런 심한 소릴 하다니…… 그런 말은 하는 게 아니다."

"여자한테 거절당한 게 뭐 오빠뿐인가요? 남자라면 한두 번은 여자
한테 거절당하기 마련이고…… 언제나 오빠는 혼자서 세상 힘든 일을
다 겪는 것같이 굴어요. 나라도 오빠 같은 사람이랑은 결혼하고 싶지
않을 거예요. 오빤 남자답지 못하다고요."

"남자답지 못하다고?"

"오빠는 못났어요. 남자라면 어엿한 일을 해야지요. 그저 서툴기 짝이
없는 그림이나 그리고 있으니…… 그런 건 일이라고 할 수가 없어요."

"엘리자벳, 그렇게 함부로 말하지 마라. 빈센트에게는 화가로서의
재능이 충분하다고 하더구나. 훌륭한 화가인 모베가 한 말이니 믿을만
하단다."

그때 반 고흐 목사가 끼어들었다.

"요즘 그 애가 극도로 흥분 상태인 건 사실이야. 난 그게 걱정되어 견딜 수가 없고."

"하나님의 뜻에 맡기는 수밖에 우리가 달리 어떻게 할 수 있겠어요. 운명이란 게 있어서…… 그걸 거스르려 해도 소용없다는 생각이 들어요. 어떤 일이든 될 대로 되기 마련이니까요."

크리스마스 날 반 고흐 목사는 빈센트에게 말했다.

"한동안 교회에도 안 나갔지? 오늘은 나랑 같이 가보자꾸나."

"저는 안 갈래요."

"가지 않겠다고?"

"네."

"왜지?"

"의례적으로 교회에 가는 게 싫어요."

빈센트는 그림 그리는 손을 쉬지 않고 말했다.

"목사가 되기 위해 공부를 하고 또 설교를 한 적도 있는 네가 그런 말을 하다니……."

"그때는 제게 가장 비참한 시기였어요. 아버지, 그때 일은 잊고 싶어요."

"하나님을 섬기던 때가 가장 비참했었다고?"

"네, 아버지."

빈센트는 이렇게 말하고는 연필을 던져놓고 갑자기 창가로 달려갔다. 그리고 창문을 열고 밖으로 뛰어나가려 했다. 반 고흐 목사는 깜짝 놀라 아들을 말렸다.

"밖에 눈이 오고 있다. 너 미쳤구나?"

"그런 건 상관없어요. 그리고 그림 그리는 일이 제가 해야 할 일이란 걸 깨달은 지금에 와서 생각해 보니 그 당시가 제 인생에서 가장 후회되는 시절이었어요. 지긋지긋했던 세월이라고요. 물론 그 시절을 지냈기 때문에 제가 그림을 그리게 되었는지도 모르겠지만요. 지금 와서야 다 소용없는 얘기지만, 그때는 정말 비참했어요."

빈센트는 흥분해서 큰 소리로 말했다.

"네가 하는 말과 행동은 모두 너무나 엉뚱하고…… 그래서 꼭 미친 것만 같구나. 그 당시 너는 목사가 되기 위해 마치 성자 같은 생활을 하며 세상에서 가장 신앙심 두터운 인간처럼 굴었다. 누구 못지않게 하나님을 공경하는 듯 행동했다. 그런데 오늘 너는…… 대체 어찌된 일이냐?"

반 고흐 목사는 이렇게 말하더니 소리 높여 웃었다. 그리고 말을 이었다.

"너는 지금 네 그림에 대해 아주 과장해서 말했다. 하지만 또 네가 그림을 아주 싫어하게 될지 누가 알겠니?"

"절대 그런 일은 없을 겁니다."

빈센트는 벽이 울릴 정도로 큰 목소리로 이렇게 말하며 번쩍거리는 눈으로 아버지를 쏘아보았다. 반 고흐 목사는 흠칫 놀라 뒤로 물러섰다.

"아주 대단하구나. 이게 부모를 대하는 자식의 태도냐? 하나님의 법도를 짓밟는 행동을 잘도 하는구나."

빈센트는 잠자코 있었다.

"게다가 크리스마스에 집 안에서 그림이나 그리고 있다니…… 그게 온당한 일이라고 생각하느냐?"

"예술은 아버지가 소중하게 생각하는 하나님의 법도나 관습보다 더 귀중한 거예요."

"성탄절 아침에 하나님을 모독하는구나."

"아버지 생각과 다른 말을 하면 그게 하나님을 모독하는 게 되는 건가요? 저는 하나님을 거역하는 말은 한마디도 하지 않았습니다. 아버지의 완고한 생각에 대해 말했을 뿐입니다."

"빈센트, 넌 아무래도 단단히 병이 든 것 같다. 이제까지 난 네게 잘 대해 주려고 애써왔다. 하지만 더 이상은 그렇게 할 수가 없겠다. 네가 하는 말들을 더 이상 들어줄 수가 없구나. 너는 내 집에 머무를 자격이 없다."

"저는 어린애가 아니에요. 제가 하는 말까지 제한하고 간섭할 권한이 있다고 생각하세요?"

반 고흐 목사는 이마에 핏대를 세우고 주먹을 쥐고는 노여움을 참기 위해 애쓰며 아들의 얼굴을 바라보았다. 그러나 빈센트는 아랑곳 않고 계속해서 말했다.

"제가 생각하는 하나님은 아버지의 하나님과 다릅니다. 하나님은 사랑과 예술입니다. 목사의 신과 다르지요. 아버지의 신은 빈껍데기 같은 거라고요."

"그만해라, 바보 같은 녀석! 더 이상 아무 말도 말아라. 그리고 당장 내 집에서 나가라."

빈센트는 뒤늦게 지나친 말을 했다고 생각했다. 이렇게까지 흥분한 아버지의 모습은 본 적이 없었기 때문이다. 그는 조그만 목소리로 말했다.

"아버지의 마음을 상하게 할 생각은 아니었어요."

반 고흐 목사는 평상심을 되찾고 말했다.

"내 자신이 불행하다고 생각했지 마음 상한 건 아니다. 하지만 너는 이 집을 나가는 것이 좋겠다. 물론 나는 앞으로도 너를 위해 힘닿는 데까지 해줄 작정이지만, 내 집에서는 나가는 것이 너를 위해서도 다른 여러 사람들을 위해서도 좋을 것 같다."

"저도 그렇게 생각합니다. 아버지."

빈센트는 그날로 헤이그를 향해 출발했다.

모베는 빈센트를 반갑게 맞아주었고, 아버지와 충돌한 이야기를 하자 미소 지으며 이렇게 말했다.

"자네는 자유로운 세상으로 나와 지내는 편이 나아. 여기서 지내게나."

빈센트는 모베 집 근처에 조그만 방을 얻었다. 술집이 많은 교외의 거리에 있는 그 방은 방값이 한 달에 10그루덴이나 되었다. 아버지에게 경제적 원조를 기대할 수 없는 상황에서 테오가 매달 100프랑씩 보내주겠다고 했다. 100프랑은 테오에게 매우 큰 돈일 것이다. 빈센트는 그 말이 믿어지지 않았다. 물론 100프랑은 대도시에서 생활하기에 충분하지 않은 돈이다. 방값 외에노 불감과 송이, 캔버스, 초크 등을 사야 했고 모델을 구하는 데도 돈이 들었다. 이 모든 것을 100프랑으로 감당하기란 쉽지 않았다.

그러나 가까이에 모베가 있어서 언제나 도움을 주었다. 모베는 예술가로도 인간적으로도 훌륭한 사람이었다. 게다가 훌륭한 교사기도 했다. 빈센트는 행복했다. 그의 아틀리에에서 그의 지도를 받으며 그림을 그리는 것은 매우 유쾌한 일이었다.

빈센트는 생각했다.

모든 것이 나를 저버리고 떠난 지금이야말로 나는 진보할 것이다. 목까지 물이 차올랐을 때 비로소 나는 향상되는 것이다.

"벌써 몇 번째 감자를 고쳐 그리는 거지?"

모베는 붓을 든 채 빈센트의 이젤 앞에서 말했다.

"이놈의 감자가 진짜처럼 그려질 때까지 몇 천 번이고 고쳐 그릴 작정이에요."

"그 정도면 괜찮은 것 같은데…… 그런데 빈센트, 전체적으로 회색 기운이 좀 강한 것 같아. 그리고 이 감자를 캐고 있는 남자의 등 모양이 좀 이상해 보여. 이런 모양을 해가지고 일어설 수나 있겠어? 마치 이 남자의 운명을 등이 말해 주는 것 같아. 또 감자를 부대에 담고 있는 이 남자의 서 있는 모습도 좀 이상해 보여."

"밭에서는 저렇게 서 있어요. 하루 종일 지켜보았는걸요."

"어떻게 저런 모양으로 서 있을 수 있지? 저런 자세로는 오 분도 못서 있을 것 같은데. 체중이 온통 왼쪽 다리에만 실려 있어. 다시 한 번 고쳐 그려 보게나."

내가 나날이 발전하고 있다는 걸 테오에게 어떻게 말해 주면 좋을까? 그래, 가끔씩 그림을 보내줘야겠다. 만족스럽게 그림을 완성했을 때의 내 기분을 어떻게 알릴 수 있을까…… 저 구석에 걸어놓은 커피를 갈고 있는 여자 그림이라도 보낼까? 그런데 저 그림에서 내가 생각한 걸 다른 사람들도 알아줄까? 배경에 있는 저 쇠로 된 난로나 회색빛 마룻바닥은 그다지 아름다워 보이지 않는다. 하지만 난 그런 것은 문제 삼지 않기로 했다. 그림이 아름다워야만 한다는 건 말이 안 된다. 아름다움은 우열을 논하게 되고…… 그 자체가 매우 공허한 것이다. 그림은 진실해야 한다. 그리고 진실한 것은 아름다운 법이다.

모베는 빈센트에게 석고상을 그려야 한다고 말했다. 하지만 빈센트는 고정되어 생명이 없는 석고상을 싫어했다. 그는 선생이기도 하고 친구이기도 한 모베에게 석고상 같은 죽은 대상을 그리는 일은 무의미한 일이라고 설득했다.

"석고상은 도무지 내 비위에 맞질 않아요. 보기도 싫어요."

"그런 것은 참아야 하네. 고정된 것을 그려 보는 일은 화가에게 반드시 필요한 작업이야. 움직이지 않는 걸 그려 봐야 살아 움직이는 걸 제대로 그릴 수 있어."

"마치 대학 교수라도 되는 것처럼 자신만만하게 말하는군요. 석고상이 대체 생명 있는 대상과 무슨 관계가 있단 말인가요?"

"차차 알게 될 걸세. 자네가 지금 그렇게 건방진 소리를 하는 건 미술의 기본 기술을 모르기 때문이야."

"기술 따위를 익힐 생각은 없어요. 그 보기 싫은 석고상에는 관심이 없다고요."

빈센트는 이렇게 외치더니 석고상을 부수어 석탄 궤짝 속에 던져버렸다. 그리고는 책상을 치면서 계속해서 말했다.

1880~1883

"이 석고 조각들이 원래 형상대로 돌아온다면 그때 석고상 사생을 하지요."

그는 모베의 물건들을 부수고 있다는 사실은 안중에도 없는 것 같았다. 모베는 태연하게 흥분해 있는 빈센트의 얼굴을 쳐다보더니 파이프를 입에서 떼고 말했다.

"자제심이라고는 눈곱만큼도 없군. 돌아가게나. 자네 같은 사람과 같이 있기 불쾌하네."

6

클라시나라는 여자를 빈센트가 처음 본 것은 교회에서였다. 예배당에 들어와서 앉을 자리를 찾고 있는 그녀를 빈센트는 흘깃 쳐다보았다. 그러자 그녀가 빈센트 앞에 오더니 이렇게 말하는 것이었다.

"왜 날 그렇게 쳐다보지요? 임신한 여자를 처음 보기라도 하나요?"

빈센트는 옆으로 비켜 앉아 자리를 내주었다. 그리고는 참으로 노골적으로 말을 하는 여자라고 생각하며 또다시 얼굴을 쳐다보았다. 여자가 다시 말했다.

"내 얼굴의 곰보자국이 보기 싫거든 점잖고 고상한 사람들만 모이는 곳에 가든지요. 난 그런 인간들은 딱 질색이니⋯⋯."

빈센트는 쓴웃음을 지었다.

이 여자는 자기 자신을 정말 상스럽게 표현하는군. 그다지 젊지도 않고⋯⋯ 분명 케이보다 나이가 많은 것 같아. 케이⋯⋯ 케이와 이 여자는 비교가 안 된다. 생김새나 말씨로 보아 분명 인생이 평탄치 않은 것 같다. 하지만 그림이 될 만한 얼굴이야.

빈센트는 여자에게 모델이 되어주지 않겠느냐고 물었다.

"돈은 얼마나 주나요?"

빈센트는 늘 주는 모델료를 말하면서 거절당하지 않을까 걱정했다.

"좋아요. 원래 돈을 좀 더 받고 일했지만, 뭐 그 정도도 괜찮아요."

"직업이 뭐죠, 아가씨?"

"하하하, 나보고 아가씨라고 하네. 그런 말은 좀 더 그럴듯할 때 써먹어요. 나는 시엔이라고 해요. 정말은 클라시나 마리아 호르니크인데, 남자들이 죄다 시엔이라고 불러요. 내가 무슨 일을 하는지 모르는 걸 보니 어지간히 어리숙한 양반이군요."

빈센트는 그녀를 다시 쳐다보았다.

"이제 좀 알겠어요? 그러고 보니 난 모델 치고는 색다른 여자군요."

다음날 그녀가 찾아왔다. 그러더니 서슴없이 옷을 벗었다. 임신한 몸이었지만 균형이 잡힌 부드러운 몸매였다.

빈센트는 그녀를 마룻바닥에 엉덩이를 붙이고 앉게 했다. 그리고 무릎 위에 팔을 올려놓게 했다. 그녀의 길고 늘씬한 다리가 돋보이는 포즈였다. 빈센트는 힘차게 그리기 시작했다. 두 시간쯤 지나고 나서야 문득 이런 생각이 들었다.

임신한 여자에게 이런 자세로 이렇게 오래도록 있게 하다니, 얼마나 힘들었을까…… 이 가련한 여인을 배려하는 마음이라고는 전혀 없었다…….

1880~1883

빈센트는 그리는 것을 중단했다. 여자는 웃었다.

"그렇게 다른 사람 입장을 생각해 주면 이 험한 세상을 살아갈 수가 없답니다, 도련님."

하지만 그녀는 빈센트의 친절을 고맙게 받아들이고 옷을 입었다. 그리고 그의 초라한 아틀리에를 둘러보았다.

"저건 무얼 그린 그림이에요?"

그것은 준설기가 그려진 풍경으로, 한길에서 노동자가 구덩이를 파기도 하고 철관을 놓기도 하는 모습이 그려져 있었다.

"이런 것을 그리는군요."

"당신 보기에는 그림이 어떻소?"

빈센트는 그녀가 어떻게 대답할지 조금 염려하며 물었다.

"어쨌든 다른 화가들의 흔해빠진 그림들과는 다르네요. 그래서······."

"그래서 어떻다는 거요?"

"진실하게 그린 것 같아요."

빈센트는 그녀가 꽤 그럴 듯한 말을 한다고 생각하면서 약간의 돈을 주었다.

"미안하지만, 더 줄 만한 돈이 없소."

빈센트는 중얼거렸다.

"그래도 지금 내가 벌 수 있는 돈보다는 많아요."

그녀는 이렇게 말하고는 갔다. 그리고 날마다 찾아왔다.

빈센트는 그녀에 대해 조금 알게 되었다. 자기 아버지를 한 번도 본 적 없는 그녀는 술을 좋아하는 어머니와 살고 있었다. 아버지는 뱃사

담배 피고 있는 시엔

헤이그 | 1882 | 검정색 초크와 연필, 잉크 | 45.5×47cm | 오테를로, 크뢸러뮐러 미술관

람이라고 했다. 그녀는 이번이 두 번째 임신한 것이고, 상대 남자는 그녀를 버렸다. 그리고 지금 자궁에 이상이 있어 수술하지 않으면 안 된다고 의사가 말했다고 한다. 그녀를 도와줄 사람은 아무도 없었다.

빈센트는 여자에게 도움을 주고 싶었지만, 자기 힘으로는 아무것도 할 수 없다는 사실이 슬펐다. 하지만 이 여자가 죽는 것을 보고만 있을 수는 없다고 생각했다.

어떻게 하면 좋을까. 라파르트에게라도 도움을 청해 볼까? 아니면 테오에게 부탁해 볼까? 아니다. 테오는 지금도 나에게 자기 능력 이상으로 도움을 주고 있다.

그 다음날, 빈센트는 돈이 없어서 클라시나를 살 수 없었다. 울적했지만 그는 모델 없이 계속 그림을 그렸다. 그림이 완성되면 〈비탄〉이라는 제목을 붙이리라 생각했다.

그림을 바라보니 고쳐 그려야 할 부분이 눈에 많이 들어왔다. 아직도 부족한 게 많았다. 손가락은 너무 길고, 가슴의 균형이 잘 잡혀 있지 않았다. 걸터앉아 있는 돌에는 모가 나 있고, 배경이 신통치 않았다. 어쩌면 이렇게 서툴까 생각했다. 모델이 필요했다.

그러나 등의 선과 흐트러진 머리칼은 아무리 봐도 잘된 것 같았다. 양팔에 묻고 있는 얼굴도 의미심장해 보였다. 이런 생각을 하자 빈센트는 다시 행복한 마음이 들었다.

이 그림은 걸작이라고 할 수 있을까? 아니다. 중요한 건 내가 진보하고 있다는 사실이다.

빈센트는 이렇게 확신하면서도 한편으로 다시 우울해졌다.

내가 이 그림에 대해 얼마나 많이 고민하고 생각했는지 아무도 모를 것이다. 그러므로 이 작품은 적어도 나에게는 걸작이다. 그러니 기뻐하자.

그때 초인종이 울렸다. 클라시나였다.

"아, 시엔…… 난 당신을 부르지 않았는데……."

"모델을 하러 온 게 아니에요. 먹을 게 없을 것 같아서 가지고 왔어요."

그녀는 콩과 감자 등을 꺼내 음식을 만들기 시작했다.

나는 이제 이 여자를 버릴 수 없다. 이 여자는 아름답지는 않지만, 고상한 체 하는 다른 여자들보다 실은 더 아름답다. 나는 보리나주에서 변변히 입을 것도 없이 굶주린 상태에서 열병에 걸려 지냈다. 그런 나에게 이 여인의 얽은 얼굴은 추하게 생각되지 않는다. 그 얽은 얼굴 뒤에 무엇이 숨어 있는지 보았기 때문이다. 이 여자를 구해 주어야 한다…… 이 여자와 결혼해야 한다. 그래, 결혼이다. 나는 결코 부자는 될 수 없겠지만, 다른 노동자들처럼 그럭저럭 하루하루 꾸려갈 돈은 벌 수 있을지 모른다.

빈센트는 클라시나의 집에 가 보았다. 우중충하고 조그만 집에 그녀의 어머니와 아이 하나가 있었다. 그는 달걀과 우유, 흰 빵과 과일 등을 가지고 갔다. 클라시나는 고맙다는 인사도 하지 않았다. 그리고 같이 나가자는 빈센트의 말에 스스럼없이 앞에서 옷을 갈아입었다.

시엔은 어머니나 아이에게 아무 말도 않고 그를 따라나섰다. 빈센트는 그녀를 라이덴의 산원으로 데리고 갔다. 흰 가운을 입은 의사들이 시엔을 진찰했다. 빈센트는 복도에서 기다렸다. 이윽고 한 의사가 다가오더니 말했다.

"남편이신가요?"

"아뇨."

"태아가 거꾸로 있어서 겸자로 바로잡아주어야 합니다."

"위험한가요?"

"지금 뭐라고 말하긴 어렵지만, 잘될 거라고 생각합니다."

"그럼 수술을 해주십시오."

빈센트는 이렇게 말하며 의사의 얼굴을 보았다. 키가 크고 야윈 체격으로 세모꼴의 얼굴이었다. 안경을 써서 눈 빛깔은 알 수 없었지만 갈색 같았다.

의사가 물었다.

"그럼, 비용은 어느 분이 치러주시나요?"

"비용이요? 수술하는 데 돈이 드는 건가요?"

"우리도 먹고 살아야 하니까요."

의사는 웃으며 대꾸했고, 빈센트는 눈을 내리깔았다.

"무슨 일을 하시는지요?"

"화가예요."

"아, 그럼 돈은 주실 수 있는 만큼만 주시고, 제게 그림을 하나 그려주세요. 마침 방에 걸어놓을 만한 그림이 필요했습니다. 수술을 하고 나와서 바라볼 수 있는 그런 그림이요."

이 사람의 눈은 틀림없이 갈색일 것이다, 빈센트는 생각했다.

그는 날마다 시엔을 찾아갔다. 자신은 감자나 좁쌀만 먹고 지내면서 언제나 빵이나 꽃 등을 가져갔다. 그리고 시엔이 퇴원할 때 그림을 넉 장이나 가지고 갔다.

지난번 그 의사는 한참 그림을 들여다보더니 이윽고 안경을 벗었다. 과연 눈빛이 갈색이었다. 의사는 말했다.

"선생님, 고맙습니다."

빈센트는 순간 자기 귀를 의심했다.

내가 정말 선생님이라고 불릴 만한 화가일까? 아니다. 그저 예의로 그렇게 부른 게지.

시엔과 결혼해야 한다는 생각은 빈센트에게 점점 확신이 되었다.

내가 구해 주지 않으면 이 여자는 파멸할 수밖에 없다. 또…… 나에게 클라시나보다 나은 여자가 있을까? 케이는? 그녀는 내가 집에까지 찾아갔는데도 한 번도 만나주지 않았다. 시엔은 병든 몸에 임신까지 한 상태에서 오랜 시간 어려운 자세로 모델이 되어주었다. 이 여자에게는 내가 필요하고 나에게도 이 여자가 필요하다. 그러니 서로 좋은 일이다.

그러던 어느 날 빈센트는 완전히 빈털터리가 되고 말았다. 잡화상에도 우유 가게에도 빵집에도 외상이 밀렸다. 테오에게 또 편지를 써야 하는 상황이 온 것이다.

빈센트는 클라시나에 대해 테오에게 알려주어야 한다고 생각했다. 날마다 편지를 써야겠다고 다짐했지만…… 이번에는 영 거북했다. 썼다가 찢어버리기를 반복했다. 그러다가 결국 클라시나에 대해 털어놓았다. 그녀를 처음 알게 되었을 때부터 현재까지 일들을 숨김없이 말했다.

이제 아무도 빈센트를 염려하지 않는다. 테오마저 그를 버렸다는 생각이 들면, 목을 매어 죽으리라 생각했다. 아니 벌써 지금 목에 새끼줄을 걸고 있는 듯한 심정이었다.

내가 벌써 죽어도 되는 걸까? 아직도 그릴 것이 많은데…… 여러 가지 풍경과 갖은 풍상을 겪은 얼굴들…… 아, 아직은 죽을 수가 없다.

마침내 테오의 편지가 왔다.

편지는 차분한 투로 씌어 있었다. 클라시나에 대해서는 한마디의 말도 없었고, 빈센트를 비난하는 말도 물론 없었다. 그저 빈센트의 그림 솜씨가 나날이 발전하고 있는 것을 그림에서 알아볼 수 있다는 말, 그것이 무엇보다 기쁘다는 말, 그리고 이번부터는 매달 100프랑이 아니라 150프랑을 보내겠다는 말들이 씌어 있었다. 어설픈 충고 한마디 없었다. 게다가 테오는 도화지를 곁들여 보내주었다.

빈센트는 눈물이 솟았다.

세상에 이런 동생이 또 있을까. 내 동생 테오…… 내가 동생이었다면 이처럼 다정하게 굴 수 있었을까? 동생은 돈만 생각하는 인간이 아니다. 그러나 돈 있는 자가 힘이 있는 이 세상에서 돈을 가진 자의 비위를 거스르는 것은 어리석은 짓이다. 그러므로 테오를 거스른다는 것은 내 생활을 위협하는 일이 될 것이다. 테오는 나를 파멸시킬 수 있다.

내가 클라시나 같은 여자와 같이 살면서 그녀와 결혼할 작정이라는 말은 분명 테오의 마음에 들지 않을 거다. 테오는 내게 주는 도움을 끊어버림으로써 나를 죽게 해버릴 수도 있지만, 그렇게 하지 않았다. 테오에게 기념이 될 만한 물건을 주고 싶지만 아무것도 줄 것이 없다. 그저 내가 얼마나 고마워하고 있는지, 얼마나 끔찍이 그를 사랑하고 있는지 말로 표현할 수 있을 뿐이다. 그러나 어리석고 투박한 나의 언어들은 아무 가치도 없다. 이제까지 그린 그림들을 팔 수 있을까?

빈센트는 그림을 팔려고 여러 군데 알아보았으나 번번이 거절당했다. 자신의 작품이 아무 가치가 없다는 사실이, 자신의 그림을 갖고 싶어하는 사람이 아무도 없다는 사실이 서글펐지만 다시 한 번 알아보리라 생각했다. 게다가 그는 지독하게 쪼들리고 있었다.

빈센트는 그림을 가지고 거리로 나갔다. 그리고 한 화랑 앞에 섰다. 한참을 머뭇거리던 그는 다른 사람이 볼 새라 얼른 화랑 안으로 들어갔다. 어두침침한 실내에는 벽시계가 메마른 소리를 내며 존재를 드러내고 있었다. 어둠 속에서 찍찍 끄는 듯한 발걸음 소리가 나더니 수염 없는 얼굴의 조그만 남자가 모습을 드러냈다. 그는 얼굴을 잔뜩 찌푸리고 펠트 슬리퍼를 신었다.

이 남자는 그야말로 좋은 그림이 되겠는걸. 주름살이 저렇게 많은 걸 보니 분명 여러 가지 경험을 했을 것이다.

빈센트는 생각했다.

"손님, 제 얼굴은 이제 충분히 살펴보셨겠지요?"

"아직 다 못 보았소."

"돈은 받지 않을 테니 마음껏 보시지요."

"하지만 나는 당신 얼굴을 보려고 여기 온 게 아니오."

"불후의 명작을 팔러 오셨겠지요. 안 그래요?"

조그만 남자는 비웃듯이 말했다.

"그걸······ 어떻게 알았지요?"

빈센트는 더듬거리며 물었다.

"그건 아마도 대단한 걸작이겠지요. 가난하고 배가 고파 보이는 사람이 커다란 종이끼우개를 끼고 낡아빠진 화랑을 찾아왔다면 빤한 거 아닌가요? 그런데 화가 양반, 난 그림은 안 산답니다."

빈센트는 그림이 들어 있는 종이끼우개를 내려놓고 이마의 땀을 닦았다.

"그럼 화랑은 왜 차려놓고 계신 건가요?"

"그림을 팔기 위해서지요, 화가 선생. 나는 장사는 잘 못하지만 분명한 사실 한 가지는 알고 있소. 아무것도 안 사는 것이 제일 잘하는 장사라는 것 말이오."

"하지만 그림을 사들이지 않으면서 어떻게……."

"앞으로 4년 동안 밤낮을 팔아도 남을 만큼의 그림이 창고에 쌓여 있답니다. 고딕, 르네상스, 네덜란드, 프랑스, 이탈리아, 독일, 스페인…… 하다못해 일본 것까지 무엇이든 말씀만 하십시오. 게다가 아주 헐값에 드리리다. 사실 물건에 따라서는 제가 웃돈을 얹어 드려도 좋을 지경이랍니다."

"잠깐 앉아도 될까요?"

빈센트는 몹시 목이 말랐고, 다리의 힘이 다 빠져버린 것만 같아서 이렇게 말했다.

"앉으세요. 돈은 받지 않을 테니까요."

빈센트는 기계적으로 종이끼우개에서 그림을 꺼내 펼쳤다.

"그래도 제 그림을 한번 봐주시겠어요?"

"사양합니다. 난 선생이 생각하는 만큼 호기심이 많지 않습니다."

하지만 빈센트는 이미 그림을 한 장 꺼내고 있었다. 최근에 그린 일몰 광경이었다. 빈센트는 그 그림을 꽤 괜찮은 그림이라고 생각했다.

"아이고, 이건 마치 미치광이가 그린 것 같군요. 이런 별난 그림은 처음 봅니다. 태양이 노랗군요."

"그래요. 해가 질 때 한번 보십시오."

"저녁 해는 빨갛답니다, 화가 양반. 새빨갛다고요."

"아니, 노랗습니다!"

"저녁 해는 빨개요. 하지만 당신 눈에 노랗게 보인다면 노랗게 그리시구려. 알게 뭡니까. 화가들이란 제각기 다른 색맹들에다가 조금씩 머리가 돈 사람들이니까요. 내가 보기에 당신은 노란 미치광이쯤 될 것 같군요."

빈센트는 또 다른 그림을 이젤에 세워 보였다.

"이건 또 무얼 그린 건가요?"

작은 체구의 화상은 이렇게 물으면서 그 누런 얼굴을 그림에 갖다댔다.

"여자 초상이에요. 그걸 못 알아보다니……."

"아, 그렇군요. 난 겨울에 꽃이 핀 배나무인 줄 알았습니다. 그런데 이 선은 무얼 그린 건가요? 아무리 보아도 사람의 입 같지는 않고……."

"참 어처구니가 없군요."

이렇게 말하며 빈센트는 웃었다. 그리고는 또 다른 그림을 꺼내놓았다.

"당신은 정말 노란 미치광이군요. 다른 그림도 좀 보여주시지요. 어쨌든 재미가 있네요."

화상은 빈센트의 그림을 차례차례 보다가 〈다알리아〉를 보더니 이렇게 외쳤다.

"하나님께서 이처럼 참을성이 많으신 줄은 몰랐습니다. 당신 손에 벼락이라도 치지 않으시는 걸 보니…… 어쨌든 당신은 복이 많은 양반이군요."

이번에는 〈감자〉를 보여주었다.

"어떻게 이렇게 지저분한 빛깔을 낼 수 있지요? 너무 지저분해서 기발해 보이기까지 하네요. 자, 이제 그만 됐습니다. 고맙습니다."

이렇게 말하더니 화상은 악마에게 덜미를 잡히기라도 할 것처럼 얼른 그림을 밀쳤다.

"화가 양반, 이건 고미술상에 어울리는 그림들이 아니에요. 예술적으로 가치 있는 것일지도 모르지만…… 난 도무지 모르겠네요. 그러니 당신의 그림을 살 수가 없어요. 그리고 충고를 해도 좋다면, 당신은 그림을 그리지 않는 편이 나을 것 같아요. 그림을 그리지 않아도 충분히 미치광이로 지낼 수 있을 것 같은…… 아직 젊으니 자물쇠 장수나 가로등 점등부라도 되는 편도 좋을 것 같단 생각이 드네요. 당신만의 명작은 당신 혼자서 감상하는 편이 나을 것 같단 말이지요."

화랑을 나와서도 빈센트는 웃음이 멎지 않았다.

별난 영감이야. 그런데…… 내 그림은 정말 쓸모없는 걸까? 난 그림도 제대로 볼 줄 모르는 소경에 불과한 걸까.

이렇게 생각하자 심장이 굳어지는 것만 같아서 가슴이 몹시 뛰었다.

시간은 정오를 향해 가고 있었다. 햇볕이 무척 따가웠다. 그늘을 따라 걷던 빈센트는 머리가 아파 오는 것을 느꼈다.

이렇게 맥 빠지는 일은 생기지 않았으면 좋겠다…… 아니, 너무 속이 비어서 그런가? 무슨 일이 있어도 2, 3그루덴은 마련해야 하는데…….

빈센트는 길가 담 위에 종이끼우개를 놓고 호주머니를 뒤졌다. 미술상의 주소를 적은 종이를 찾는 것이었다. 그는 용기를 내 다시 걸었다. 그리고 또 다른 조그만 가게로 들어갔다. 주인은 큼직한 코에 코걸이 안경을 낀 대머리의 중년 남자였다. 그는 점잖고 무표정한 얼굴로 빈센트의 그림을 살펴보았다.

"우리 화랑에 이런 그림은 필요 없습니다. 우리 화랑 손님들 취향은 이것과 달라요."

"흔해빠진 엉터리 그림을 원하신단 말이군요."

"그럴지도 모르지요. 아무튼 난 당신 그림은 살 수가 없습니다."

"대중의 취향을 좀 향상시켜 줄 필요는 느끼지 못하십니까?"

"당신이 나라면 그렇게 하겠어요?"

"시도는…… 해보았지요."

"그래서 성공했나요?"

"아뇨."

"거봐요. 나에겐 마누라도 있고 자식도 둘 있어요. 게다가 내 마누라는 일 년에 새 옷을 세 벌은 짓지요."

돌아서 나오는 빈센트에게 화랑 주인은 다시 말했다.

다알리아 밭

헤이그 | 1883 | 유화 | 48×65cm | 워싱턴, 미국 국립 미술관

"대중의 취향을 바꿀 생각은 버려요. 그건 불가능한 일이에요."

저녁때까지 빈센트는 화랑 여러 곳을 더 다녔다. 어떤 화랑의 주인은 빈센트의 그림을 보더니 악마라도 쫓아버리듯 손사래를 쳤다.

"내 장사를 망쳐버릴 작정이군. 이래봬도 난 그림 거래를 꽤나 잘하는 사람이에요. 우리 화랑에는 영국에서도 주문이 오지요. 영국의 신사들이 당신 그림을 살 것 같아요?"

빈센트는 아랑곳하지 않고 카이젤이라는 사람이 운영하는 다른 화랑을 찾아갔다.

"아, 모베 씨와 아는 사이군요. 모베 씨는 저도 무척 존경합니다."

그는 빈센트가 그림을 보여주자 다시 말했다.

"반 고흐 씨, 당신의 그림은 이해하기가 힘들군요. 물론 당신은 훌륭한 예술가이시겠지만…… 어쨌든 당신의 그림이 팔리지는 않을 것 같습니다. 하지만 렘브란트도 생전에는 그림을 별로 팔지 못했다고 하지 않습니까? 그러니 부디 열심히 공부하십시오. 제가 드릴 말은 이것밖에 없습니다."

마지막으로 빈센트는 미술상이라기보다는 고물상이라고 해야 맞을 유대인 메낫세가 운영하는 화랑을 찾아갔다.

"당신 그림은 아마도 20년이나 30년, 또는 더 세월이 흐른 뒤엔 팔릴지도 모르겠네요. 하지만 오늘 제가 당신에게 5그루넨을 드리게 되면 제 자식들은 굶게 된답니다."

빈센트는 밤늦은 시간이 되서야 자기 방으로 돌아왔다. 녹초가 되어버린 그는 마치 쇠테로 뒤통수를 죄는 것 같은 심한 두통을 느꼈다. 그는 곧바로 침대에 쓰러져 잠이 들었다.

다음날에도 빈센트는 그림을 팔 궁리를 했다.

그런데 도대체 누구에게 그림을 판단 말인가? 친구들에게? 그림을 사줄 친구는 없다. 친척은 어떨까?

다행히 한 백부가 선심이라도 쓰듯 생색을 내며 그의 그림 열두 장을 30그루덴에 사주었다. 빈센트는 입술을 깨물었다. 이 돈 많은 백부의 얼굴에 침이라도 뱉어주고 싶었다. 그러나 어떤 일이 있어도 돈이 필요했던 그는 인사도 하지 않고 백부의 집을 급히 나와버렸다. 빈센트의 그런 행동은 백부의 빈축을 사기에 충분했다.

집에 돌아오자 클라시나가 뺨을 쓸어주었다.

"그림 열두 장에 30그루덴을 주다니…… 당신 백부님은 정말이지 노망 난 돼지예요. 하지만 일단 이 돈으로 우린 살 수 있어요. 당신은 정말 좋은 사람이에요, 빈센트."

클라시나의 어머니도 어기적거리며 다가오더니 말했다.

"그래도 이건 큰돈이다."

잠자리에서 빈센트는 생각했다.

시엔, 이 여자는 예쁘지도 않은 곰보에다가 상스런 말을 쓴다. 하지만 나도 변덕스럽기 짝이 없는 미치광이 아닌가. 그러니 우리 두 사람은 썩 잘 어울린다고 할 수 있다. ……케이와 결혼했다면 결국 나는 평범하게 살게 되었을 것이다. 그건 내가 바라는 바가 아니다. 난 큰돈을 바라지 않는다. 생활하는데 필요한 최소한의 돈만 있으면 된다. 하지만 노동자들의 그 최소한의 고정적인 수입도 나에게는 없다. 나 역시 노동자일 뿐인데……. .

갈수록 생활은 어려워졌고, 시엔은 더욱 시무룩해졌다. 임신한 시엔과 하루 종일 함께 지내는 것은 무척 힘든 일이었다. 하루가 일주일 같고 일주일이 석 달 같았다.

그러나 시엔을 버릴 수는 없다. 약한 자를 짓밟고 깔아뭉개며 사는 것이 당연하게 받아들여지는 이 세상에 약하고 병든 이 여자를 혼자 내버려둘 수는 없다. 나는 결코 시엔을 버릴 수 없다.

생활은 갈수록 쪼들릴 뿐이었다. 게다가 클라시나는 가끔 경련을 일으키며 힘들어했다. 빈센트는 그녀를 라이덴의 그 친절한 의사에게 데리고 갔다. 클라시나가 진찰을 받고 있는 동안 빈센트는 복도에 선 채로 테오에게 편지를 썼다. 그의 귀에 신음 소리가 들려왔다. 고약한 냄새가 코를 찔렀다. 먼저 테오에게 그간의 도움에 대해 고마운 마음을 전했다.

나는 클라시나와 결혼할 작정이다. 나를 위해서, 또 그녀를 위해서 그게 최선의 선택 같다. 그녀가 퇴원하면 그녀의 어머니와 자식을 모두 데려올 생각이다.

우리는 결혼을 해야 한다. 하지만 클라시나나 나에게는 최소한의 물품 외에는 아무것도 없다. 내 그림이 팔리지 않는 상태에서는 네게 받는 돈 150프랑이 전부다. 그 돈이 없으면 빵도 살 수 없고 물감도 살수 없으며 방값도 지불할 수 없다.

결혼 축하 선물 따위를 바라지는 않는다. 그저 이 가난하고 몸이 아픈 시름 많은 여인을 계속해서 사랑하고 싶을 뿐이다. 그러니 혹시 입지 않는 옷가지들이 있으면 좀 보내주려무나.

내 그림 〈스케베닝겐 모래 언덕 위의 건어〉와 〈소목장이와 빨래꾼〉이 도착했는지 궁금하구나. 원근법이······.

편지의 문구를 궁리하는 빈센트의 귀에 문득 무시무시한 신음소리가 들려왔다.

클라시나 소리일까? 아이가 태어날 때 저런 소리를 내는 걸까? 아직 아이가 나올 때는 안 된 것 같은데······.

무서운 신음소리는 클라시나의 것이 아니었다. 빈센트는 앞으로 닥쳐올 일들에 대해 생각했다.

"별일 아닙니다. 당신이 아버지가 되려면 아직 5주일은 더 있어야 됩니다."

의사가 말했다.

나를 아이의 아버지로 단정하는군, 하고 빈센트는 생각했다. 클라시나는 못 들은 척 고개를 돌렸다.

"해산할 때가 되면 오세요. 저는 이만 가보지요. 세상에 태어나려는 인간들이 아주 많습니다. 그렇게 세상은 흘러가고, 생존을 위한 인간의 투쟁도 계속되고 있습니다."

7

한동안 불면증과 신열을 동반한 몸살 기운이 떠나지 않자 빈센트는 마침내 의사에게 진찰을 받아야겠다고 생각했다. 빈센트는 시립병원으로 갔다. 키가 크고 야윈 데다 이마가 시원해 보이는 원장을 보고 빈센트는 렘브란트를 닮은 남자라고 생각했다.

그런데 걸음걸이가 왜 저럴까? 과시하고 싶은 마음 때문일까? 의사가 굳이 그럴 필요가 있을까? 아니면 이 남자는 화를 잘 내는 인간일지도 모른다.

진찰을 하는 데에는 꽤 오랜 시간이 걸렸다. 빈센트는 물었다.

"왜 그렇게 아팠던 거죠?"

"여자 때문에 병에 걸린 거예요."

"무슨 말씀인지?"

"그러니까 성병에 걸렸다는 말이에요."

"그럴 리가 없는데……."

당황하는 빈센트에게 의사는 아무렇지도 않게 말했다.

"내 진단은 언제나 확실해요. 그러니 당신이 아무리 우겨도 상관없어요."

"진단을 의심하는 게 아니라…… 그런데 내 병은 혹시 선대부터의 유전 때문 아닐까요?"

"그런 건 아닙니다. 그리고 그렇게 부끄러워할 필요는 없습니다. 누구든 이런 병에 걸리기 쉬우니까요. 제 생각에는 부인도 진찰을 받아

보는 게 좋을 것 같습니다. 하지만 여자의 말을 곧이곧대로 믿어서는 안 됩니다."

빈센트는 머리가 빙글빙글 도는 것 같았다. 수개월째 클라시나 외에는 접촉한 여자가 없었다. 도대체 클라시나는…….

"방광염이에요. 성병 중에는 더 심각한 것도 있으니 이 정도는 가벼운 편이라고 할 수 있지요."

하지만 빈센트는 입원을 해야 했다. 6호실 9번 침대였다.

그는 뜨거운 물통에 들어가서 무뚝뚝한 남자가 커다란 솔로 몸을 문지르게 허락해야 했고 키니네 알약을 먹어야 했다. 병실에는 빈센트 외에도 환자가 아홉이나 있었는데, 그의 오른쪽에는 바싹 마르고 키가 큰 노인이 있었다.

마치 성 히에로니무스의 모델 같군. 이렇게 근사한 모델은 좀처럼 만나기 힘든데…….

족히 80은 넘어 보이는 노인도 있었다. 피부가 누렇게 찌든 구겨진 가죽 같았다. 그 노인은 아침마다 침대 사이를 걸어 다니면서 의사를 흉내 냈다.

"젊은 나이에 어쩌다 병이 들었나? 병명은 뭔가?"

그 노인이 빈센트에게 다가와 물었다. 빈센트는 병명을 알려주었다.

"그 병은 젊은 사람들이 곧잘 걸리는 병이지. 하지만 난 여기서 나이가 제일 많은데도 그 병에 걸렸다네."

노인은 자기의 병을 자랑이라도 하는 듯했다. 그러나 곧 이렇게 덧붙였다.

"그런데 내 병은 젊었을 적, 그러니까 벌써 20년도 전에 걸린 병이라네."

"몇 살 때 병에 걸렸는데요?"

"예순 살 때……"

노인은 웃으면서 말했다. 이가 다 빠지고 하나도 없었다.

"난 아주 옛날 사람이야. 그런데 요즘 젊은 녀석들은 별것도 아닌 병으로 툭하면 병원엘 오는 것 같아. 어이가 없어."

빈센트는 가만히 있었다. 오늘은 면회일…… 아마도 시엔이 찾아올 것이다.

내 병에 대해 어떻게 이야기해야 할까…… 이야기할 필요가 있을까? 어차피 그녀가 살아가는 데 내 병은 아무 의미도 없다. 시엔이 내게 옮긴 병은 다른 사내가 그녀에게 옮긴 병이다. 그러니까 그녀는 아무 잘못도 없다. 게다가 그녀는 지금 임신 중이다. 얼마 안 있어 해산의 고통을 받아야 한다.

클라시나는 훈제고기와 포도주를 한 병 가지고 와서는 아무 말도 없이 빈센트의 침대 옆에 놓았다.

이 여자는 어쩌면 이렇게 친절할까…… 그런데 돈은 어디서 났을까? 나보다 더 절실하게 돈이 필요할 텐데…….

클라시나는 별 말 없이 그저 무거운 자신의 몸을 손으로 쓸고 있었다.

"아픈 거야?"

"많이 아프지는 않아요. 며칠 있다가 라이덴의 무료 산원에 가려고요."

"그 전에 내가 퇴원해야 하는데……"

1880~1883

"그러면 좋겠지만……."

두 사람은 더 이상 아무 말도 하지 않았다.

나는 왜 이렇게 말을 자주 끊어버리는 걸까…… 왜 하고 싶은 말을 제대로 하지 못하는 걸까.

이런 생각이 들자 빈센트는 몹시 괴로웠다.

"혹시 아틀리에는 어떤지 알고 있소?"

"이틀에 한 번씩 가서 청소하고 있어요."

클라시나가 돌아가자 그 노인이 다가왔다.

"9번! 아주 좋군그래. 마누란가, 애인인가? 나도 40년쯤 전엔 마누라가 있었는데, 마누라는 그리 좋은 게 못 돼. 차라리 병을 앓는 게 낫지. 자네가 병을 앓고 있으니 분명 자네 마누라는 좋아하고 있을 걸세. 또 자네 병 따위는 마누라와 아무 상관없는 일 아닌가? 그런데…… 무얼 가져왔던가? 고기하고 포도준가? 냄새 좀 맡게 해주게나. 난 훈제 고기를 아주 좋아하거든. 혹시 자네도 좋아하나?"

빈센트는 클라시나가 가져온 걸 노인에게 모두 내주었다.

"고기와 포도주라…… 아주 좋지!"

"어서 드세요."

노인은 사라지는가 싶더니 술잔 하나를 들고 다시 나타났다.

"자네와 자네 마누라의 건강을 위해 건배나 할까?"

노인은 포도주를 홀짝였다.

"맛이 좋네그려. 그런데 9번, 하는 일이 뭔가?"

"환쟁이에요."

"칠장이?"

"아뇨."

빈센트는 웃었다.

"진짜 환쟁이군. 예술가란 말이지…… 근사해. 전부터 궁금한 게 하나 있었는데, 그림은 대체 어떻게 그리는 건가? 눈에 보이는 대로 그리는 건가, 아니면 머리 속에서 생각한 대로 그리는 건가?"

오후에 아버지가 찾아왔다.

모두에게 알려지고 말았다. 이렇게 아버지에게까지…… 테오가 알렸을까? 또 분명히 지루한 잔소리를 늘어놓으실 거다. 시엔에 대한 이야기도 모두 알고 계시겠지.

그러나 반 고흐 목사는 별다른 말을 하지 않았다. 커다란 보퉁이를 침대 위에 놓고는 곧 가봐야 한다는 말만 했다.

빈센트는 마음이 놓였다.

아버지는 분명 내가 왜 아버지를 보고 그렇게 놀랐는지 알고 계실 것이다.

빈센트는 부끄러웠다. 하지만 아버지가 집안 이야기를 하는 동안 자신이 왜 부끄러워했는지 생각했다. 병이 난 게 자신의 죄도 시엔의 죄도 아니라고 생각했기 때문이다.

반 고흐 목사는 일을 보러 암스테르담의 스트리커 백부에게 갔다가 빈센트가 병이 났다는 말을 들었다고 했다.

"크게 걱정하지 않으셔도 돼요."

빈센트는 말했다.

"의사에게 네 증세를 듣고 왔다. 곧 퇴원할 수 있다더라. 뭐 필요한 건 없는 거냐? 아무 걱정 말고 잘 쉬고 어서 나아야지."

빈센트는 아무 말도 할 수 없었다.

"어머니한테 전할 말은 없느냐?"

이렇게 말하며 반 고흐 목사는 일어섰다.

빈센트는 아버지의 손을 꼭 붙잡았다. 그리고 생각했다.

정말 좋은 아버지다. 잔소리를 하나도 하지 않으시다니…… 게다가 하나님 얘기도 전혀 하지 않으셨다.

반 고흐 목사가 병실을 나가기가 무섭게 그 노인이 또 다가왔다.

"대단한 분이 문병을 오셨군. 9번, 목사님이 친히 병문안을 오시다니…… 자네 신앙심이 꽤 좋은가 보군. 아니면 죽을까 걱정이 되었나? 그런 병 가지고는 죽지 않는다니까……."

"아버지예요."

"오, 그래? 예술가의 아버지가 목사님이라니…… 하늘의 뜻은 참 알다가도 모르겠어. 어쨌든 아버님이 또 오시거든 부디 내 사후에 대해서도 얘기해 주게나. 나도 죽어서는 천당에 가고 싶네…… 그런데 아버님은 또 무얼 가져오셨는가?"

노인의 눈빛은 여전히 탐욕스러웠다.

빈센트는 보퉁이를 풀었다. 옷가지들과 시가, 그리고 10그루덴이 든 봉투가 나왔다.

"참 좋은 아버지를 두었군. 내게 시가 따위를 주는 사람은 없네……

RED

허참, 그나저나 정말 냄새가 좋군."

빈센트는 노인에게 시가를 한 대 내밀었다.

"정말 고마워."

노인은 시가 끝을 이로 물어 끊어서 병실 한복판에 내뱉었다. 그리고는 황홀한 듯 빨아들이면서 말했다.

"목사님은 정말 고급 시가를 피우는군. 아마도 죄 많은 사람들이 없었다면 이렇게 좋은 걸 못 피셨겠지……."

2, 3일 후 혈기왕성해 보이는 모베가 기세 좋게 찾아왔다. 테가 넓은 모자를 침대 위에 내던지며 그는 말했다.

"병은 좀 어떤가? 이제야 자네가 앓는다는 소식을 듣고 찾아왔네. 자네, 여기 누워서 왕자님 같은 생활을 하고 있는 건 아니겠지?"

석고상 사건은 까맣게 잊은 듯했다.

"모래 언덕이 훌륭하게 완성되었다네. 기뻐해 주게나. 산들 바람이 아주 기분 좋게 부는군."

"어제도 창 너머로 상쾌한 바람이 불어오더군요."

"그러게 말일세. 자연도 내 뜻대로 움직이는 것 같군. 그런데 자넨 무척이나 고상한 병에 걸렸더군. 하지만 염려 말게, 나도 걸린 적이 있네. 홍역이나 천식처럼 누구나 한 번은 걸리기 마련인 병이지."

모베는 잠시 후 다시 말을 이었다.

"그 시엔이라는 여자하고는 헤어져야지?"

"그 여잘 어떻게 아세요?"

"나뿐 아니라 온 동네 사람들이 다 알고 있지."

1880~1883

"그 여자와 결혼하려고요."

"거참 기막힌 생각이군. 자넨 정말 대단해. 당장이라도 하게나."

모베는 커다란 소리로 웃어댔다.

"나는 그 여자하고 결혼할 거예요."

"빈센트, 농담은 그만하게. 지금 제정신으로 그런 소릴 하는 건가? 어떤 사람이 그런 여자와 결혼을 한단 말인가? 바보 같은 소리 집어치우게. 혹시 그 여자에게 아이를 갖게 해서인가? 그래도 결혼까지 할 필요는 없네. 얼마간의 돈을 주어 점잖게 해결하면 될 걸세. 물론 그 여자도 아이가 생기면 돈벌이 하는 데 지장이 생기겠지만, 어쩌겠나? 자네에게 돈이 없다면 내가 주지."

"내 아이가 아니에요."

"자네 아이가 아니라고? 그런데도 결혼을 하겠다고? 지금 나를 놀리는 건가? 병원에 있다가 머리라도 돌아버린 건가? 바보 같으니라고. 자넨 이 병원이 아니라 정신병원에 가보는 편이 낫겠어!"

모베는 인사도 하지 않고 돌아가 버렸다.

노인이 다시 다가왔다.

"참 수선스러운 사람이군 그래. 게다가 빈손으로 오질 않았나? 도무지 알아들을 수 없는 말이나 내뱉고, 참내……."

얼마 안 있어 빈센트는 완쾌되어 퇴원했다. 렘브란트처럼 생긴 원장은 말했다.

"이제 완쾌되었으니 앞으로는 조심하세요. 물론 조심만 하고 지내기보다는 행복하게 지내는 편이 좋겠지만 말이오. 그래도 지금의 애인과는 헤어지는 게 낫겠어요."

8

빈센트는 기력을 완전히 회복했다. 하늘은 이전보다 더 맑아 보였고, 방도 넓어진 것 같았고, 사람들은 친절하고 선량하게 느껴졌다. 한동안 쓰지 않던 파이프로 담배를 피우니 기분이 더욱 좋아졌다.

하지만 이런 상태도 오래 지속되지는 않았다. 몸이 현저히 약해져 자주 쉬어야 할 필요를 느꼈고, 또 다시 두통이 찾아왔다. 클라시나의 건강도 좋지 않아 라이덴의 산원을 찾아가 봤지만 의사를 만나지 못했다.

그리고 드디어 해산하는 날이 왔다.

빈센트는 아이가 태어난 뒤에야 산실에 들어가도 좋다는 허락을 받았다. 간호사가 말했다.

"아직은 산모와 애기를 너무 많이 하시면 안 됩니다."

클라시나의 침대는 창가에 있었다. 비몽사몽 졸고 있는 클라시나의 얼굴은 힘겨움에도 기분 좋아 보였다. 그래서 얽은 자국에도 불구하고 아름다워 보였다. 그녀는 속삭이듯 물었다.

"당신은 어떤 기분인지……."

"아드님이에요."

간호사는 빈센트를 아이의 아버지로 알아보고는 자랑스럽게 말했다. 그리고 아기를 건네주었다. 빈센트는 조심스럽게 아기를 받아 안았다.

이 작은 생명체가 자라 어엿한 남자가 되어 또 아이를 만들겠지. 이 아이는 그림을 그리는 사람이 될까, 아니면 그림을 파는 사람이 될까? 부디 하나님께서 이 아이의 행복을 지켜주시기를……

빈센트는 품에 안은 아이가 마치 자신의 아이 같은 생각이 들었다.

간호사가 다시 아기를 받아들자 마음이 놓였다. 땅에 떨어뜨릴 것만 같아 불안했기 때문이다. 그는 이마의 땀을 닦았다.

이제 클라시나가 퇴원했을 때를 대비해 집을 준비해야 한다. 빈센트는 교외에 초벌 손질만 한 나무로 지은 빈 창고 하나를 빌려 클라시나의 어머니와 그곳을 며칠 동안 치우고 정리했다. 그렇게 아틀리에를 겸한 작은 집이 완성되었다.

라이덴의 산원으로 클라시나를 데리러 갔을 때, 그녀는 아기를 안고 모자를 쓴 채 앉아 있었다. 그때 친절한 그 의사가 클라시나에게 다가오더니 이렇게 말했다.

"이제 집으로 돌아가셔도 됩니다. 그리고 제가 일러드린 사항들은 반드시 지키셔야 합니다. 그러니까 아기와 환자 분을 위해 무엇보다 생활 패턴을 바꾸셔야 할 것입니다. 또 남편 분에게 해가 되지 않도록 주의하실 필요가 있습니다. 훌륭한 예술가신 것 같은데, 아내로 인해 피해를 입는다면 그건 정말이지 돌이키지 못할 일이 될 테니까요."

클라시나는 아무 말도 하지 않았다. 의사의 말을 듣고 있는 건지, 이해는 하는 건지 도무지 알 수 없었다.

"남편 분은 환자 분이 그동안 접촉해 온 사람들과는 전혀 다른 사람이란 말입니다. 아시겠어요? 그러니 부디 남편 분에게 해가 되는 생활은 청산하십시오. 결코 평범한 사람은 이루지 못할 일을 하실 양반 같은데……."

이야기가 이쯤 나오는데도 클라시나는 미동도 하지 않았다.

"다시 한 번 말씀드립니다. 남편 분을 잘 보살펴드리세요. 그리고 의논할 일이 생기거든 저를 찾아오십시오."

클라시나는 빈센트가 준비한 새 집으로 갔다.

아이는 끊임없이 칭얼댔고 클라시나는 아직 몸이 회복되지 않았기 때문에 집안일은 그녀의 어머니가 도맡아 했다. 클라시나는 주로 누워 있거나 등의자에 앉아 지냈다. 빈센트와의 사이에서는 결혼 이야기가 자주 오갔다. 특히 클라시나의 어머니는 노골적으로 결혼을 재촉했다. 그러던 중 테오에게 편지가 왔다.

빈센트 형, 형이 그 여자와 결혼하려는 계획은 좀 더 생각해 보는 것이 좋을 것 같아. 물론 형이 그 여자와 그 여자의 어머니와 자식들을 돌봐주는 것이 나쁜 일은 아니라고 생각해. 하지만 그것이 결국 형에게 좋은 결과가 되어 돌아오리라고는 생각하지 않아.

클라시나 같은 여자와 결혼했을 때 형 인생에 앞으로 어떤 어려움이 닥칠지 알 수 없고…… 또 형이 다른 사람의 아이들까지 거둬야 하는 거잖아.

빈센트는 테오에게 답장을 썼다.

네가 시엔을 잘 몰라서 하는 소리다. 이곳 헤이그로 와서 그녀를 만나보면 생각이 달라질 거다. 네가 생각하는 그런 여자가 아니야.

그리고 나는 이미 그녀와 결혼하기로 마음먹었다. 우리 두 사람 다 세상 사람들의 편견 따위는 신경 쓰지 않는다. 상황이 허락하는 대로 빨리 결혼식을 올릴 생각이다. 목사의 축복은 받지 못하겠지만…… 나는 이미 그녀와 결혼했다고 생각한다.

빈센트는 자기가 쓴 편지를 다시 한 번 읽어보고는 흡족해했다. 그러나 그 편지를 부치지는 못했다. 돈이 한 푼도 없었던 것이다.

나는 지금 돈을 한 푼도 벌지 못하고 있다. 나를 비웃는 사람들의 생각이 정말 맞는 걸까? 그들 눈에 나는 아무 가치도 없는 무능력한 괴짜겠지. 그들에게 보여주어야 한다. 그들이 망나니로 생각하는 남자가 어떤 일을 해낼 수 있는지…….

이런 생각을 하면서 빈센트는 열여덟 번째로 철제 요람을 그렸다. ……역시 잘 되지 않았다. 그는 화가 나서 그것을 화판에서 떼버렸다. 그리고는 파이프를 물고 창가로 가서 바깥쪽을 내다보았다. 요람이고 종이고 할 것 없이 모두 내동댕이치고 뛰어나가고 싶었다. 그러나 다시 앉아서 그리기 시작했다. 이번에는 잘됐다. 그는 기뻐서 어쩔 줄 몰랐다.

그리고 또 그리는 것만으로도 나는 충분히 유쾌하다. 대부분의 환쟁이들은 묘사를 제대로 하지 못하기 때문에 엉터리 그림을 그려댄다.

그들은 보이는 것을 그리는 것이 아니라 머리 속에서 꾸며낸 것을 그린다. 빛깔마저도 머리 속에서 만들어낸다. 그들은 눈으로 보지 않는다. 정말이지 시시껄렁한 것들뿐이다.

나는 그들을 보고 이렇게 생각하지만…… 그들은 또 나를 보고 기교 같은 것도 모르는 환쟁이라고 생각할 것이다. 두 사람의 화가가 의견이 일치할 때는 제삼자를 같이 비평할 때뿐이다. 한 가정 속의 서로 다른 인간들과 똑같다. ……그렇다, 가정이다.

빈센트는 한숨을 쉬었다.

자신의 가정이 있다는 것은 정말 기막히게 좋은 일이다. 하지만 그토록 좋기만 한 일일까…… 매일 매일의 걱정거리가 얼마나 많은지. 전에는 나 하나만 생각하면 됐다. 돈이 없어서 배를 곯아도 그다지 괴롭지 않았다. 그러나 지금 시엔과 아이들이 먹지 못하는 것을 보고 있자니 정말 괴롭다.

그 즈음 클라시나의 어머니가 불평하기 시작했다.

"사내가 돼서 여편네와 자식들이 배를 곯고 있는데 아무 일도 않고 그림이나 그리며 빈둥대고 있다니…… 그게 인간인가?"

빈센트는 죽을힘을 다해 참았다. 하지만 잔소리는 그치지 않았다.

"뭐, 그림을 그리는 것도 좋은 일이지. 하지만 그것으로 먹고살 수가 없으면 다른 일을 찾아봐야 할 것 아닌가? 다른 일을 좀 한다고 해서 큰일 나는 것도 아니고…… 저기 생선 건조장에서 일할 사람을 찾는다는데, 해볼 생각이 있으면 내게 말하게. 소개해 줄 테니."

"그만 좀 하세요!"

클라시나가 소리를 치고 나서야 그녀 어머니는 입을 다물었다. 빈센트는 말할 수 없이 감사했다. 하지만 요즘 클라시나의 태도도 완전히 달라져 있었다. 하루 종일 거의 아무 말도 하지 않았고…… 또 시냅스를 마시기 시작했다.

벌써 이 집에서 나와 지내기가 싫증난 걸까…… 무슨 까닭일까? 왜 술을 마시고도 아무 말 없이 저렇게 앉아만 있는 걸까? 예전의 생활로 다시 돌아가고 싶은 걸까?

빈센트는 도무지 그녀의 마음을 알 수 없었다. 물어도 대답하지 않았으며, 굵은 시가를 다시 피우기 시작했다. 마룻바닥은 물론 온 집안이 시가 꽁초와 담뱃재로 뒤덮였다. 클라시나는 빨래도 해주지 않았다. 빈센트의 속옷은 더러워졌고, 양말은 구멍 난 채였으며, 옷의 먼지와 떨어진 단추도 그대로였다.

하지만 빈센트는 아무 말도 하지 않았다. 자기 자신도 게으르다는 것을 알고 있었으므로 클라시나의 행태가 마음에 들지 않아도 욕을 할 수는 없었다. 빈센트는 한숨을 쉬고 시엔의 옆얼굴을 바라보았다. 그녀 역시 등의자에 늘어지게 앉아 시가를 피며 한숨을 쉬고 있었다.

9

빈센트는 그림을 그렸다. 클라시나는 외출을 해서 아직 돌아오지 않았고, 빈센트는 그림을 그리면서도 그것을 걱정하고 있었다. 클라시나의 어머니는 부엌에서 일하면서 듣기 싫은 목소리로 유행가를 불렀다.

빈센트는 신경이 곤두섰다.

"벌써 네 번째예요. 그런 노래는 그만 좀 부르세요. 신경이 무쇠로 돼 있는 사람도 견디지 못하겠어요."

노파는 들은 체도 않고 노래를 계속했다.

"그만두라고요! 못 알아듣겠어요?"

빈센트는 고함을 치며 이젤 앞에 있던 막대기를 문에다 힘껏 내던졌다. 그러자 갓난아이가 온몸을 뒤틀며 울기 시작했고, 조그만 계집애 역시 울음을 터뜨렸다. 노파는 방으로 달려와 빈센트에게 상스런 욕설을 퍼부었다. 시납스 냄새를 풍기면서······.

빈센트는 얼른 갓난아기를 안고 방안을 왔다 갔다 했다. 아이는 금세 다시 잠이 들었다.

클라시나는 밤늦게 돌아왔다. 눈의 초점이 없고 건들거리며 걷는 것이 술을 마시고 왔다는 것을 알 수 있었다. 게다가 그녀는 낮에 그녀의 어머니가 부르던 노래를 부르고 있었다. 그녀는 모자를 벗어 이젤에 걸어놓고, 외투는 방 한구석에 내던졌다. 의자 위로 던진 손수건이 바닥에 떨어졌다.

"눈 뜨고 봐주기 정말 힘들군, 시엔."

그녀는 웃기 시작했다.

"당신도 속물이군요. 그러면서 예술가 행세를 하겠다고요?"

"이제 곧 테오가 온다고! 이런 모습을 보면 그 애가 어떻게 생각하겠어?"

1880~1883

"동생이 무서운가 보군요. 아주 용감해요!"

"부끄럽지도 않아?"

"설교는 그만해요. 아직도 자신이 목사님인 줄 알아요?"

"아…… 그게 아니야. 난 단지 좀 더 인간다운 생활을 하고 싶을 뿐이라고. 이 집 꼴을 좀 봐. 처음에 그렇게 깨끗했던 집이 지금은 마구간 같잖아."

"그럼 다른 좋은 집을 찾아보시지?"

"당신 옷이라도 제대로 걸어놓으란 말이야."

"이제 나한테 명령까지 하는군요. 정말 잘나신 양반이야."

그녀는 차갑게 비웃으며 등의자에 앉더니 마구 흔들어댔다.

"제발 그만둬. 의자가 부서지잖아!"

"나한테 그따위 교훈은 그만 늘어놔요. 도대체 어떻게 할 작정이에요? 집안에 땡전 한 푼 없어도 어떻게 돈 마련할 생각은 해보지도 않은 주제에…… 지금 집이 깨끗하고 더러운 게 문제예요? 아주 혼자 집 걱정 식구들 생각 다 하는 것처럼 말하고 있어…….."

"식구?"

빈센트는 비웃었다.

"당신 입으로 그렇게 말했잖아요. 내 자식이 당신 자식이라고. 아니에요? 제 입으로 한 말도 지키지 못하면서…… 아주 존경할 만하군요."

클라시나가 큰 소리를 내자 갓난아이는 다시 울기 시작했고, 노파는 아까의 그 유행가를 또 불렀다.

"그렇게 큰 소리를 내니까 아이가 깨잖아. 좀 얼러주라고!"

"내 자식이니 상관하지 말아요. 울게 내버려두면 몸이 더 튼튼해질 테니."

"더는 못 참겠어. 난 이런 생활은 도저히 할 수 없어!"

"식구들 못살게 해놓고 버리는 일쯤은 식은 죽 먹기겠지. 당신 그 뻔한 속셈을 모를 줄 알아? 정말 진심이었다면 나하고 벌써 결혼했을 거야."

"그럼 우린 어떻게 생활을 해! 테오에게 돈을 받아야 하는데……."

"그건 내 알 바 아니에요. 하지만 도대체 누가 이 집의 가장이지요? 당신이에요, 나예요?"

빈센트는 머리가 빠개져버릴 것 같았다.

"나는 이제 당신을 존경할 수 없단 말이에요. 나나 내 자식들을 자진 해서 맡겠다고 할 때는 언제고, 그게 내가 바랐던 일인가요? 어디 말 좀 해봐요. 눈만 멀뚱히 뜨고 있지 말고."

빈센트는 모자를 집어 들고 밖으로 뛰쳐나왔다.

나는 그 여자와 길에서 만났지만, 그녀의 아이들과 어머니를 돌봐주고 싶었다. 그녀와 결혼할 생각이었다. 내가 할 수 있는 데까지 힘썼다는 것은 하나님도 알고 계실 것이다. ……그리고 나는 그녀에게 병까지 옮았다. 나 역시 속 좁은 타산적인 인간이란 말인가? 그녀에게 뭔가를 베풀고는 그만큼 또 바랐던 것이다. 내가 좀 더 참을성을 발휘해야 했다. 그녀의 행실이 단정치 못한 건 환경 탓이다. 나는 그런 그녀를 이해하기는커녕 비난하고 괴롭혔다.

1880~1883

클라시냐는 어머니에게 말했다.

"언제까지 여기서 이렇게 지낼 수는 없어요."

"그러게 말이다. 그 녀석한테 돈 들어올 구멍이 안 보이니……."

"그 사람은 자기 일을 할 뿐이에요."

"정말이지 등신이 따로 없다. 돈 한 푼 못 벌어오면서 돈도 안 되는 그림이나 그리고 있으니……."

"그렇게 말하지 말아요. 돈 벌 줄을 몰라서 그렇지 마음은 착한 사람이에요. 게다가 가지고 있는 건 다 털어주잖아요."

"아무 일이나 좀 하면 좋으련만."

"그 사람은 노동 같은 건 못해요. 그림 그리는 일이 그 사람의 일이에요."

"어차피 변변한 그림도 못 그릴 텐데, 뭘."

"그건 아니에요. 그 사람의 그림은…… 잘은 모르지만 장래성이 있다고요. 그러니까 우리 같은 사람들이 그 사람 일을 방해하면 안 돼요. 하지만 이러다가는 우리 모두 굶어 죽을 수밖에 없겠네요."

"어떡할 작정인데?"

이제 취기가 사라진 어머니가 물었다.

"이 집에서 나가는 거야 괜찮지만…… 그런 다음 어떻게 사느냐고."

클라시냐는 고개를 숙였다.

"일을 해야지요…… 일을 하려고요."

클라시냐는 모자를 쓰고 손수건을 들고 비틀거리며 밖으로 나갔다.

10

빈센트는 가느다란 막대기를 손에 들고 창가에 서 있었고 그 옆 의자에는 짙은 갈색 옷을 말쑥하게 차려입은 테오가 앉아 있었다. 테오의 구두코가 반짝거렸다.

테오는 어떻게 몸가짐이 이렇게 늘 단정할까. 나랑 똑같이 수염을 길렀는데, 제멋대로 자라 부스스한 내 수염과는 딴판이다. 몰골 사나운 나는 지금 이 집에 속해 있기 때문에 더욱 흉하게 보이는 것 같다. ……테오라면 이러고 있었을까? 테오는 결코 이런 몰골이 되지 않았을 것이다.

하지만 시엔은 오늘 정말 훌륭했다. 온종일 청소를 해서 모든 것을 깨끗하게 해두었고, 어머니와 아이들을 데리고 방을 나가주어 테오와 단둘이 있게 해주는 눈치도 발휘했다. 물론 테오가 앉으려 했던 의자 위에 코르셋이 걸려 있었고 궤짝 위에 먼지가 있었지만.

빈센트는 이런 생각들을 했다.

"이 버드나무는 정말 멋진걸."

테오의 말소리에 정신이 퍼뜩 들었다.

"감자밭도 훌륭해. 형은 정말 하루하루 놀랄 만큼 발전하고 있어."

"그래?"

"다른 사람들이 무슨 말을 하건 신경 쓰지 마. 두고 보라지. 형의 그림들은 틀림없이 불후의 명작이 될 거라고. 그러니 조금만 참고 기다려."

"그렇지만…… 내가 이렇게 네 도움만 의지해 살아가고 있으니……."

"그런 생각은 하지 마, 형. 내가 돈을 버는 동안에는 어떻게든 도울 테니 큰 걱정하지 않아도 돼."

"너한테 고마운 마음을 어떻게 표현해야 할지…… 이 그림들이 모두 팔리면 얼마나 좋을까."

"그건 뭐야? 좀 보여줘 봐."

빈센트는 그림을 이젤에 세워 보였다.

"원래는 숲의 땅을 그려 볼 생각으로 숲에 들어갔는데 땅이 완전히 낙엽으로 덮여 있더군. 연한 갈색으로 보이는 숲의 흙을 파서 집에 가져와 보면 짙은 갈색이야. 난 그 짙은 갈색을 그릴 생각이었어. 그걸 그리면서 알았지. 숲의 그늘 속에도 무척 많은 빛이 숨어 있다는 걸."

이렇게 말하고 나서 빈센트는 손에 든 막대기로 나무들을 가리켰다. 테오는 일어나서 그림 가까이 다가갔다.

"이 오커 물감^{ocher}이 그렇게 엄청나게 비싸지만 않았어도……."

"형, 다른 것도 좀 더 보여줘."

테오의 요구에 빈센트는 매우 기뻐하며 다른 그림들을 꺼냈다.

"이걸 다 올해 그렸단 말이야? 형은 정말 부지런해."

기막히게 멋진 그림들이야. 혹시 형이 그린 그림이라서 유독 내게만 근사하게 보이는 걸까? 아니다. 나도 그림에 대해서라면 안목이 있는 편이다. 형은 천재다. 그런데 이렇게 어렵게 생활해야 하다니…… 내가 좀 더 신경을 써서 형의 어려움을 덜어줘야 할 것 같다.

테오는 이런 생각을 했다.

"이건 공원의 벤친데, 여기 앉아 있는 사람들은 별로 공을 들이지 않앉어. 여기서는 이 짙은 색조가 중요하거든."

"그런데도 이들이 어떤 사람들인지 알 수 있을 것 같아."

"그걸 알 수 있겠니? ……그래 바로 고아들과 목사를 그린 거야."

빈센트는 이렇게 말하고는 곧 다른 그림을 이젤에 세웠다.

"이건 복권 판매하는 곳을 그린 거야."

"북적거리는 사람들의 등밖에 안 보이는데……."

"일부러 그렇게 그린 거야."

"그래…… 그런데도 어떻게 한몫 잡아 보려고 발버둥치는 사람들의 갈망이 느껴져."

"처음엔 이 그림에 '가난한 사람들과 돈'이라는 제목을 붙이려고 했어. 너 그거 알고 있니? 가난한 사람들이 얼마나 많은 공상을 하는지. 그중 하나가 바로 복권이고. 어리석어 보일 수도 있지만, 그들에게는 비참한 현실에서 벗어날 수 있는 유일한 탈출구니까. 이 가엾은 사람들은 제대로 먹지도 못하면서 돈을 아껴 복권을 사고, 그 순간부터 희망에 빠지는 거야."

"형은 그림을 그리면서 점점 형이 좋아하는 졸라의 사상을 닮아가는 것 같아. 형 그림을 보면 볼수록 졸라의 문학작품들이 떠오른단 말이야."

"그런 대문호의 작품과 내 그림을 비교할 수 없지. 난 그런 훌륭한 일은 도저히 할 수 없을 거야. 다만 난 가난하다 못해 비참하게 사는 우리 시대의 이 평범한 사람들을 위해 그들의 모습을 있는 그대로 그리고 싶을 뿐이야."

"민중을 위해 민중을 그린다…… 형은 정말로 민중이 그림 같은 것에 관심이라도 가질 것 같아?"

"물론 아직은 민중이라고 하는 대부분의 사람들이 어리석고 비참한 생활 속에서 그날그날의 생존을 버겁게 이어나가고 있는 것이 현실이지만…… 난 그들에게 있는 건 돈밖에 없는 저 쓰레기 같은 인간들보다 더 미술을 이해할 수 있게 해주고 싶어."

"형은 공상가야. 형 그림들이 왜 안 팔리는지 혹시 생각해 봤어?"

"넌 알고 있단 뜻이니?"

"대부분의 사람들에게 형 그림은 너무 새로워서 낯설기 때문이야. 형이 있는 그대로 그린 현실의 풍경이 사람들을 불편하게 하는 면도 있고. 그래서 형의 그림을 놓고 저속하다느니 평범하다느니 하는 말을 하는 거지. 또 인간은 자신의 삶이 비참하고 괴로울수록 예술작품에서는 소위 말하는 아름다움을 추구하는 법이거든. 그래서 어쩌면 현실과는 동떨어진 말도 안 되는 공상 같은 그림들에 열광하는지도 몰라."

"네가 그렇게 생각한다면 그게 맞을 거다. 하지만 동의하지도 않으면서 이전 것을 답습할 순 없잖니? 그런데 말이다. 그렇다면 어떻게 새로운 세계를 만들어 나갈 수 있을까?"

"때가 올 때까지 기다리는 수밖에…… 사람들의 눈이 새로운 것에 다시 익숙해질 때까지 기다리는 수밖에 없는 것 같아."

"새로운 것이 낡은 것이 되고, 또 다시 새로운 것이 나올 때까지 말이야?"

테오는 아무 말 없이 불안하게 방안을 왔다 갔다 하더니 다시 말문을 열었다.

"이런 얘기는 그만하고…… 그나저나 형은 언제까지 여기에서 이렇게 살 작정이야? 그림 그리는데 방해 안 돼?"

"방해라니…… 전혀."

빈센트는 말은 이렇게 했지만 다시 생각했다.

나는 지금 테오에게 거짓말을 하고 있다. 여기에서는 도저히 그림을 그릴 수가 없다. 아침에 일어나 시엔의 우거지상을 보면서부터 벌써 일할 마음이 사라진다. 게다가 시엔 어머니가 타박과 재촉하는 소리를 들으면 이곳에서 뛰쳐나가고 싶다.

"아무래도 한 집안을 이끌어 간다는 게 쉬운 일은 아니잖아. 신경 쓸 일도 많고. 그런 것들이 형의 기분이나 일할 의욕을 꺾지는 않을까 하는 생각이 들어서."

테오는 어쩌면 내 속마음을 저렇게 잘 꿰뚫어보는 걸까. 빈센트는 고개를 떨어뜨렸다.

"형은 저 클라시나라고 하는 여자와 같이 살면서부터 달라졌어. 완전한 고독에 빠진 모습이라고 해야 할까……."

테오는 조그만 목소리로 말했다. 빈센트는 테오의 말에 동의했지만 그렇게 말할 수는 없었다.

"그건 시엔 탓이 아니야. 내가 고독해 보이는 것은 그냥 내 존재 자체가 고독하기 때문이야. 내가 나를 그렇게 만든 거라고. 나는 다른 사람과 얘기하는 것이 무척이나 고통스러워. 그러니까…… 나는 다른 사람들에게 불쾌감을 안겨주는 것 같아. 그걸 아는 내 기분을 이해할 수

복권 판매소

헤이그 | 1882 | 수채 | 38×57cm | 암스테르담, 반 고흐 미술관

있겠니? 그런데도 혼자서는 도저히 내 인생을 견뎌낼 수 없을 것 같은 기분이 들곤 해."

형은 갑자기 왜 이렇게 종잡을 수 없는 말들을 쏟아내는 걸까…….

하지만 빈센트는 테오와 이야기하는 것이 매우 유쾌한 일이라고 생각했다.

"안간힘을 써 불행한 여자를 구해 주면…… 결국 어떻게 될까?"

우연하게도 테오 역시 빈센트와 비슷한 상황에 처해 있었다. 파리에는 큰 수술을 받아야 하는 가난하고 병든 한 여인이 그를 기다리고 있었다. 그 여인에게 도움을 주는 것이 결국 어떤 결과를 가져올까…….

"할 수 있는 데까지 하는 수밖에……."

빈센트는 말했다. 테오는 빈센트의 대답을 듣고 자신과 형의 차이를 명확히 알 수 있었다. 자신의 물음에 형은 순수한 예술가의 영혼으로 유일하고도 정당해 보이는 답을 준 것이다.

그러나 빈센트는 테오가 옆에 있다는 사실을 잊은 듯 말을 이어갔다.

"시엔은 지금 굉장히 예민한 상태야. 목소리까지 떨리고…… 아무래도 지난번처럼 건강이 안 좋아진 것 같아. 라이덴의 의사도 그랬어. 또 병이 나기 쉽다고……. 요즘 들어 부쩍 변덕을 부리거나 화를 내고 멋대로 행동하는 것이 걱정이다. 그 여자에게는 도무지 이성이라는 게 없는 것 같아. 자기가 어떤 행동을 하는지 인식조차 못 할 때가 있어. 그래서 사실 나는 매우 절망적인 생각이 들곤 해."

테오는 다시 조그만 의자에 앉아 팔꿈치를 무릎에 괸 채 양손에 얼굴을 묻었다.

"게다가 그런 어머니를 가졌다는 게 불행 중의 불행이야. 시엔은 나쁜 여자가 아니야. 그저 좋은 걸 못 보고 자라 좋은 게 뭔지 모를 뿐……."

빈센트는 잠시 입을 다물고 있더니 다시 큰 소리로 말했다.

"그래, 나는 그 여자를 구해 줘야 해. 아무리 고통스러워도 나는 해내고 말 거야…… 그렇지만 나도 내 장래에 대해서는 불안하기만 하다."

테오는 감동했다.

빈센트 형은 예술가다. 진짜 예술가. 그래서 조금이라도 불순한 것은 곁에 오지 못하게 하는 거다. 불순한 것은 결코 예술과 함께할 수 없다는 것을 형은 알고 있기 때문이지. 형은 실패하지 않을 것이다. 형의 예술이 형을 도울 것이다.

"테오, 난 너 말고는 친구가 하나도 없어. 그래서 외롭고 비참해질 때마다 마음속 너와 얘기를 하지. 네가 파리에 있을 때도 지금처럼 너하고 정답게 얘길 나누었지. 앞으로 내가 얼마나 일을 할 수 있을지 모르겠어. 내 몸이 얼마나 더 버텨줄지, 내가 몇 해나 더 살 수 있을지는 모르지만…… 그런 건 신경 쓰지 않고 앞으로 2, 3년 동안 열심히 일을 완수할 작정이야. 그렇지만 서두르지 않고 천천히 침착하게 공부하며 그림을 그려 나갈 작정이다. 난 30년 동안이나 헤매다 이제 겨우 그림을 찾았어. 그림을 그리는 일만이 내 인생의 목적이란 말이야. 난 그러니까 그만큼 사회에 대해 일종의 의무를 지고 있다고 생각해."

잠시 가만 있다가 빈센트는 말을 계속해 나갔다.

"일을 하기 위해 나는 시엔과 헤어질 생각이야. 여기서 이러고 있으면서 무얼 할 수 있겠니. 물론 그러면 시엔은 마음이 상하고 다시 타락

할 수도 있겠지. 하지만 우리는 이제 헤어져야 해. 그렇지만 나는 할 수 있는 대로 그 여자와 아이들을 돌봐주고 싶어…… 아, 이 무슨 말인지, 나는 나쁜 놈이야. 예술을 위해 시엔을 버리려 하다니. 시엔은 어쩌면 나보다 훨씬 더 순수한 영혼이야. 나 역시 다른 치사한 녀석들과 같은 짓을 하려 하다니…… 난 정말 나쁜 인간일까, 테오?"

빈센트는 테오의 팔에 안기며 흐느꼈다.

<h1 style="text-align:center">11</h1>

"그 녀석은 너를 이용하고 있는 거야. 네가 매일 모델 노릇을 해주지 않니? 그래서 너한테 붙어 있는 거라고."

클라시나의 어머니가 말했다.

"모델 노릇을 하지 않은 지 벌써 일 년이 넘었어요. 아이를 낳은 후론 몸이 망가져버렸으니까요."

"그럴 리가 없어. 지금도 사내 녀석들은 네 꽁무니를 쫓아다니지 않니? 어쩌려고 그리 궁상을 떨며 사는 거니?"

"내가 무슨 짓을 하든 내 팔자를 거스를 수는 없어요. 길가에서 개처럼 쓰러져 죽게 되면…… 그러라지요."

"이게 다 그 녀석 때문이야. 그 녀석이 우리를 이 꼴로 만들었어."

"아니에요. 그 사람은 나한테 언제나 잘해줘요. 그 사람은 좋은 사람이에요. 그 사람에 비하면 내가 못된 계집이지요. 젠장, 이제 그런 건 아무래도 상관없는 일이에요. 시납스 남은 거 없어요?"

"나도 이제 만사가 귀찮다. 너도 아이들도 내 몸뚱어리도. 아무렇게나 될 대로 되라지. 그러니 이제 날 혼자 내버려다오."

클라시나는 병에 남아 있던 시납스를 단숨에 마셔버리고 모자를 쓰고는 밖으로 나갔다.

"시엔은 어딜 갔나요?"

저녁 무렵 이젤과 종이끼우개를 끼고 돌아온 빈센트가 묻자 노파는 새된 소리로 웃으며 답했다.

"정말 한심한 인간이군. 시엔이 어딜 갔냐고? 지금 이 집에는 돈이라고는 한 푼도 없단 말일세. 그런데 자네는 아랑곳도 않으니 그 애가 벌어야 할 것 아닌가."

"이 뚱쟁이 할멈, 당장 나가!"

빈센트는 소리를 질렀고, 아이들은 잠이 깨 울음을 터뜨렸다.

······정말 지옥이 따로 없구나. 시엔은 다시 길로 나가 놈팡이라도 낚고 있는 걸까?

빈센트는 이런 생각을 아무렇지도 않게 하고 있는 자기 자신에게 놀랐다.

시엔과 아이들을 데리고 시골로 가면 어떨까? 거리의 생활을 강요당하는 이 거리를 떠나면 시엔은 그런 생활을 청산하지 않을까? 드렌테 근방에라도······ 그곳엔 두세 사람의 화가가 있고 리버만[24]도 있다. 그리고 나는······ 나 자신도 구제해야 한다. 그러지 않으면 나 역시 이 수렁 같은 생활에 빠져들 것이다.

시엔은 열 시가 넘어서야 돌아왔다. 눈은 게슴츠레했고 걸음걸이도 비틀거렸다.

"대체 어딜 갔었지?"

그녀는 딴청을 부리며 휘파람을 불었다.

"어딜 갔었냐고!"

빈센트가 소리를 질러도 시엔은 아무렇지도 않게 휘파람만 불어댔다. 시엔의 목덜미를 본 빈센트는 목을 졸라 죽이고 싶다는 생각이 들었다. 그러나 곧 다시 생각했다.

이것이 이 여자의 천성이다. 이 여자는 이럴 수밖에 없는 것이다. 천성대로 행동한 것뿐이다. 내가 이 여자를 어떻게 고칠 수 있겠나. 그것은 얼마나 독선적인 생각인가.

빈센트는 다시 조용히 말을 건넸다.

"시엔, 이런 식으로 계속 살 수는 없어. 나는 이 거리에서 더 이상 살 수 없을 것 같아. 우리 모두 시골로 가자. 그게 우리 모두를 위해 가장 좋은 방법이야."

"당신은 당신 좋을 대로 해요. 난 안 갈 테니. 그렇게 한다고 해도 난 달라질 게 없어요."

"그렇지만 여기 이렇게 있다가는 굶어 죽어."

"당신이 상관할 일이 아니라고요."

"왜 그런 식으로 말하는 거지?"

"당신은 어째서 거짓말을 하는 거죠?"

두 사람은 잠시 동안 입을 다물고 말았다.

1880~1883

"나는 당신과 아이들이 굶어 죽는 걸 보고 있을 수는 없어."

클라시나는 아무 말도 하지 않았다.

"드렌테에 갈까 생각 중인데…… 당신도 갔으면 좋겠어."

"싫어요."

"정말 안 갈 거야?"

"싫다고 했잖아요! 무슨 말을 어떻게 해도 나는 안 가요. 이제 당신 얼굴도 보기 싫으니 당장 나가요."

빈센트는 아무 말도 하지 않고 흥분해 있는 시엔을 바라보았다. 그녀는 손에 쥐고 있던 손수건을 바닥에 던져버리더니 주먹을 쥐고 빈센트에게 달려들었다. 빈센트는 슬픈 표정으로 그녀의 손을 잡았다.

"그러면…… 당신은 어떻게 되는 거지?"

"내가 어떻게 되든 당신이 상관할 바가 아니에요."

시엔은 빈센트의 손을 뿌리치고 거칠게 문을 닫고 나가버렸다.

12

빈센트는 쓰던 그림 도구와 얼마 안 되는 일용품들을 챙기기 시작했다. 집과 세간 따위는 클라시나에게 맡기기로 했다. 옷가지들을 나무 트렁크에 넣으며 그는 생각했다.

새 옷을 가져 본 적이 언제였지. 몇해 전부터 나는 아버지나 테오가 입던 옷만 입고 있다. 내 몸에 잘 맞지 않는데도…….

짐은 금방 쌌다.

시엔은 무얼 하고 있는 걸까? 이제 내가 떠나려는 걸 알고 있을 텐데…… 작별인사도 하지 않을 작정인가.

빈센트는 트렁크 위에 걸터앉아 멍하니 있었다.

이 집에서의 생활은 이것으로 끝나는구나. 그토록 오래 같이 지내온 시엔과 나는 과연 헤어질 수 있을까…….

그는 마치 정거장에서 기차라도 기다리고 있는 사람처럼 보였다. 그는 일어서서 아이가 자고 있는 요람으로 다가가 잠시 동안 지그시 바라보았다.

내가 가버리면 이 귀엽고 조그만 녀석은 어떻게 될까…… 모두 비참하게 되는 건 아니겠지. 하지만 장밋빛의 동그랗고 귀여운 얼굴의 이 녀석이 건달이나 도둑, 살인자가 된다 해도 그건 내 잘못이 아니다. 네가 이 세상에 나올 때 나는 이 손으로 너를 꼭 안아주었다. 그때 일을 나는 지금도 똑똑히 기억한다. 네가 화가가 될까 미술상이 될까, 그렇게 생각했었다…….

시엔이 들어왔다.

"아직도 안 갔어요?"

"작별인사도 하지 않고 갈 줄 알았단 말이야?"

"그러는 편이 좋았을 거예요."

그녀는 이렇게 중얼거렸다.

빈센트는 그림 도구들을 들고 모자를 쓰며 말했다.

"트렁크는 사람을 시켜 가져갈게."

"그렇게 해요."

"매달 당신한테 돈을 부칠 거야."

"그래요."

"내 힘닿는 대로 말이야."

"그래요."

"그리고 필요한 것이 있거든 편지로 알려줘."

"……네."

"나는 언제까지나 당신과 아이들을 돌봐줄 거야."

"그래요."

"그러니 될 수 있는 대로 착실하게 살아줘, 시엔. 알겠지? 나도 착실하게 생활할 테니. 약삭빠르게 이 세상을 살아갈 생각은 전혀 없어."

시엔은 고개를 끄덕였다.

"아이들을 사랑해 줘요. 당신이 어떤 생활을 하던 아이들을 위해 좋은 엄마가 되어줘요."

"……네."

네덜란드 드렌터, 누에넌, 벨기에 앙베르   1883~1885

누에넨의 교회.

1

드렌테는 과연 시골이었다. 수로가 가로 세로로 뻗은 경작지, 말뚝을 세운 오두막, 이끼로 덮인 지붕, 짧은 바지를 입은 양치기, 풀이 무성한 황무지, 숱한 꿀벌 집 등 하나같이 색달라 보였다.

빈센트는 길을 지나다가 두 여자를 보았는데, 가까이에서 봐도 나이가 가늠되지 않았다. 그러니까 얼굴은 늙었는데 걸음걸이랄지 분위기는 젊었다. 빈센트는 여자에게 말을 걸어 그녀가 열일곱 살이라는 것을 알았다. 그렇게 젊은데 왜 얼굴은 늙어 보이는 걸까?

"먹는 물이 나빠서 그래요."

양봉업자가 알려주었다.

빈센트는 오두막 잎에 앉아 그림을 그리며 참 별난 고상이라는 생각을 했다. 그때 두 마리의 양이 깡충깡충 다가오더니 그중 한 마리가 지붕 위로 올라가 거기 나 있는 풀을 뜯어 먹기 시작했다. 그러자 오두막에서 한 여자가 뛰어나오더니 양에게 빗자루를 던졌다. 양은 영양처럼 사뿐히 뛰어내렸다.

클라시나와 아이들은 어떻게 지내고 있을까…… 내가 같이 오자고
했을 때 따라나설 것이지…… 시엔이 아무리 잘못했다 하더라도 그녀
의 불행은 너무 가혹하다.

그렇게 계속 앉아서 그림을 그리고 있는데 저 멀리 아이를 안은 가
난한 몰골의 여인 하나가 눈에 들어왔다. 빈센트는 자기도 모르게 벌
떡 일어나 시엔이 아닌가 하고 달려가 보았다. ……낯선 여자였다. 그
는 소리 내어 웃었다.

나는 왜 그녀를 버리고 온 걸까. 내가…… 그녀를 버리고 온 건가? 어
쩔 수 없었다. 더 이상은 그녀와 살 수 없었고, 그녀를 데리고 올 수도
없었다. 하지만 나는 진심으로 그녀와 함께 올 작정이었다. 그렇게 하
는 것이 옳았다. 아마 아버지도 내 생각에 찬성하셨을 것이다. 불쌍한
시엔…… 그러나 함께 왔다면 나까지 불행해질 수밖에 없었을 것이다.

그는 여기까지 생각하고 마음을 돌려먹었다.

그는 물감 살 돈이 없어 때로는 그림도 못 그리고 하루 종일 우두커니
앉아 있어야만 했다. 그가 머물고 있는 지붕 밑 다락방의 좁은 창으로
햇빛이 떨어져 텅 빈 물감 상자와 털이 다 빠진 화필 위에 머물렀다.

인생에 어떤 목적이 있는 걸까? 그렇다면 그건 대체 무엇일까? 차라
리 목에 무거운 돌이라도 매달고 물속으로 뛰어드는 편이 낫지 않을까?
……1년 전 클라시나가 퇴원했을 때 바로 이곳에 함께 왔더라면……
그랬다면 모든 것이 다 잘되었을지도 모른다.

모베나 라파르트, 독일인 리버만이라도 이곳에 있다면 얼마나 좋았

을까. 이런 황무지에 있으려니 미칠 것만 같다. 정말 비참한 생활이다.

그는 물감이 없어 그림도 못 그리고 깊은 생각에 빠졌다.

나는 아무리 일을 하고 절약하며 살아도 빚을 지게 된다. 나는 그 여자에게 충실하려 했지만 결과적으로 불충실하게 되었다. 그리고 나는 지금 이곳에서 아틀리에도, 모델도 없이 이렇게 앉아 있다. 모델이 있다 해도 물감 살 돈이 없으니 모델도 살 수 없을 것이다. 목에 돌을 달고 물속으로 뛰어들어야 하는 걸까.

이곳에 테오만 있었다면…… 그랬다면 모든 일이 잘되지 않았을까? 그런데 그 앤 왜 화가가 되려 하지 않는 걸까? 다른 화가들이 그린 그림을 팔며 푸념하느니 자신이 직접 화가가 되면 좋으련만…….

예술가라니! 얼마나 주제넘고 어리석은 말인지…… 자신이 예술가냐 아니냐를 따지기 전에 자기 몸이나 잘 간수하라고. 그게 더 중요한 일 아닐까?

혹시 테오는 나를 도와주기 위해 꾹 참고 일하는 건 아닐까? 나는 얼마나 테오에게 폐를 끼치고 있는 건지…… 얼마 동안 부모님이 계신 곳에 가 있을까? 생각해 보니 아버지가 누에넨으로 전임한 이후 한 번도 찾아가지 않았다. 그런데 나는 누에넨에서 일을 할 수 있을까? 아무래도 상관없다. 잠시 동안이라도 테오의 신세를 지지 않을 수만 있다면 좋다. 내가 누에넨 같은 데에서 배겨낼 수 있을까? 상관없다. 나에게는 선택의 여지가 없다.

2

빈센트는 다시 집으로 돌아왔다.

누에넨은 경치가 좋았고, 브라반트의 전원은 그림 같았다. 그러나 그는 벌써 그곳을 떠나고 싶었다. 주위 사람들과 자신이 너무도 달라져버렸다고 생각했다. 2, 3일만 더 부모님 곁에 머무르다 다시 어딘가로 가야겠다고 생각했다.

그런데 나는 왜 이렇게 울적한가.

그는 저녁 무렵 혼자 산책하며 생각했다.

나는 부모님이 묻는 말에도 친절하게 대답하기는커녕 퉁명스레 한마디 내뱉곤 한다. 그렇게도 착해져야겠다고 줄곧 생각하면서도 왜 나는 다른 사람들이 싫어하는 태도를 취하는 걸까…… 도대체 무엇이 나를 이렇게 만들었을까? 가난과 굶주림, 그리고 끝없는 고생 때문일까?

반 고흐 목사 내외는 아들 빈센트를 위해 방 하나를 아틀리에로 개조해 주었다. 좀 더 좋은 방을 비워주겠다고 했지만 빈센트는 조용한 곳에서 일하고 싶다며 거절했다. 아틀리에에는 마루가 깔리고, 난로가 놓여지고, 깨끗한 침대가 놓였다. 반 고흐 목사는 창문을 크게 개조해 주겠다고 했지만, 이것 역시 빈센트는 거절했다. 어머니 안나는 빈센트의 이런 행동을 도무지 이해할 수 없었다.

"우리 눈에 이해가 되지 않더라도 그냥 놔둡시다. 원래 좀 남달랐으니 그 애 마음대로 하게 내버려두는 게 나을 것 같아."

반 고흐 목사가 아내에게 말했다.

빈센트는 자신의 그림들과 소지품을 가지러 헤이그로 갔다.

짐을 꾸리고 나서는 시엔에게 가볼까 말까, 한참 고민했다. 그는 망설이며 그녀의 집을 찾아갔다. 집 앞에 이르자 되돌아서고 싶어졌다. 문을 두드리며 그는 자신의 비겁한 마음이 부끄러웠다. 시엔의 어머니가 문을 열어주었다. 시엔은 부엌에서 빨래를 하고 있었다.

"난 지금 바빠요. 오늘 안에 세탁물을 갖다줘야 하거든요."

이렇게 말하면서 시엔은 빈센트를 쳐다보지도 않고 하던 일에 집중했다.

"세탁 일을 시작했군."

"남이 일하는 걸 보며 그렇게 말하기는 편하지요."

"좋은 일이야."

"웃기는 소리 하지 말아요. 나이가 너무 들어서 예쁘지 않으니까 이제 다른 일은 못하는 거라고요."

"그래도 어쨌든 잘했어요. 당신은 참 좋은 사람이야."

"실없는 소리 그만해요. 당신은 여전히 얼빠진 소리나 하고 있군요. 아무리 나이를 먹어 못생겨졌어도 먹고는 살아야 할 것 아니에요."

"아이들은 어디 있지?"

빈센트는 잠시 뜸을 들이다가 물었다.

시엔은 사내아이를 불렀다. 아이는 빈센트를 신기한 듯이 바라보았지만 빈센트가 안아 올리자 악을 쓰며 울기 시작했다. 그는 가만히 아이를 내려놓았다.

1883~1885

시엔이 저런 일을 하며 살아가는 것도 모두 내 탓이다. 나는 좋은 일을 하려고 했지만 언제나 나쁜 결과만 가져오고 만다. 내가 시엔 곁에서 도와주어야 할까? 내가 시엔에게 위로가 될까?

"몸은 좀 어때? 건강한 거야?"

"아뇨, 빨리 죽어버렸으면 좋겠네요. 그럼 편해질 거 아니에요."

"무슨 말을 그렇게 하는 거야?"

"도대체 왜 와서 내 속을 긁어놓는 거예요? 상관 말고 내버려두라고요. 난 이 빨래를 저녁때까지 마쳐야 한다고요."

시엔은 소리를 질렀다. 그리고 나서는 그가 무슨 말을 물어도 더 이상 대꾸하지 않았다. 더 있어 봐야 헛일이라는 생각에 빈센트는 일어나서 시엔에게 손을 내밀었다. 그러나 그녀는 본 체도 않고 빨래만 계속했다.

"잘 가요."

그녀는 귀찮은 거지를 대하듯 내뱉었다.

빈센트는 울적한 마음으로 누에넨으로 돌아왔다.

지금까지의 생활도 고생스러웠지만 앞으로 더욱 고생스러워질 것이라는 생각이 들었다. 도대체 얼마나 더 많은 고뇌를 견뎌내야 하는 걸까…… 갑자기 머리가 아파오고 눈이 희미해지며 불안한 몽상이 시작되었다.

다행히 내게는 해야 할 일이 있다. 이 세상에는 아직도 그려야 할 것이 아주 많다. 이 세계를 그림으로 다시 빚어내는 일은 얼마나 오묘한 일인지. 또한 빛깔이라는 것은 얼마나 포착하기 어려운 것인지. 얼마나 많은 비밀이 색채 속에 숨겨져 있는지 모른다.

옆에 어느 색채가 있느냐에 따라서 암적색도 밝은 효과를 낼 수 있고, 적회색의 붉음도 정도의 차가 느껴진다. 보랏빛과 연보랏빛 옆에 있는 황색은 아주 조금만 진해도 두드러져 보인다. 불그스름한 빛깔 위에 적갈색을 엷게 칠하면, 햇빛을 받는 붉은 지붕 빛깔이 된다. 이렇게 섞으면 섞을수록 색채의 변화는 무궁무진하다. 세상의 색채를 모두 물감으로 만들어낼 수는 없으리. 그러나 그는 물감 값이 부족해 그조차 아껴 써야 했다. 이제까지 쓴 물감 값을 헤아려 보니 300프랑은 족히 될 것이다. 아직도 그려야 할 것은 많고, 그것들을 그리는 데 또 얼마나 많은 물감이 들지 알 수 없다.

그는 지금 짙은 황금빛을 띤 추수할 무렵의 밀밭을 그리고 있다. 그 눈부신 황금빛은 느낌이 풍부한 코발트색 하늘과 대조를 이뤄 말로 표현 못할 기막힌 효과를 낸다. 그러나 그 물감 값이…….

3

빈센트는 1월경부터 루이제라는 여자를 알게 되었다.

빈센트는 발을 삔 어머니를 간호하고 있었다. 어머니 안나는 거칠고 불평만 해대던 아들이 참을성 있게 자신을 간호하는 모습을 보고 깊은 감동을 받았다.

빈센트는 그림 그리는 것은 제쳐두고 어머니의 침대 옆에서 수건을 갈아주기도 하고 이야기 동무도 해주며 어머니를 돌봤다. 안나는 평생

처음으로 빈센트에 대해 흐뭇함을 느꼈다.

빈센트는 또 집에 찾아오는 사람들이나 루이제에게도 상냥하게 대했다. 루이제는 날씬한 몸매의 금발이었는데, 다른 여자들과는 달리 섬세함이 느껴지는 여인이었다. 마치 아직 활이 닿은 적 없는 크레모나[25]의 바이올린 같다고 빈센트는 생각했다. 그리고는 그녀를 좀 더 알고 싶다는 생각에 저녁때 그녀를 집에까지 데려다주는 일이 자주 있었다. 그녀의 집은 바로 가까운 곳이었지만, 그는 일부러 길을 돌아서 갔다.

처음 얼마 동안은 두 사람 다 대체로 말이 없었다. 그러다 차차 빈센트가 루이제에게 여러 가지 이야기를 건넸다. 그녀는 그보다 네 살 연상인 서른 네 살이었고, 역시 결혼하지 않은 여동생과 남동생이 있었다. 엄격한 가정교육을 받은 그녀는 식구들의 웃음소리를 제대로 들어본 적도 없다고 했다. 그녀는 유쾌한 태도를 취하는 것조차 죄로 여기는 듯했다.

완고한 생각을 품고 있었던 루이제는 빈센트에게 당신같이 가치 있는 인간이 노동자 같은 몰골로 다녀서는 안 된다고 했다. 이에 대해 빈센트는 자신은 노동자일 뿐만 아니라 노동자처럼 보이는 것은 자신이 원하는 바라고 했다.

빈센트의 그림에 전혀 흥미를 보이지 않던 루이제는 빈센트와 친해진 후 이렇게 말하기조차 했다.

"이런 것을 그림이라고 할 수 있나요? 도무지 이해할 수가 없네요. 그러니까 그림은 좀 더 아름다워야 하지 않을까요?"

나는 무엇 때문에 이렇게 이해심 없고 까다로운 데다가 나이까지 든 여자와 사귀고 있지? 도무지 나와 맞는 구석이 없는데……

그러나 다음 순간 생각을 고쳐먹었다.

그녀는 잘못 다루어 못쓰게 된 바이올린이다. 그러니 소리가 나도록 다시 만들어야 한다. 내가 그렇게 해보리라…….

아니나 다를까, 그 바이올린은 차차 제 음색을 찾게 되었다. 빈센트는 그 정열적인 음색에 경탄했다.

루이제는 이제 고분고분해져 절대로 그에게 반대하지 않았고, 그가 하는 모든 일에 찬탄했다. 그리고 밝은 빛깔의 옷을 즐겨 입기 시작했다. 블라우스에는 장밋빛 매듭을 달고 머리에는 빨간 리본을 달았다. 언제나 무엇엔가 흥분해 있는 듯한 그녀가 멀리서 다가오고 있는 모습을 보면 얼굴이 잔뜩 홍조가 되어 있었다.

빈센트는 그녀의 변화를 알아차렸지만 그 이유는 알지 못했다. 그저 달라져버린 크레모나의 바이올린을 마음대로 켤 자신이 없었다. 예전의 모습이 그리울 뿐이었다.

나는 루이제를 그냥 내버려둬야 하지 않았을까. 하나님이 만드신 모습을 바꿔 못쓰게 만들어버린 것은 아닐까. 이제 루이제는 서른네 살 먹은 여자가 아니라 열일곱 살짜리 소녀처럼 군다. 그 냉정했던 여인이 어떻게 이렇게 변해 버린 걸까.

그러다가 빈센트는 문득 아버지의 말이 떠올랐다. 아버지는 또 못된 짓을 저지를 작정 아니냐고 물었다. 케이를 좋아한다고 한바탕 난리를 쳐 부모님을 곤란하게 했고, 바로 얼마 전 클라시나와의 일도 있었다.

물론 그의 아버지는 클라시나와의 일에는 관심도 없는 것 같지만.

빈센트는 어쩌면 자신이 그토록 원하는 그림을 그리기 위해서는 결혼 같은 것을 할 수 없다는 사실을 깨닫지 못했는지 모른다. 물감조차 구할 수 없는 그가 어떻게 결혼생활을 해나갈 수 있겠는가. 게다가 루이제 역시 결혼을 한다 해도 지참금은 꿈도 꿀 수 없는, 가진 것 없는 처자였다.

누에넨은 조그만 마을이라 아무리 작은 사건도 사람들 입에 오르내리기 십상이다. 만약 그가 무슨 말썽이라도 일으킨다면 목사인 그의 아버지는 큰 타격을 입을 것이다. 그러나 빈센트는 그런 염려는 안중에도 없는 것 같다. 빈센트는 그저 사랑 자체를 열망하고 있다. 그는 친절한 여인의 손길을 갈망한다.

그런데 루이제는 과연 빈센트와 결혼이라도 할 생각인 걸까? 그녀는 빈센트를 사랑하는 걸까? 그렇다. 루이제는 그를 사랑하고 있다. 그녀가 변한 것은 바로 그 때문인 것이다. 나이 든 미혼 여성이 한 번 사랑에 빠지면 완전히 자기 자신을 잃어버린다는 말도 있지 않은가. 도대체 어쩌다가 빈센트는 크레모나의 바이올린에게 소리를 내게 한 것인지…….

루이제는 이제까지 빈센트의 마음을 뚫고 들어온 다른 여인들과 달랐다. 사랑스런 우술라, 아름다운 케이, 야성적인 클라시나와 딴판이었다. 루이제는 고루하고 무뚝뚝했다. 그러나 충분히 여성스러웠고, 빈센트를 향한 그녀의 사랑은 다른 결점들을 상쇄하고도 남았다. 사랑에 늦게 눈뜬 여자는 남자의 손에서 밀랍처럼 녹기 마련이다. 아, 그리

누에넨의 교회

누에넨 | 1884 | 유화 | 41.5×32cm | 2002년 반 고흐 미술관에서 도난당한 이후 종적 묘연

고 인간은 누구나 한 번은 결혼을 해야 한다. 성경에도 독신으로 지내는 것이 좋지 않다고 씌어 있다. 게다가 빈센트, 그는 언제나 결혼하기를 간절히 원했다.

빈센트는 머뭇거리며 조심스럽게 루이제에게 자기의 생각을 말했다. 그러자 그녀는 갑자기 흐느껴 울기 시작했다. 빈센트는 이제까지 다른 사람이 이렇게까지 자제력을 잃은 모습은 본 적이 없었기에 무척이나 놀랐다. 아무리 달래도 루이제는 울음을 그치지 않았다. 그러면서 동생들이 빈센트와의 결혼을 반대하기 때문에 그의 청혼을 받아줄 수 없다는 말을 했다.

루이제는 벌써 집에 나와의 결혼 이야기를 했단 말인가! 나와 아무 말도 없이 그런 말을 하다니⋯⋯.

그는 도무지 이해할 수 없었다. 그래서 루이제에게 까닭을 묻자 그녀는 더욱 심하게 울더니 갑자기 자리에서 벌떡 일어나 달려가버렸다. 빈센트는 소리를 지르며 뒤쫓아갔지만 그녀는 뒤도 돌아보지 않았다.

다음날, 루이제의 동생이 빈센트를 찾아왔다. 금발의 젊고 호리호리한 몸매의 예의 바른 남자였지만 태도에서 거만함을 숨길 수 없었다. 그는 평범하고 착실한 가정에서 자란 자신의 누이가 예술가와는 결코 결혼할 수 없을 것이라고 말했다. 그리고는 화가는 1년에 얼마나 버냐고 노골적으로 물었다.

빈센트는 웃으며 그 물음에 대답해 주었다. 어떤 사람은 몇 천 그루덴도 벌지만 대개 물감 값도 벌지 못하는 경우가 많다고. 그 대답을 듣고 루이제의 동생은 그림 따위 집어치우고 다른 일을 할 마음은 없냐고 물었다.

빈센트는 절대로 그럴 수 없다고 대답했다. 그리고 최근 루이제의 행동에 대해 말했다. 루이제의 동생 역시 누이를 염려하고 있었다. 그는 결혼 계획을 2년쯤 뒤로 미루는 것이 좋겠다고 말했다. 그때 가면 양쪽 모두 사정이 나아질 거라는 말과 함께.

"나는 기다릴 수 없소. 당장 결혼하지 않으면 아예 그만둘 것이오."

빈센트는 큰소리로 말했다.

"그렇다면 결혼 애기는 없었던 걸로 하지요."

루이제의 동생은 모멸적인 미소를 띠며 말했다.

"좋아요. 하지만 루이제는 잘 살펴봐줘요. 걱정이 되니 말이오."

"도대체 누가 누이를 저렇게 만들어버렸는지…… 어쨌든 고맙습니다."

빈센트는 그에게 등을 돌려 창밖을 내다보았다. 그는 주먹을 쥐고 가까스로 자제심을 발휘했다. 그가 돌아보았을 때 상대방은 이미 돌아가고 없었다.

4

다음날 아침, 빈센트가 아직 자고 있는데 반 고흐 목사가 뛰어 들어 왔다.

"넌, 넌 도대체……."

반 고흐 목사는 말을 잇지 못했다.

"무슨 일이 일어났는지도 모르고 아직 자고 있느냐? 큰일 났다."

"무슨 일이 생겼나요?"

빈센트는 이렇게 물으며 자리에서 일어났다.

반 고흐 목사는 힘없이 의자에 주저앉아서는 눈물을 흘렸다.

"내 아들이…… 내 아들이 남의 목숨을 위태롭게 만들다니……."

"루이제를 말씀하시는 건가요?"

반 고흐 목사는 고개를 끄덕였다.

빈센트는 너무 놀라 할 말을 찾지 못했다.

결국 일이 이렇게 됐군. 그렇지만 나로서는 어쩔 도리가 없었어. 그녀는 너무 흥분해 다른 사람의 말은 듣지도 않았지. 그녀는 자기 감정과 자기 생각에만 빠져 있었어.

"그러니까 루이제가 어떻게 됐단 말이에요?"

"독약을 마셨단다."

"죽었나요?"

"아직은 살아 있다고 한다."

빈센트는 급히 옷을 갈아입었다. 그러나 단추도 제대로 채우지 않고 구두끈도 매지 않은 채였다. 허리띠가 바닥에 질질 끌렸다.

"넌 대체 어딜 갈 작정이냐? 지금 이 상황에서."

반 고흐 목사는 감정이 격해 있었다.

"곧 온 마을에 소문이 퍼질 게다. 다른 식구들 생각 좀 해라. 우리 집안이야 이미 체면이 구길 대로 구겨졌지만 루이제네는 지금 어떻겠니?"

빈센트는 곧 냉정을 되찾았지만 머리가 다시 아파왔다. 마치 쇠테로 꽉 죄어 오는 듯했다.

잠시 후 그는 루이제의 집으로 갔다. 집 밖에서 왔다 갔다 하고 있는데 의사가 나왔다. 빈센트는 의사에게 다가가 모자를 벗고 인사했다. 그 의사는 빈센트를 알고 있었다.

"거참 안됐습니다. 그래도 루이제 양의 상태가 생각보다 나쁘지 않아 다행입니다. 그나저나 사람의 마음은 참 알다가도 모를 일이지요. 루이제 양은 스트리크닌²⁶⁾을 먹었는데, 적은 양을 먹어 그나마 괜찮은 겁니다. 특별한 일이 없으면 곧 나아질 겁니다."

빈센트는 아무 대꾸도 하지 않았다.

그러자 의사가 또 중얼거렸다.

"신경열이야."

"신경열이라고요?"

빈센트는 되물었다.

"그래요. 정확히 신경열이 뭔지는 다들 잘 몰라요. 그저 파악이 힘든 증상에 대해 신경열이라고 할 뿐이지요. 이 경우 의사는 별로 도움이 되질 않습니다."

빈센트는 잠자코 있었다.

"보바리 부인⁴⁷⁾을 아십니까?"

의사가 묻자 빈센트는 고개를 끄덕였다.

"보바리 부인도 신경 발작으로 죽었다고 써 있지요. 소설가도 우리 같은 의사들도 솔직히 신경열에 대해 자세히 설명할 수가 없어요. 어쨌든 이제 좀 진정이 되었나요? 자, 나하고 갑시다. 뭐라도 좀 마셔요."

의사는 빈센트를 이끌고 음식점으로 들어갔다. 다른 손님은 한 사람도 없었다. 건강해 보이는 젊은이가 압생트[28] 두 잔을 가져다주자 의사가 그를 가리키며 말했다.

"이런 젊은이들은 대체로 신경 발작 따위는 일으키지 않지요. 노처녀는 골치 아픈 대상이에요. 사랑에 빠지면 앞뒤 안 가리는…… 자, 한잔 합시다."

크레모나의 바이올린…… 나는 그것을 망가뜨리고 말았다.

빈센트는 울적한 심정이었다.

"빈센트 군, 그렇게 풀 죽을 필요는 없어요. 살다 보면 한 번쯤 그런 일도 겪게 마련이에요. 우리 남자들이란 여자 앞에서 맹수와도 같지만…… 실은 여자들도 매한가지예요. 그러니 기운을 내요."

"자세히 좀 얘기해 주세요. 루이제는 어떻게 된 겁니까, 선생님."

"스트리크닌을 먹었어요. $C^{21}H^{22}N^2O^2$. 알카로이드[29]의 일종이지요. 다행히 루이제 양은 조금밖에 먹지 않아 목숨을 건질 수 있었어요. 게다가 아편을 섞어 먹었는데, 그게 해독제 역할을 하거든요. 그런 사실을 알고 먹었는지는 잘 모르겠어요. 어쨌든 인간의 마음이란 것이 참으로 이상한 것이어서…… 자, 살아 있는 그녀를 위해 한잔 합시다. 건배!"

그리고 그는 다시 말을 이었다.

"그 여자에게 아코니틴[30]과 클로랄[31] 등을 조금씩 먹였어요. 우리 의사들은 여러 독약의 구조식과 그 해독제들을 훤히 알고 있지요. 하지만 예부터 사랑의 중독에 대한 약은 몰라요. 또 모르죠. 앞으로 발견

되려나…… 어때요, 당신은 그렇게 생각하지 않나요? 의학이 눈부시게 발전하고 있으니 파리 같은 데서 사랑의 세균이라도 발견될지 모를 일이지요. 그렇게 되면 우리 남자들은 아무 걱정 없이 마음대로 여자들을 대할 수 있을 거 아닙니까. 그렇게 되는 날에는 골치 아픈 일도 없을 거요. 자, 건배합시다!"

"루이제는 예전처럼 다시 건강해질 수 있을까요?"

빈센트가 물었다.

"당신은 정말 캐묻기를 좋아하는군요. 내가 이제까지 한 말을 이해하지 못하겠어요? 우리 의사들은 여러 가지 병에 대해 잘 알고 있지만, 미래 일은 알 수가 없어요. 환자가 앞으로 건강해질지 아닐지 어떻게 알 수 있겠어요? 우리는 그 여자를 좀 있다가 유트레히트로 보낼까 생각하고 있어요. 거기에 신경열에 대해 아주 잘 알고 있는 콜레게 씨가 있는데, 그 여자가 앞으로 어떻게 될지는 콜레게 씨에게 묻는 편이 나을 거요. 또 그 여자는 요양을 가게 될 것 같소. 금발의 그 동생이 그럴 계획인 것 같더군요."

"그러면…… 신경열이 좀 나을까요?"

"이보게 젊은이…… 이 술은 최고급은 아니지만 어쨌든 압생트라는 사실을 우리가 정확히 알고 있네. 하지만 신경열에 관한 것이라면 하나님께 물어 보는가 유트레히트에 있는 클레게 씨에게 물어 보는 편이 나을 거야. 나는 시골의 외과의사에 불과하니 말이야. 하지만 그 여자는 회복될 거고, 앞으로 가끔 신경 발작을 일으키긴 하겠지만 또 다시 죽을 생각은 하지 않을 테니 걱정 말아요. 한 번 자살에 실패한 사람은 다시 되풀이하지 않는 법이니…… 그런데 내 생각에 결혼은 굳이 그 여자와 할 필요가 없을 거요. 아니, 그 여자와는 결혼을 하지 않는 편이 좋을 거라고 생각해요. 그 여자의 신경열은 그렇게 쉽게 낫는 병이 아니거든요. 이건 내가 존경하는 유트레히트의 콜레게 씨 진단을 기다릴 필요도 없이 나도 알 수 있는 것이지. 물론 당신은 지금 매우 착잡할 것이라고 생각하지만…… 그러니 자, 들어요. 인생을 독신으로 활보하는 것도 나쁜 것만은 아니라오."

"루이제가 불쌍합니다."

"정말로 그 여자가 불쌍한지 잘 모르겠소. 다만 루이제 양이 의식을 회복하고 나서 처음으로 한 말이 '난 사랑을 한 거야'였다는 걸 생각하면……."

"그러니까 루이제가 나를 사랑한다고 했다는 말이에요?"

"그래요. 그러니 당신은 그 여자에게 큰 선물을 한 셈이지요."

"어떻게 내가 그 여자에게 선물을 했다는 건지…… 이해가 잘 안 됩니다."

"분명히 그래요. 당신은 그 여자의 인생에 매우 귀한 선물을 준 거예요. 그러니 그 여자가 정신이 들자마자 자랑스럽고 행복한 표정으로 자신이 사랑을 한 거라고 말한 게 아니겠소. 당신이 그 여자에게 그런 경험을 하게 해준 것이니……."

"그렇다면 신경열은……?"

의사는 빈센트의 묻는 말에 이제는 화가 난다는 듯 탁자를 두드리며 말했다.

"내가 하는 말을 못 알아듣는군요. 그런 여자와는 결혼을 해서는 안 된다는 말이에요. 신경열이라는 말 뒤에 숨은 그 고약한 실체는 그 여자나 당신 모두를 평생토록 괴롭힐 거예요!"

빈센트는 괴로운 마음에 압생트를 또 한 잔 들이켰다. 그리고 다시 못 견디게 머리가 아파 오기 시작했다.

5

날이 갈수록 빈센트는 괴팍해져 갔다. 이제 그는 식구들과도 어울리지 않고 자기 방에 있는 이젤 앞에서 혼자 식사를 했다. 식사를 하면서도 그림을 그렸다. 그리고 그는 육류를 먹지 않았다. 버터 바른 빵도 거부했다.

"어머니, 제 빵에는 아무것도 바르지 말아주세요. 전 더 엄격하게 생활할 필요가 있어요. 그 빵을 먹을 자격도 없는걸요, 저는."

빈센트의 어머니는 남몰래 울었다. 남편 반 고흐 목사에게도 빈센트에 대해서 뭐라 말할 수가 없었다. 빈센트는 왜 저러는 걸까? 다 내 죄 때문일까? 하나님께서 내게 아들을 통해 벌을 주시는 걸까? 하고 그녀는 생각했다.

게다가 빈센트의 태도는 공포를 느낄 만큼 섬뜩했다. 안나는 두려움에 떨며 생각했다. 저 애는 요즘 농사꾼이 입는 퍼런 저고리를 입고 다닌다. 내가 준 옷들은 입어 보지도 않고 트렁크 위에 버려둔 채로……. 또 모자는 눈을 덮을 만큼 눌러 쓴다. 몰골이 불량배 같다. 가끔 농부나 가난한 직공들에게 말을 건네는 것 외에는 아무하고도 이야기하지 않는다. 그리고는 처량한 표정으로 죽어버리는 편이 가장 좋겠다는 말을 한다. 하늘에 계신 하나님, 제발 제 아들 빈센트를 도와주시옵소서.

라파르트가 빈센트를 찾아왔다. 얼굴에 어두운 그늘을 드리운 그는 말수가 적어졌다. 그나마 그림 이야기밖에는 하지 않았다.

"꼭 날품팔이 같은 꼬락서니로 다니는군. 빈센트, 이 초상화들은 모두 그림이라고 할 수가 없네. 해부도 같아. 자넨 그림을 그리는 게 아니라 해부를 하고 있는 건가? 살이란 살은 다 파낸 듯한 이 뺨이며 들창코 좀 보게. 농부가 땅을 갈 듯 사람 얼굴까지 갈아엎었군그래."

"그렇게 생각하세요? 요즘 자주 얘기하는 케르세마커라는 무두장이가 있는데, 그 남자도 내가 그린 감자를 파는 남자의 코가 아프리카 토인의 코 같다고 하더군요. 내 그림이 모두 거칠고, 불완전하고, 추악하다는 거예요. 그 남자는 마음대로 내 그림들을 이리저리 살펴보고 분류해서는 모두 저렇게 벽에 걸어놨지요. 꼭 마술에라도 걸린 듯이 내 그림에 끌린다고 하며 자기 일도 내팽개치고 매일매일 내 아틀리에로 찾아와요."

"솔직히 나도 그 케르세마커라는 사람의 마음을 알 것 같네."

이렇게 말하더니 라파르트는 파이프에 불을 붙였다.

"자네가 진짜 화가인지는 잘 모르겠지만, 나를 포함해 다른 모든 화가들은 자네와는 다른 그림을 그리네. 그렇지만 자네는 확실히 마술사야."

라파르트는 빈센트의 그림들을 하나하나 훑어보며 말했다.

"정말 그 케르세마커라는 사람의 말이 맞는 것 같군. 자네 그림들은 모두 악마가 장난질이라도 해놓은 것 같아. 사람의 마음을 사로잡아 꽉 잡고는 놓아주질 않는……"

"다들 왜 그런 바보 같은 말을 하는지 모르겠군요. 난 그저 내 눈에 보이는 대로 그릴 뿐인데."

이렇게 빈센트가 외치자 갑자기 라파르트가 빈센트에게 다가갔다.

"목을 졸라 네놈을 죽여야겠다! 자, 이렇게 해주마."

라파르트는 이렇게 말하며 빈센트의 목을 졸랐다.

빈센트는 저항하려 했지만 고함을 지를 수도 없어 허공에 손만 휘저었다. 라파르트는 점점 더 힘을 주어 빈센트의 목을 졸랐다.

"네놈을 죽여버릴 테다. 네놈은 나를 능가하는…… 감히 나 이상의 일을…… 이 악마야!"

이제 빈센트에게 저항할 힘마저 빠져버리자 라파르트는 빈센트 앞에 몸을 내던지고 신음하듯 울었다.

"나를 용서해 주게. 빈센트, 자네는 복 받은 사람이야. 하지만 나는 여전히 미숙한 인간에 불과하지."

"나를 목 졸라 죽이려 하다니…… 당신은 정말 미치광이군. 정신병원에라도 가봐요. 멀쩡한 모습을 하고 걸어 다니면서 미치광이 같은 소리나 해대고. 내가 당신 말을 믿을 것 같아요? 내가 당신 말을 믿는다면 당신보다 더한 미치광이일 거예요. 그러니 제발 나까지 미치광이로 만들지 말아줘요."

빈센트는 허공에 팔을 휘저으며 이렇게 외쳤다.

가을의 포플러 나무 길

누에넨 | 1884 | 유화 | 98.5×66cm | 암스테르담, 반 고흐 미술관

"날이 이렇게 추우니 밖에서 그림도 못 그리고…… 집 안에만 있으려니 빈센트가 저리 우울한 것 같소. 이 겨울이 어서 지나가버리면 좋으련만."

반 고흐 목사가 말했다.

"자기 방에만 처박혀서 통 나오질 않으니 그럴 수밖에요."

어머니 안나가 말했다.

"다른 그림 그리는 사람들과도 어울리면 좋으련만…… 겨울 나는 너구리마냥 틀어박혀만 있으니……."

"그러니 자꾸만 더 외롭고 고독해지는 거죠."

"그래도 어쩌겠소. 저 하고 싶은 대로 내버려두는 수밖에……. 괜히 이래라 저래라 했다가는 오히려 더 나쁜 영향만 끼칠 거요."

"그 애 얼굴을 보면 가슴이 답답해져요. 이 세상에서 무얼 해야 좋을지 모르는 사람처럼 언제나 의기소침해 있는 모습이 정말……."

"그 애가 원하는 바를 이루게 되길 간절히 소망하는 수밖에…… 운다고 소용 있는 것 아니니 우린 하나님께 간절히 기도합시다. 하나님께서 외면하지 않으실 거요."

가랑비가 내리기 시작했다. 반 고흐 목사는 외투 깃을 바짝 세우고 밖으로 나갔다. 평소대로 저녁 산책을 즐길 작정이었다. 그리고 밤이 이슥해서야 집에서 얼마 떨어지지 않은 곳에 쓰러져 있는 그가 발견되었다.

1883~1885

꼼짝도 하지 않는 반 고흐 목사는 업혀서 집에 왔고, 사람들은 의사를 불렀다. 의사는 얼마 동안 진찰을 하는가 싶더니 빈센트에게 이렇게 말했다.

"아버님 상태에 대해서는…… 한 마디로 이렇게 말할 수 있지요. 사망. 아주 간단하고 명쾌한 말이지만, 죽음의 배후에 무엇이 있는지 아무도 알 수가 없으니…… 물론 돌아가신 반 고흐 목사님은 아시겠지만……. 사인은 심장마빕니다."

반 고흐 목사의 관은 식당으로 사용하던 방에 놓였고, 커다란 두 개의 초가 양쪽에서 불을 밝혔다. 흔들리는 불빛 아래 서서 빈센트는 굳어버린 아버지의 얼굴을 바라보았다.

이것을 그려야 한다. 돌아가신 아버지 앞에서 이런 생각을 하는 나는 몰인정한 인간일까……. 나는 지금 그림에 관한 일, 촛불 빛과 일렁거리는 그림자에 대해서밖에 생각하지 않는다. 나의 아버지였던 이 사람은 이제 울지도 웃지도 않고, 하나님에 대해 설교도 하지 않는다. 이제 아버지는 하나님에 대한 비밀을 모두 아셨을까? 아버지의 삶은 끝났다. 아버지는 역시 언젠가는 이 세상을 떠날 나나 내 형제들을 이 세상에 보내기 위해 한 세상을 사셨던 걸까? 그러니까 결국에는 죽게 될 존재들에게 뒤를 잇게 하기 위해…….

아버지가 이 세상에 존재하지 않는다는 사실을 나는 슬퍼해야 하는 걸까? 그건 슬픈 일일까? 나는 내 자신이 죽어버리기를, 소멸해 버리기를 그토록 바라지 않았던가……. 그러나 그건 내 본심이 아니다. 나는 그림을 그려야 한다. 나는 앞으로 더 오랫동안 일을 해야 한다. 그림을 그려야 한다. 오늘 그린 얼굴은 제대로 그려지지 않았다. 적색과 담녹색의 대조가 너무 강해서 조화롭지 않았다. 그것을 다시 그려야 한다. 아니다. 그럴 수 없다. 날은 이미 어두워졌고, 아버지가 돌아가셨는데 곧바로 아틀리에로 가서 그림을 그릴 수는 없다. ……하지만 절대로 할 수 없는 일이란 게 있을까…….

그 파란색 배경이 별로였어…… 나는 또 파란색과 씨름을 벌여야겠군. 파란 하늘과 다목32)의 마른 잎…… 그래 좋아. 그걸 그리기 시작해야겠어. ……나는 농민들을 그리는 화가가 될 거야. 주황색 석양과 그리고…… 아, 무엇보다 먼저 〈감자를 먹는 사람들〉을 끝내야 해. 그 그림은 너무 오랫동안 주무르고 있었어.

라파르트가 그 그림을 보고 어이없어 하면서 왜 그렇게 지저분한 빛깔을 사용하냐고 했지. 하지만 나는 더 어둡고 지저분한 빛깔로 그릴 것이다. 그 탁한 빛깔 속에도 얼마나 밝은 빛이 있는지 사람들은 알지 못한다. 그리고 감자를 먹고 있는 남자의 뭉그러진 코도 나는 양보할 수 없다. 실제로 그렇게 생겼으니까. 농부는 그렇게 생겼다. 남들이 욕해도 어쩔 수 없다. 농민을 그린 그림은 살롱에 거는 그림들처럼 단조로운 것이 아니란 말이다. 기름 냄새, 연기 냄새가 나야 한다. 마구간 그림에서 말똥 냄새가 나는 것처럼 느껴진다면 그건 훌륭한 그림이다. 농민을 그린 그림에서 향수 냄새가 나서야 되겠는가? 쇠똥은 쇠똥을 그대로 그렸을 때 예술이 되는 것이다. ……어두워지긴 했지만 어떻게든 그릴 수는 있겠지. 어디 한 번 해봐야겠다.

1883~1885

빈센트는 죽은 아버지의 얼굴에서 눈을 돌렸다. 촛불은 여전히 흔들렸지만 그의 마음은 이미 그곳에 머물지 않았다.

7

인물화는 좀처럼 마음먹은 대로 그릴 수 없었다. 몇 번을 다시 그려도 생기가 생겨나지 않았다. 특히 손과 손가락의 움직임을 표현하는 것이 어려웠다. 한 장 한 장 그려나갈 때마다 빈센트의 그림 솜씨는 나아졌지만, 그만큼 그는 자신의 솜씨가 부족하다는 것을 더욱 또렷이 느꼈다.

역시 미술학교에 들어가 공부를 했어야 했나, 교수들을 멸시한 것은 어리석음의 소치였다…… 이런 생각을 하면서 그는 석 달 동안 100장의 그림을 그렸다.

인물을 제대로 그리지 못하면서 어떻게 농민 화가가 될 수 있단 말인가. 하지만 반드시 농민 화가가 돼야겠다고 내 자신을 그렇게 규정할 필요가 있을까…… 그걸 넘어서야 하는 것 아닐까…… 아, 이런 생각은 백날 해봐야 소용없다. 그림을 그려야 한다. 그게 어떤 작품이 되든…….

졸라의 소설과 같은 그림을 그려야 한다. 《제르미날Germinal》 같은 그림을 그려야 한다. 그런데 파리에서는 졸라의 이름만 나와도 사람들이 얼굴을 찡그리며 경멸한다지……. 며칠 전 테오의 편지에 그렇게 써 있었다. 세상에는 어쩌면 이런 바보들만 있는 걸까.

그 현명한 문호*는 인생의 혼탁한 것만 뒤져내 잉크 대신 흙탕물로 쓴다고 했지. 고상한 작가들의 저 향수 냄새 물씬 나는 거짓 작품들보다는 졸라의 흙탕물로 쓴 작품 속에서 훨씬 깊은 인간미와 순수함을 느낄 수 있는데…… 그러므로 내가 그림을 단지 아카데믹하고 정확하게만 그린다면…… 절망이다. 정확한 그림이 좋으면 차라리 사진을 찍으라고!

반 고흐 목사가 죽고 나서 집은 쪼들리기 시작했다. 이제 테오가 어머니와 누이동생까지 먹여 살려야 했다. 구필 화랑에서 받는 급여가 꽤 된다고는 하지만 빈센트는 테오에게 지워진 부담이 걱정되었다. 그러나 테오는 매달 일정한 날에 돈을 부쳐 왔을 뿐만 아니라 편지에도 가끔 10프랑 혹은 20프랑짜리 지폐를 넣어 보내곤 했다.

그러던 중 또 여러 가지로 무척 골치 아픈 일이 생겼다.

누가 이름을 지어주었는지도 모르는 이비이라는 이름의 하녀가 있었는데, 빈센트는 그녀를 자주 그렸다. 그런데 새로 부임한 목사가 빈센트를 찾아와서는 그런 천한 사람과 가까이 지내면 안 된다, 그런 행동은 목사 아들의 체면을 깎는 일이라고 했다. 물론 빈센트는 목사의 말은 들리지도 않는 듯 그림만 그렸다. 그러자 그 목사는 농부들에게 앞으로 그 미친 환쟁이의 모델 노릇은 절대로 하지 말라고 일렀다.

빈센트도 가만히 있을 수만은 없어서 시장을 찾아가 목사가 교회 일은 신경 쓰지 않고 화가의 일에 산섭한다고, 그래서 사신이 매우 곤란하다고 말했다. 그러나 목사는 간섭을 거두지 않았고 이비이에게까지 찾아가 빈센트의 모델 노릇을 하지 않으면 돈을 주겠다고 말했다. 그러자 이비이가 웃으면서 말했다.

"당신에게 공돈을 받느니 그 환쟁이의 모델이 되겠어요."

그러다가 이비이가 임신을 했다. 누가 봐도 이비이는 임신을 한 여인의 몸매가 되었다. 그리고 사람들은 뱃속 아이의 아버지가 빈센트일 것이라고 확신했다. 목사는 젊은 처녀가 모델 노릇을 하더니 이런 일이 생긴 거라고, 마을의 풍기가 문란해졌다고 비난했다.

이비이는 그런 생각을 하는 사람들에게 웃으면서 빈센트는 자기를 한 번도 음탕한 눈으로 본 적이 없다고 말했다. 그러면서 이렇게 덧붙였다.

"그 환쟁이의 아이를 낳느니 차라리 미치광이의 자식을 낳겠어요."

그러나 빈센트는 전혀 다른 생각에 빠져 있었다.

색깔을 혼합하는 일은 얼마나 신비하고 매력적인 일인지…… 황색과 짙은 보랏빛을 섞고, 거기에 검정색과 흰색을 섞으면 갖가지 회색이 만들어진다. 온갖 색들은 어둡게 할 수도 밝게 할 수도 있고, 전혀 다른 색조를 낼 수도 있다.

물론 그는 마음껏 색깔의 혼합을 시도해 볼 수 없었다. 그렇게 하려면 엄청난 돈이 필요했다. 정말이지 울화가 치밀 정도로 많은 돈이 들었다. 아무리 먹을 것을 절약해도 물감 값이 되지 못했다. 게다가 그의 그림은 한 장도 팔리지 않았다. 어쩌다가 다른 화가의 작품과 교환이나 할 수 있을 뿐. 테오가 파리에서 아무리 빈센트의 그림을 팔아 보려고 애써도 번번이 헛일이었다.

언제쯤 돈 걱정을 하지 않을 수 있을까? 대도시에 가면 무슨 수가 생기지 않을까? 초상화라도 그리면 꽤 많은 보수를 받을 수 있을 텐데……

돈 많은 사람들의 초상화를 그려주면 어떨까? 앙베르는 어떨까? 그곳
에 가면 미술학교에 다니면서 공부를 할 수 있다. 하지만 거기에 드는
돈은 또 어떻게 마련한단 말인가. 다른 화가들과 아틀리에를 같이 쓰
면서 모델도 공동으로 사면 어떨까? 이 계획에 대해 테오는 어떤 말을
할까? 그리고 그 애는 또 돈을 보내줄까?

테오는 이번에도 돈을 보내왔다.

8

테오 앞으로 또 다시 짐 궤짝이 도착했다. 빈센트가 부친 것이었다.
일이 바빠 테오는 일요일에야 그것을 열어 보았는데, 안에는 데생과
수채화가 몇 점 들어 있었다. 그중 두세 점의 그림은 경탄이 절로 나오
는 것이었다.

정말이지 깊은 감정과 정신의 힘, 그리고 기교가 넘치는 작품이다.
사람들은 왜 이 멋진 예술작품을 이해하지 못하는 걸까?

문득 테오는 형의 작품을 세상에 알리기 위해 애썼던 일들을 생각해
보았다. 사람들은 빈센트의 작품을 색이 혼탁하고 지저분해 보인다며
좀처럼 사려 하지 않았다. 그는 형의 그림을 20프랑, 아니 적어도 15프
랑에는 팔고 싶었다. 그런데 동료 페아르몽은 거저 줘도 싫은 그림이
라고 말했다.

테오는 생각했다.

내 생각이 틀렸을까? 하지만 언제나 새로운 예술은 처음엔 사람들

에게 홀대받지 않았던가? 구필 화랑에서도 2, 30프랑에 산 그림을 그 화가가 인기를 얻기 시작하면 몇백 프랑에도 팔았다. 심지어 그 화가가 죽기라도 하면 수천 프랑에 팔렸다.

테오가 페아르몽에게 이런 점에 대해 따져 묻자 그는 냉정하게 말했다.

"천재라 해도 살아생전에 인정받지 못하면 사람들은 그저 괴짜라고밖에 생각하지 않을 거야. 잡지를 한번 보라고. 거기에는 오래전에 죽은 화가들의 그림이 많이 실려 있지만 우리 화랑에서는 전혀 팔리지 않잖아? 아마 네 형도 그런 부류에 속하지 않을까?"

테오는 형의 그림들을 바라보았다.

그렇지 않다. 페아르몽이나 다른 사람들이 잘 모르는 것이다. 이 그림들을 그린 형은 천재라고 할 수밖에 없다. 사람들은 그런 형을 도와주어야 한다. ……그런데 같은 어머니 뱃속에서 나왔는데, 형에게 있는 재능이 왜 내게는 없는 걸까? 그저 천부적인 재능이 있는 형에게 도움을 주는 것이 내가 해야 할 일일까? 형은 예술가인데 나는 어째서…… 하지만 형은 자기 몫의 고생을 하고 있다. 나는 형을 도와주어야 한다. 그것이 내게 주어진 운명이다. 난 그 일을 해야 한다. ……형은 세상에 발을 슬쩍 담갔다가 물러서고 말았다. 하지만 언젠가는 이름을 떨칠 것이다. 그 명예가 지금 형이 겪고 있는 어려움과 고뇌에 보상이 될 수 있을까……. 어쨌든 형은 반드시 유명해져서 격찬받을 것이다.

어떻게 해서든 형을 파리로 보내야 한다. 물론 앙베르도 누에넨보다 훨씬 낫다. 형은 자꾸만 조용한 곳에서 지내려고 하는데, 그렇게 고독하게 지내는 건 형에게 좋지 않다. 그러니까 자꾸 상식에서 벗어나는 생각을 하고 행동하는 것이다.

형은 농민 화가가 되겠다고 한다. 하지만 형은 세잔이나 모네, 드가, 피사로, 르누아르, 로트렉, 고갱 같은 대가들이 있는 파리로 가야 한다. 파리야말로 형이 있어야 할 곳이다.

그러나 형은 다른 사람의 영향을 받기보다는 독자적인 길을 가야 한다. ……앙베르에 가서도 뜻대로 안 된다면, 그때 파리에 갈 수 있도록 해야지.

9

앙베르는 부두와 높은 건물, 소박한 상점들과 창고, 그리고 커다란 음식점 등 그릴 소재가 풍부한 곳이었다.

이곳은 누에넨 같은 시골과는 다르니, 이 많은 사람들 중 내 그림에 흥미를 갖고 사려는 사람도 있을 것이다.

빈센트는 이렇게 생각했다.

이마주 거리에 있는 물감 집 이층에 아틀리에를 마련했다. 깨끗하고 넓은 아틀리에는 정원이나 해변에 서 있는 여자나 말을 탄 사람을 그린 그림, 꽃과 마디가 우툴두툴한 가시나무를 그린 일본의 목판화 등을 벽에 걸어놓자 한층 더 화사해졌다.

빈센트는 가끔 거리를 산책했는데, 그것은 매우 유쾌한 일이었다. 그는 식료품 가게 앞에 오랫동안 서서 이렇게 먹음직스러운 음식들을 한 번이라도 먹어 보면 좋겠다고 생각했다. 거기에는 생선과 치즈, 장밋빛 햄과 소시지, 노란 사과와 황금빛 살구, 초록빛 포도 등이 있었다. 또 하얀 솜으로 싼 조그만 상자에 버찌도 있었다.

아, 이런 것들은 배고픈 자가 볼 것이 못 된다. 이걸 사 가는 사람들을 보고 내 속에서 질투심이 솟아오르지 않는가. 지금 나는 이런 음식들을 살 수 없는 것은 물론이고 아주 기본적인 식료품값과 방세, 담뱃값도 부족한 형편이다. 게다가 그것마저 절약해 물감을 사서 그림을 그려야 한다. 그건 매우 어려운 일이다. 자, 그러니 질끈 눈을 감고 지나가자. 배고픈 건 참자…….

국립 미술관이다. 정말이지 보기 흉한 궤짝 같은 건물이다. 하지만 국립 미술관이니, 이것을 짓는 데 어마어마한 돈이 들었을 것이다. 10만 혹은 100만 프랑쯤 들었을지 모른다. 우리가 죽으면 우리의 그림이 이곳에 진열될까? 높으신 양반들이 눈에 불을 켜고 이곳에 진열할 만한 그림을 찾아 모으겠지. 그러기 위해 엄청난 돈을 들여 이 건물을 지었을 테니…… 하지만 지금 우리가 굶주리는 사실에는 아무 관심이 없구나.

이 음악다방 '스카라'도 정말 좋아 보인다. 파리의 폴리 베르제르 못지않다. ……나도 한번 파리에 가 보았으면.

앙베르는 여자들이 예쁘군. 저기 저 여자들은 모두 모델로 삼을 만한걸. ……그런데 모두 똑같은 옷을 입고 있네. 마치 공장에서 만들어져 나온 제품들 같아.

빈센트는 전날 밤 선창을 보러 갔다가 부두에서 뱃사람들의 모임을 구경했다. 여자들은 애교는 있지만 그중에서 제일 예쁜 여자도 미인 편에는 속하지 않았다. 하지만 디에고 벨라스케스[33]나 고야의 그림 속 여자들처럼 색다르진 않지만 생기가 넘치는 얼굴이고, 고양이처럼 반짝이는 눈을 가졌다. 초록빛 우산을 겨드랑이에 낀 농부와 춤을 추며 그의 어깨 너머로 정부博夫인 선원에게 눈짓을 보내던 한 여인이 떠올랐다. 빈센트는 이 앙베르에서라면 일을 할 수 있을 거라고 생각했다.

생선 가게를 위해서는 생선을 그려주고, 꽃 가게를 위해서는 튤립을 그려주고, 레스토랑이나 커피 가게를 위해서는 또 거기에 알맞은 그림을 그려주면 된다. 그렇게 간판 한 장을 그려주면 아마 50프랑, 적어도 30프랑은 받을 수 있을 것이다. 그런데 그렇게 일을 하려면 적어도 배고픈 얼굴을 하거나 초라한 옷차림을 해서는 안 된다. 깨끗한 옷을 입어야 한다. ……아, 모두 귀찮은 일뿐이다.

테오가 돈을 부쳐왔다. 빈센트는 이번에는 꼭 먹고 싶은 것만 먹은 다음 식료품을 사두어야겠다고 생각하며 집을 나섰다. 그런데 부둣가에서 초라한 몰골을 한 노인을 봤다. 튼튼해 보이는 각진 얼굴은 주름투성이였고, 팔은 문신투성이였다. 빈센트는 당장 이 노인을 그리고 싶었다. 오랫동안 찾던 모델을 찾아낸 것이다. 그는 노인에게 돈을 주고 아틀리에로 데리고 왔다.

그후 며칠 동안 빈센트는 이 노인 외에도 그물 깁는 여자와 선착장 근처에 있던 한 처녀를 모델로 삼아 열심히 그렸다. 그렇게 일주일 동안 물감과 캔버스를 사다가 그림만 그려댔다.

그러던 어느 날 저녁, 그는 갑자기 온몸에서 힘이 빠져나간 듯한 기분이 들었다. 너무 일을 열심히 해서 그런가 하고 생각한 그는 밖으로 나갔다. 그런데 갑자기 견딜 수 없는 시장기가 느껴져 더 이상 걷기조차 어려웠다. 잠시 길 모퉁이에 웅크리고 앉아 있던 빈센트는 겨우 몸을 일으켜 식료품 가게로 갔다. 그곳에서 마지막 남은 5프랑짜리 지폐를 꺼내 빵과 우유를 샀다. 다음에 테오에게서 돈이 오려면 3주를 더 지내야 한다. 앞일을 생각하자 온몸이 부르르 떨렸다.

테오가 보내준 돈으로 먼저 음식을 사뒀어야 했다. 그러나 어리석게도 모델을 구하고 물감을 사는 데 정신없이 다 써버렸다. 게다가 마지막 남은 돈으로 산 빵과 우유는 다 토해 버리고 말았다. 며칠 만에 들어온 음식을 위가 감당하지 못한 것이다. 빈센트는 열이 나 자리에 누웠다. 주위에서 온갖 이미지가 뒤섞여 어른거렸다. 파란 머리의 벌거벗은 여자들이 춤을 추며 돌았고, 짐승 같은 형상의 사내들이 그 여자들에게 달려들었다.

빈센트는 가까스로 열과 환각 증세를 추스르며 일어났다. 그림을 팔아야겠다고 생각했다. 그는 종이끼우개에 그림을 넣고 집을 나섰다. 10프랑이나 5프랑이라도 좋으니 그림을 팔아야 한다고 생각했다. 그는 심각하게 굶주려 있었다.

그는 포기하지 않고 여러 화랑을 찾아갔지만 앙베르의 미술상들도 암스테르담이나 헤이그의 미술상들과 다를 바가 없었다.

벌써 이런 짓을 몇 번째 되풀이하는 건지…… 도대체 몇 군데의 화랑을 찾아가 몇 사람의 미술상을 만났는데, 이렇게 아무 결과가 없단 말인가.

내 생활은 정말이지 따분한 일뿐이다. 굶주림과 가난의 연속…… 이것이 내 운명인가. 만일 내 삶을 글로 옮긴다면 온통 물음표투성이일 것이다. 아니, 내 존재 자체가 의문투성이일지 모른다. 게다가 최근에는 내 머리 모양조차 물음표를 닮아가는 것 같다.

그런데 갑자기 아무 생각도 나지 않으면서 머리 속이 멍해졌다. 그러면서 팔다리와 가슴, 머리가 불로 지지듯 아팠다. 희미해지는 의식 속에서 또 다시 발작이 일어나는 걸까 생각했다. 그는 온몸을 떨면서 소리를 지르다가 의식을 잃었다. 사람들이 주위에 몰려들었다.

"너무 오래 굶은 것 같아."

한 남자가 말했다.

"가여워라. 뭐라도 먹을 걸 좀 줘야 할 것 같아요."

한 부인이 이렇게 말하자 그녀 옆에 있던 시종이 빈센트의 모자 속에 금화를 한 닢 던졌다. 그러자 다른 사람들도 그렇게 했다.

"사기꾼 녀석이야. 아주 능청스럽게 그럴 듯한 수작을 부리는군. 비누를 먹고 입에서 거품을 뿜는 거라고."

몸이 건장한 한 남자가 이렇게 말하자, 그의 동행인 여자가 커다란 소리로 말했다.

"그런 인정머리 없는 소리 말아요. 그러면서 어떻게 자신을 따뜻한 마음을 가진 사람이라고 생각하는지 원……."

"이게 다 속임수라고. 어제 신문에도 났었어. 어떤 거지가 죽었는데 8000프랑이나 되는 돈을 남겼다고. 이 녀석도 그런 패거리 중 하나일 거야. 속임수로 나른 사람 돈이나 길취하는……."

주위에서 수군대는 소리가 계속 들려왔다.

"어서 병원에 데려가야 하는 거 아녜요. 가여워라……."

"근처에 병원이 있는지 모르겠군요."

1883~1885

그때 빈센트의 정신이 돌아왔다. 눈을 떴는데도 앞이 뿌옇게 보였다.

"정신이 들었나요?"

한 부인이 묻자 빈센트는 고개를 끄덕였다.

의식이 또렷해지기 시작하자 여기는 대체 어디일까, 하는 생각이 들었다. 하지만 일어설 수가 없었다. 주위 사람들이 부축해서 겨우 일어섰다. 그는 가까스로 모자를 주었다. 그런데 그 안에 돈이 들어 있었다.

이게 어떻게 된 영문일까? 왜 모자 안에 돈이 들어 있는 걸까? 이 사람들이 준 걸까?

빈센트는 모자를 집어 올리려다 땅바닥에 돈을 쏟아버리고 말았다. 그러자 사람들이 그것을 주워 얼른 그의 주머니에 넣어주었다. 그는 뭐라 말할 힘이 없어서 그저 고개만 저어댔다. 너무 부끄러워 쥐구멍에라도 숨고 싶은 기분이었다. 영락없는 거지 꼴이었다. 빈센트는 서둘러 그 자리를 떠났다.

그렇게 아틀리에로 돌아와서는 옷도 갈아입지 않고 침대에 쓰러져서 그날 하루 동안 잠만 잤다. 정신을 차리니 주인집 여자가 이웃집 과자 가게 주인이 찾아왔다고 알려주었다. 아직 머리 속이 개운하지 않았지만 빈센트는 나가 보았다. 과자 가게 주인은 얼굴에 개기름이 흐르고 눈도 작고 몸집도 작은 대머리였다.

"반 고흐 씨, 그림을 그리신다고 들었습니다. 딸아이의 명명일을 기념해 그 애 초상화를 하나 선물하고 싶어서요. 모르는 사람보다는 이웃인 당신에게 부탁하는 게 나을 것 같아서 찾아왔습니다."

빈센트는 춤이라도 출 듯 기뻤다. 이제까지 이런 일은 한 번도 없었

DARK RED

다. 빈센트는 과자 가게 주인이 하는 말을 제대로 듣지도 않았다.

"그런데 그림 값은 얼마나 하는지요?"

"200프랑이에요."

빈센트는 엉터리 값을 불렀다.

"비싸긴 하지만 예술가에게 그림 값을 깎는 건 소용없을 테니, 그렇게 하지요. 부탁드립니다."

이런 일이 있다니…… 돈이 안 드는 모델이라니, 생각지도 못했던 일이다. 게다가 돈까지 준다고 한다. 이게 현실일까? 인생사란 참 묘하군…….

과자 가게 집 딸은 열다섯 살 먹은 수다스런 처녀였다.

열흘 후, 빈센트는 그 처녀의 초상을 완성했다. 그는 에메랄드빛 옷의 윤기가 좀 부족하다고 생각했다. 그런데 과자 가게 주인은 그림을 보더니 고개를 설레설레 내저었다.

"이게 내 딸이라고요? 내가 그림을 볼 줄 모른다고 놀릴 작정이군요."

"초상화는 사진과는 다른 것입니다……."

"그런 말은 듣고 싶지 않아요. 딸아이의 초상이 딸아이를 닮지 않았다면, 그 그림을 보고 어떻게 내 딸아이를 그렸다고 생각할 수 있겠어요?"

과자 가게 주인은 고개를 절레절레 내저으며 자기 아내를 불러왔다.

"어머나, 이선…… 이게 내 딸이란 말인가요? 이 코를 좀 봬요, 화가 양반. 내 딸의 코는 조그맣고 예쁘다고요. 그런데 이 그림의 코는 꼭 인디언 코 같군요."

과자 가게 여주인은 어처구니없어 하며 말을 이었다.

1883~1885

"그러게 당신이 돈을 아낀다고 이름도 없는 화가에게 그림을 부탁하더니 이렇게 되었군요."

빈센트는 불끈했지만 200프랑의 돈을 생각하면서 입을 다물었다. 그는 그 돈이 간절히 필요했다. 과자 가게 안주인은 한층 더 높은 목소리로 말을 계속했다.

"이 눈은 꼭 돼지 같아요. 이게 우리 딸아이의 눈이란 말인가요?"

"전체적인 느낌을 보세요. 눈과 코는 그리 큰 문제가 아닙니다. 그림을 전체적으로 보세요."

"뭐라고요? 큰 문제가 아니라고요? 그럼 우린 도대체 무엇 때문에 비싼 돈을 치르면서 딸아이를 그려달라고 한 건가요? 당신은 내 딸을 모델 삼아서 전혀 다른 그림을 그려놓고…… 그러면서 모델은 왜 썼지요?"

"따님은 이런 코와 눈을 갖고 있습니다. 그렇게 생각하지 않으시는 것 같지만, 그렇습니다."

"나를 바보로 아는군요. 어디 사람들을 데려다가 이 그림을 보여주고 내 딸애를 그린 게 맞다고 하면 당신에게 100프랑을 더 드리리다."

"그런 건 상관없습니다."

빈센트는 참다못해 고함을 질렀다.

"당신이야 상관없겠지만 우리에겐 상관이 있다고요. 비싼 값을 불러놓고는 우리 마음에도 들지 않게 딸애 초상을 그려놓고…… 차라리 멜론을 그려놓고 우리 딸이라고 하는 편이 낫겠어요."

"이젠 그만하고 돌아가 줘요. 100년 후에 누가 당신 딸의 코와 눈이 어떻게 생겼는지 신경이라도 쓸 줄 알아요? 하지만 내가 그린 이 초상

DARK RED

화만은 살아남아 있을 거예요. 당신네들이나 당신네 딸이 가뭇없이 사라져버린 뒤에도 이 그림은 남아 있을 거라고요."

"그래도 오기는 있어서……."

과자 가게 안주인은 이렇게 쏘아붙이고 나가버렸다. 과자 가게 주인도 말없이 그 뒤를 따라 나갔다. 계단을 내려가면서도 큰 소리로 욕을 해대는 과자 가게 안주인의 목소리를 들으면서 빈센트는 생각했다.

초상화를 그리는 건 정말 재미없는 일이다. 다른 사람의 부탁을 받고 그림을 그릴 바에야 차라리 동물 그림을 그리는 게 낫다. 처음에는 성가시겠지만 고분고분 말을 따라주는 짐승 쪽이 낫다.

모델 값을 아끼기 위해 다니던 미술학교도 빈센트의 비위에는 맞지 않는 곳이었다. 이론만 내세우고 자기네들만 참다운 예술을 안다는 듯이 굴며, 되지 못한 비난만 해대는 교수들을 더 이상 참을 수가 없었다. 마침 그 무렵《질 블라스$^{Gil\ Blas}$》의 문예란에 에밀 졸라의《작품$^{L'Oeuvre}$》이라는 소설이 연재되고 있었는데, 빈센트는 언제나 다음 호가 나오기를 고대하며 열심히 읽었다.

여기 그림을 이해하는 한 남자가 있다. 이 작가는 웬만한 미술학교의 교수 나부랭이들보다 훨씬 더 색채와 그 효과에 대해 잘 알고 있다. 아, 파리에 갈 수만 있다면…… 그곳에서 나는 코르몽[34]의 화실에서 공부하며 여가 시간에는 루브르 미술관에 가서 대가들의 걸작을 볼 수 있다. 그리고 테오와 같이 지낸다면 여기에서처럼 비참한 생활은 하지 않을 것이다.

빈센트는 위장과 치아가 많이 상한 상태였다. 얼마 전에는 이를 열

개나 뽑으면서 100프랑을 지불했고, 위도 매우 좋지 않았다. 의사는 영양 결핍이 심각하니 먹는 데 각별히 유의하라고 했다. 또 위에 안 좋다며 담배도 피지 말라고 했다.

물론 옳은 말이다. 하지만 나는 담배를 피우지 않으면 더 배가 고프다. 담배라도 피지 않으면 허기를 도저히 채울 수가 없다. ……그래, 파리로 가야 한다. 대도시의 공기를 마시면서 모네와 이야기하고, 세잔이나 고갱, 르누아르 같은 사람들의 아틀리에를 찾아가 그들에게 배워야 한다. 내가 갈 곳은 파리밖에 없다.

빈센트는 테오에게 파리로 가고자 하는 자신의 열망을 담은 여덟 장의 편지를 보냈다. 테오는 빈센트가 파리에 오는 것은 확실히 좋은 일이고, 자기 역시 전부터 그런 생각을 하고 있었다는 내용의 편지를 보내왔다. 그런데 그 전에 브라반트에 있는 어머니에게 가서 이사를 도와드릴 수 있겠느냐고 조심스레 물었다.

테오는 언제나 이렇게 조심스럽게 부탁하는군. 하지만 내가 어머니의 이사를 도울 수 있을까? 난 그런 위인이 못 된다. 내가 이삿짐을 꾸릴 수 있을까…….

빈센트는 파리로 가야 한다는 생각밖에 없었다. 가진 돈을 샅샅이 모았지만 그것은 파리까지의 여비밖에 되지 않았다. 밀린 방세와 물감값을 치러야 할 돈이 필요했다.

도둑처럼 야반도주라도 할까? 하지만 그동안 그린 그림을 가져가야 한다. 아무리 불쾌하더라도 물감집 주인과 이야기해야 한다.

물감 가게 주인은 빈센트의 이야기를 듣고는 강경하게 말했다.

"다른 데로 이사를 가면서 방세는 못 치르겠다고요? 그게 말이 된다고 생각하는 거요? 그런 짓을 하면 어떻게 되는지 아시오? 나는 당신을 경찰에 고발할 수 있소. 뭐 담보로 잡힐 만한 건 없소?"

"돈이 생기는 대로 갚을 생각입니다."

"그런 말을 믿으란 말이오? 난 담보가 필요하오. 확실한 담보가."

"그렇지만 난 가진 게 하나도 없습니다."

"마누라 말이 옳았군. 환쟁이에게 방을 빌려주면 안 된다고 했을 때 말을 들었어야 했는데…… 괜한 친절을 베푼다고 이런 실수를 했어."

이렇게 말하면서 물감 가게 주인은 방안을 둘러보더니 판결이라도 내리듯 단호하게 말했다.

"그림들을 모두 담보로 맡아두겠소."

"내 그림을요?"

빈센트는 가슴이 죄어드는 것만 같아서 말을 하기도 힘들었다.

"당연하지요. 물론 당신 그림들은 10프랑도 안 나갈 것 같지만…… 가진 게 없다니 별 수 없잖소? 그림은 모두 두고 가시오."

"내 그림을…… 이 그림들을!"

빈센트는 울먹였지만 물감 가게 주인이 벽에 걸린 데생과 수채화들을 떼어내는 모습을 보는 수밖에 없었다. 그것은 50점이 넘는 초상과 20점의 나체화, 공원이나 사원 등의 습작이었다. 물감 가게 주인이 그림을 하나씩 벽에서 떼낼 때마다 그는 가시에 찔리는 듯한 고통을 느꼈다. 차라리 물감 가게 주인의 목을 졸라 죽이고 싶다는 생각이 들었다. 그러나 파리에 가기 위해서는 참아야 했다.

1883~1885

"부탁이니 제발 그림들을 조심스럽게 다뤄주세요. 이것들은 내 소중한 그림들입니다."

빈센트는 이렇게 말하더니 물감 가게 주인을 밀치고 그림들을 떼어냈다.

이 그림들을 그리기 위해 얼마나 애를 썼던가. 그리는 동안 얼마나 숱한 고생을 했으며, 다 그리고 난 후의 기쁨은 또 얼마나 컸었나. 그런데 이 인정머리 없는 놈은 내 그림들을 모두 빼앗으려 한다. 나는 파리에 가지 않고 이 그림들과 함께 여기 있어야 하는 건 아닐까? ……아니다. 나는 무슨 일이 있어도 파리로 가야 한다.

자신의 그림들을 이 무정한 채권자 앞에 산더미처럼 쌓아 올리면서 빈센트는 다시는 이 그림들을 보지 못할 거라고 생각했다. 그는 분명 창고 속에 그림들을 팽개쳐놓을 것이다.

"제발 이 그림들을 친절하게 다루어주세요. 부탁이에요."

빈센트는 울면서 애원했다.

그림을 친절하게 다루어 달라고? 사람도 아닌 그림에게 대체 어떻게 친절하란 말이지? 이렇게 생각하는 물감 가게 주인에게 빈센트는 다시 한 번 말했다.

"친절하게 대해 주세요…… 내 그림들에게."

여전히 울먹이고 있는 빈센트를 보며 물감 가게 주인은 생각했다.

이 녀석, 미치광이가 틀림없군.

06

페르낭 코르몽의 살롱. 빈센트는 이곳에서 로트렉, 베르나르 등과 함께 작업했다.

1

빈센트가 파리로 오자 테오는 새 집을 얻었다. 빈센트에게는 그림을 그리기 위한 아틀리에가 따로 필요했고, 그 외에도 테오와 빈센트가 함께 지내기 위해서는 빛이 잘 드는 방이 둘 혹은 셋쯤 더 필요했기 때문이다. 어느 날 테오가 말했다.

"매주 금요일마다 몽마르트의 카페 프랑수아에 화가나 시인들이 모이는데, 거기에 한번 가보면 어떨까? 파리의 화가들과 사귈 수 있는 좋은 기회가 될 것 같아. 나도 종종 가거든. 내일 같이 가보자."

"내가 어떻게 모네나 피사로, 르누아르, 세잔 같은 사람들과 어울릴 수 있겠니? 그들과 나는……."

"형, 형도 충분히 그들과 어울릴 수 있어. 안 될 이유가 어디 있어?"

"나는 이름도 알려지지 않았고, 또 대단한 화가도 아니니까……."

"절대 그렇지 않아. 형은 그들과 똑같은 화가야. 그리고 날 봐. 난 화가도 아닌데 그들과 어울리는걸."

1886~1887

카페에는 손님이 별로 없었다. 구석에 놓인 테이블에 키가 큰 두 사람이 자리를 잡고 있었다.

"벌써 고갱과 로트렉이 와 있네."

테오의 말에 빈센트는 그들을 바라보았다.

저 키 크고 건장한 몸집에 코가 뾰족하고 높은 사내가 그 유명한 고갱이란 말인가? 원시림 같은 수염을 기른 저 조그만 남자는 툴루즈 로트렉 백작? 프랑스 왕족이라던데…… 저런 사람일 줄 몰랐는걸.

테오가 테이블로 다가가 빈센트를 소개하려 하자 고갱이 우렁찬 목소리로 가로막았다.

"소개할 필요 없네. 지난번에 나한테 보여준 그림을 그린 자네 형님 아닌가?"

테오는 고개를 끄덕였고, 빈센트는 커다란 고갱의 목소리에 몸이 떨렸다.

"촌스러운 몰골이 당신 그림과 똑같구려."

"그림 그리는 사람이 자기 풍모와 닮은 자기만의 독특한 그림을 그리지 못하면 아무나 화가 흉내를 내게?"

로트렉은 이렇게 말하면서 빈센트에게 악수를 청했다.

"파리에 잘 오셨소. 먼저 한잔합시다."

"반 고흐 씨, 이 사람을 조심해요. 술 안 마신 정신이 맨송맨송한 사람과는 아예 상대를 않거든요. 그러니까 술 실력이 굉장하단 말이지요."

"당신의 건강을 위해!"

로트렉은 이렇게 말하며 빈센트를 향해 잔을 들었고, 빈센트도 같이 마셨다.

"술을 좋아하나요?"

검은 끈이 달린 코걸이 안경을 고쳐 쓰며 로트렉이 물었다.

"가끔 마십니다."

"그래서는 안 되지. 예술가라면 언제나 술을 마셔야 해."

로트렉이 이렇게 외치자 테오가 웃으면서 멋쩍은 듯 말했다.

"그럴 수도 있겠지만…… 제가 아는 화가 중에는 술을 전혀 마시지 않는 사람들도 있던데요."

"그런 녀석들은 진짜 예술가가 아니거나 신의 실패작이라고 할 수 있지. 우리는 오직 알코올을 통해서만 현실을 극복할 수 있거든. 현실 이라는 것은 예술에서나 생활에서나 극복되어야만 하는 것이고. 자, 건배!"

"로트렉 씨, 아름다운 여성들과 댄스홀, 서커스를 즐겨 그리는 당신 이 그런 말을 하다니 뭔가……."

"바보 같으니, 도대체 언제부터 여성이 현실적인 존재가 되었지? 언 제부터 일상의 풍경이 되었냔 말이야."

조그만 몸집을 한껏 부풀리며 로트렉이 소리쳤다.

"우리가 지금 앉아 있는 이 장소는 현실이 아닌가요?"

"현실이라고 할 수 없어. 꿈이야. 여자들이 꿈에 불과하듯 우리늘 눈 에 보이는 건 모두 꿈이야."

"그렇다면 여기 있는 나라는 존재 역시 꿈에 불과하단 말인가?"

고갱이 물었다.

1886~1887

"당연한 걸 묻는군. 꿈 중에서도 아주 무서운 꿈이지."

로트렉은 키득키득 웃으면서 이렇게 말하더니 술을 한 모금 마시고 다시 말을 이었다.

"이보게 고갱, 나는 자네를, 자네는 나를 꿈꾸고 있는 거야. 그리고 여기 있는 이 사람은 나하고는 다르게 자네를 꿈꾸고 있을 게야. 이 사람의 형님 역시 또 그것과는 다르게 자네를 꿈꾸고 있을 것이고. 단지 그것뿐이지……."

"그렇다면 현실이라는 게 전혀 존재하지 않는다는 말인가요?"

빈센트는 이 조그만 남자를 의아한 눈빛으로 바라보며 물었다.

"그렇지요. 실제로는 현실이 아닌 것만 존재할 뿐이지요."

"그리고 가장 비현실적이고 가장 바보는 바로 자넬세, 백작."

고갱이 중얼거렸다.

"나는 자네한테 백작도 아니고 아무것도 아니야!"

로트렉이 고함을 질렀다.

"당신을 화나게 하려는 말은 아닌 것 같아요."

테오가 말렸다.

"이런 녀석과 친하게 지낸 내 잘못이지. 친구가 아니었다면 벌써 머리통을 박살냈을 거야."

고갱은 로트렉을 모멸적인 눈으로 바라보며 말했다.

"현실적으로…… 그런 일은 조금도 무섭지 않지."

"그런데 당신이 정말로 고갱 씨의 머리통을 박살내 버린다면…… 그건 현실일까요, 아닐까요?"

빈센트가 다시 물었다.

"자네들 모두 나를 바보로 생각하나? 지금 여기 존재하는 그 어떤 것도 언제까지나 현실에 머물러 있지 않다는 말이야. 가령, 지금 자네가 여기서 쓰러져 죽는다면 자네 주위에 있는 일체의 것들이 존재하겠나, 존재하지 않겠나?"

"그 따위 객설은 이제 그만해 둬. 하도 들어서 시시할뿐더러 더 이상 듣고 싶지도 않아. 이건 현실이야."

고갱이 외쳤다.

"그러니까 자기 자신이 죽었다고 생각하고 그림을 그려야 한다는 거야."

로트렉은 개의치 않고 계속해서 말했다.

"내가 죽어버리면…… 나는 더 이상 그림을 못 그리게 되지요."

빈센트가 말했다.

"반 고흐 씨, 이 조그만 녀석이 하는 말에 진지하게 대꾸해서는 안 돼요."

고갱은 한숨을 쉬고는 다시 로트렉을 바라보며 말했다.

"로트렉, 자네는 벌써 많이 취했어."

"인식 부족이야."

로트렉은 웃으면서 이렇게 대꾸하고는 계속해서 말을 이었다.

"저기 구석에 있는 여자를 좀 보게나. 저 여자에게는 얼굴이 있고, 그것은 현실이라고 자네들이나 다른 사람들은 생각하겠지? 하지만 그건 틀린 생각이라고. 그건 절대로 저 여자의 얼굴이 아니야. 저 여자의

몽마르뜨에서 본 파리 전경

파리 | 1886 | 유화 | 38.5×61.5cm | 바젤, 바젤 미술관

진짜 얼굴은 보이는 것과는 다르다고. 화가는 그 현실이 아닌 현실을 그려야 하는 거야. 단지 눈에 보이는 그대로를 그리는 건 원숭이도 할 수 있지."

그때 키가 크고 검은 옷을 입은 젊은 남자가 다가와서 로트렉의 이야기는 중단되었다.

"파스케 씨예요."

테오의 소개를 들으며 빈센트는 예전에 이름을 들은 적이 있다고 떠올리며 이 괴팍해 보이는 남자가 정물만 그리는 그 화가로구나, 하고 생각했다.

로트렉은 파스케를 보고는 개구쟁이처럼 눈빛을 반짝이며 물었다.

"그래 건강은 좀 어떤가?"

"영 좋질 않아. 위가 또 말썽이야. 조금만 먹어도 탈이 나니 이젠 뭘 먹을 수가 없는 지경이네."

"당신은 무척 건강해 보이는걸요."

이렇게 말하고 빈센트는 금세 후회했다. 파스케가 불같은 눈길로 그를 째려보았기 때문이다.

"부디 우리의 친구를 모욕하지 말아주시오. 우리의 파스케는 지금 죽어가는 병자요. 혹 당신은 파스케가 우울증에라도 걸렸다고 생각하는 거요?"

로트렉은 얼굴에 분기를 띠며 말했다.

"형, 조심해. 괜히 귀찮아질지도 모르니까."

테오는 테이블 밑으로 빈센트를 찌르며 속삭였다.

1886~1887

"가엾은 친구, 좀 마시게나."

로트렉은 파스케가 불쌍하다는 듯이 말했다.

"그건 절대 안 될 일이야. 어림없는 소릴 하는군. 난 벌써 몇 해째 알코올을 한 방울도 섭취하지 않았네. 아마 한 방울이라도 마시면 난 죽어버릴 거야. 나의 이 약한 뇌는 도저히 알코올을 견뎌내지 못하네."

"뇌가 안 좋다고요? 좀 전에는 위가 나쁘다고 한 것 같은데……."

빈센트가 말했다.

"뇌도 나쁘고 위도 나쁜 거야."

로트렉이 말했다.

"파스케의 손발도 완전하지 않다는 걸 모르겠나?"

"그래? 그건 나도 몰랐는데?"

고갱이 중얼거렸다.

"나도 두통 때문에 늘 고생하고 있습니다."

빈센트가 말했다.

"그래요?"

빈센트의 말에 파스케는 흥미를 느낀 듯 이렇게 되묻더니 갑자기 친근하게 말을 붙여왔다.

"당신의 두통은 어떤 건가요?"

"가끔 발작을 해요."

빈센트의 말에 파스케는 입을 다물었고, 로트렉은 빈센트에게 속삭였다.

"당신이 가끔 발작을 한다는 말에 지금 이 친구는 당신을 부러워하고 있는 거요. 자기에게 없는 병으로 다른 사람이 고통스러워 한다는 사실을 참을 수 없는 거죠. 그런데 두고봐요. 이 친구 아마 2, 3분만 지나면 곧 발작을 일으킬 거요. ……저기, 모리소[35] 부인이 오는군. 안녕하시오. 우리의 벗, 우리의 여신."

"로트렉 씨는 영원히 술이 깨지 않을 것 같아요."

모리소 부인은 환하게 웃으며 말했다.

"오십 번째 생일날까지는 안 깰 거요. 그나저나 내가 그때까지 살 수 있을지 모르겠소. 술고래가 오래 사는 것 봤소?"

"하지만 나라면 술을 좀 줄이겠어요."

"그렇지요, 부인같이 영리한 사람이라면 충분히 할 수 있는 일이지요. 그렇지만 유감스럽게도 나는 영리하지도 못하고 자제심도 없으니, 그저 나를 위해 신께 기도해 달라고 부탁할 뿐이오, 부인."

"나도 가끔 발작 증세를 일으키곤 하는데, 그럼 아주 눈앞이 캄캄해지지요. 당신 증세는 어떤지 언제 한번 자세히 듣고 싶군요."

파스케는 빈센트에게 말했다.

빈센트는 베르트 모리소를 바라보며 마네가 자주 모델로 삼았던 여인이군, 하고 생각하며 이 여류 화가가 그린 풍경화와 인물화 등의 파스텔 그림 두세 점을 떠올렸다.

"저희를 위해 보여주실 작품은 없으신지요, 부인?"

테오가 모리소에게 물었다.

"최근의 제 그림을 어떻게 생각하실지 궁금하군요. 분위기를 좀 바꿔봤거든요."

"구체적으로 어떻게 말인가요?"

빈센트가 물었다.

"유화로 그린 소품인데, 색을 좀 많이 써봤어요. 또 빨간 연필로 스케치도 해봤고요."

"스테판 말라르메[36]는 대체 어딜 간 거야?"

그때 갑자기 고갱이 말했다.

로트렉은 멀뚱하니 고갱을 바라보았다.

정말 눈치가 없는 사람이군. 말라르메가 이 여류 화가를 경멸하는 건 누구나 알고 있는 사실인데…… 저렇게 무례한 말을 하다니, 테오는 생각했다.

"스테판 말라르메도 곧 이리로 올 거예요, 분명."

모리소는 웃는 얼굴로 말했다.

늘씬한 몸매에 위엄 있어 보이는 모리소는 옷차림도 아주 고상했다. 빈센트는 그녀가 매혹적으로 느껴졌다.

"지난번 당신 집에서 있었던 모임은 아주 재밌었나보더군요. 세잔이 아주 좋아하던걸요."

로트렉이 말했다.

"부군께 상당히 많은 돈이 생기겠군요."

고갱이 말했다.

"그렇겠지요."

모리소는 친절하게 대꾸했다.

"그렇다면 오늘 내 압생트 값은 부인이 내주시는 겁니다."

"그렇게 하지요."

"좋아요. 오늘 나는 당신한테 얻어먹는 거요. 어쨌든 여자도 돈이 있으면 그림도 그릴 수 있는 세상이거든."

고갱이 소리쳤다.

참으로 무례한 사람이다. 이 여류 화가는 상당한 솜씨를 가지고 있는데도 고갱은 아주 얕잡아보는 듯한 태도로 대하고 있다. 이 여자가 경제적으로 넉넉하다는 이유만으로 딜레탕트 취급을 하는 것이다. 이 여자는 남편과 가정으로부터 해방되어 하룻밤을 친구들과 보내기 위해 얼마나 많은 애를 썼을까? 그런데 고갱은 그걸 소재삼아 비꼬고 있다. 이 남자는 짐승 같다. 바라보고 있으면 공포심마저 일어난다. 빈센트는 생각했다.

"자네는 정말 야비한 녀석이야!"

로트렉이 고갱에게 거리낌 없이 말했다.

"왜 그렇게 생각하지? 내가 비록 이분의 관대한 대접에 조금 실례를 범했다 해도, 그래도 이분의 손님인데…… 난 손님답게 굴고 있다고 생각하는데?"

"됐어요. 그런 말까지 할 필요는 없어요."

모리소가 말했다.

"그 발작에 대해서 나한테 꼭 얘기 좀 해주세요."

침울한 말투로 파스케가 다시금 말했다.

그때 폴 세잔과 클로드 모네가 들어왔다.

"어이, 선생들!"

1886~1887

로트렉이 벌떡 일어나서 소리쳤다.

"여기, 여기! 환영하는 음악 좀 부탁해!"

"좀 점잖게 굴게. 자꾸 그러면 바보 같아 보인다고."

세잔이 사람 좋은 미소를 띠며 말했다.

"그게 바로 내가 바라는 바야. 점잖아졌다간 큰일 난다고."

이 조그만 남자는 성이 나서 외쳤다.

"사람은 자신의 사회적 계급을 대표해. 거기에 어울리게 굴어야 하는 거라고."

고갱은 이렇게 말하며 술을 마셨다.

"제발 내 툴루즈 로트렉 백작을 가만 놔두게."

둥근 얼굴의 모네가 다부진 얼굴을 유쾌하게 빛내며 말했다.

"이 조그만 백작을 제발 가만 놔두게. 옛날에는 귀족에게 전속 광대가 있었지만, 요즘엔 우리 평민들이 귀족을 광대 삼거든."

"아니 언제부터 모네 같은 화가가 평민이 됐지?"

로트렉이 흥분해서 말했다.

"반 고흐 씨, 전람회를 열 계획이라고 들었습니다."

세잔이 테오에게 물었다.

"우리 화랑 지배인이 장소를 대여해 주겠다고 해서 그곳에서 열 생각입니다."

"거 괜찮군요. 나도 출품하지요."

"나도 내지."

모네도 거들었다.

"그런데 요즘 내 작품을 당신이 어떻게 생각할지 모르겠소. 그다지 좋아하지 않을지도 모르겠다는 생각이 드는군. 꼬마 콜랭[37]이 나보고 소묘 재능이 전혀 없다고 한 걸 읽었는지 모르겠군."

"그자는 시시한 인간이에요."

"정말 그럴까요? 꼬마 콜랭의 말이 아주 틀린 말은 아니라고 생각해요. 그러니까 나는 물감이나 그 밖의 재료와 색채를 중요하게 생각하는데, 선을 중요하게 생각하는 아카데믹한 사람들 눈에는 내 소묘가 형편없어 보일지도 모르지요."

세잔이 이런 말을 하다니…… 정말 야릇한 일이다. 화가에게 소묘는 제일 중요한 기본인데. 빈센트는 이렇게 생각했다.

"깊이를 표현하기 위해 같은 계통의 색이나 반대색을 늘어놓는 것은 별로 환영받지 못하는 것 같아요. 사람들은 또 내 작품을 거칠다느니 기괴하다느니 할 거예요."

모네는 미소를 지으며 잔을 들어 포도주의 빛깔을 음미하듯 바라보며 마셨다.

"걱정하지 말게. 무릇 예술가란 민중의 몰이해와 부딪치며 살아가기 마련이니까. 우리가 만일 욕을 먹지 않는다면, 그건 우리가 잘못된 방향으로, 낡아빠진 방향으로 가고 있다는 증표라고!"

"브라보!"

로트렉은 이렇게 외치며 벌떡 일어나 모리소 옆에 있는 모네에게 가려다가 비틀거렸다. 그런 그를 고갱이 내리눌러 앉혔다.

"걷지 못하는 녀석은 가만히 앉아 있으라고."

"그리고 마실 수 있는 자는 계속 마시는 거야."

조그만 남자는 혀 꼬부라진 소리로 말했다.

"어리석은 민중이 무슨 미술을 알겠어. 우리는 그저 우리 눈에 보이는 대로 사물을 그리면 되는 거라고. 그림 하나를 그릴 때에도 한 시간만 지나면 모든 게 달라져버려. 태양의 위치도, 그늘이 지는 방향도, 안개의 상태도 변하지. 계절이 바뀔 때만 풍경이 달라지는 게 아니라 시시각각 달라진다고. 그러니 무엇을 그리든 한 가지를 하루에 열다섯 번에서 스무 번 이상 시간을 바꿔가며 다른 광선 아래서 그려봐야만 되는 거야."

모네가 말했다.

"저따위 되지 못한 이론을 줄줄이 늘어놓는 건 정말 질색이야."

고갱이 중얼거렸다.

그러나 빈센트는 모네가 하는 말이 모두 옳다고 생각했다. 그의 한 마디 한 마디가 어떤 관점에서는 모두 진리라고 생각했다. 파리의 인간들은 어쩌면 이렇게 다들 영리할까, 하는 생각을 하자 빈센트의 머리가 다시 지끈거리기 시작했다.

"자, 이제 대가⁂ 피사로의 자리를 내어주게나."

로트렉이 소리쳤다.

농부 같은 행색의 쉰 두세 살쯤 되어 보이는 조그만 눈의 쾌활한 남자가 테이블로 다가왔다. 모두 그에게 앞을 다투어 악수를 청했지만 그는 모리소에게 먼저 다가가더니 마치 아버지가 딸에게 하듯 이마에 입을 맞추었다.

"이거 아주 열렬한 토론 자리군. 그런데 자네들 혹시 저 늙은 코로[38] 가 다른 사람들이 토론을 시작하면 어떻게 했는지 알고 있나?"

"그 사낸 뒷간에 가서 뱃속에 든 걸 죄다 비우고 왔지. 아니, 그 자리 에서 했던가?"

고갱이 말했다.

"아냐, 코로는 자네처럼 예의를 모르지 않았어, 고갱. 그런데 언젠 가 한번은 이러더군. 역사와 회화론에 관한 두꺼운 책을 서가에 꽂아 두고는 '어디 한번 이 책을 그려보게나' 이랬단 말이야."

"브라보! 코로 만세."

로트렉이 크게 외쳤다.

"코로는 이미 죽은 지 오래됐다고."

고갱이 외쳤다.

"그리고 자넨 살아 있지."

로트렉이 힐난조로 말했다.

"우리 모두 그 사람과 같은 마음가짐으로 그림을 그려야 해."

피사로가 느릿느릿 말했다.

"나는 조용한 시골 풍경에서 볼 수 있는 명랑성이나, 밭의 흙과 건 초에서 풍기는 새콤한 냄새, 또 숲 옆으로 난 호젓한 오솔길 같은 것이 좋더군."

"당신은 현명하군요, 파파 피사로."

모리소가 말했다.

"내가 현명하다고? 바로 얼마 전에도 어떤 사람이 날 보고 늙은 유대인이라고 하던데, 당신 역시 그런 뜻으로 말하는 것 같군."

"당신은 유대인이 아니에요…… 이스라엘 사람이지."

빈센트가 외쳤다.

사람들은 웃음을 터뜨렸으나 빈센트는 계속해서 말했다.

"이 나라엔 유대인이 없어요. 네덜란드에는 유대인이 많아 그곳에서는 유대인을 자주 만났지요. 피사로 씨는 절대로 유대인이 아니라고요."

"아니오. 나는 틀림없이 한낱 유대인에 불과하오. 언제 한번 내 집에 오시지 않겠소? 좀 멀리 떨어진 시골이긴 하지만 말이오."

빈센트가 미처 대답도 하기 전에 모네가 피사로에게 물었다.

"부인 병환은 어떠신가요?"

"부인이 어디 아프기라도 한가요? 그런데 우리 여편네는 도무지 죽을 것 같지가 않으니……."

고갱이 말했다.

빈센트가 놀라서 고갱의 얼굴을 쳐다보자 옆에서 테오가 속삭였다.

"2, 3년 전에 부인이 도망갔어요. 부인과 아이들이 가난에 시달리고 있는데도 도무지 돌볼 생각을 않았으니까요."

"짐승이군."

빈센트가 말했다.

"아니, 대예술가예요."

테오가 말했다.

"고갱은 페미니스트가 아닐 뿐이오."

피사로가 미소를 지으며 말했다.

"그림을 그리는 여자에 대해서는 특히 그렇지요."

모리소가 거들었다.

"내가 소위 예술에 종사한다고 하는 여자들에게 반감을 갖는 이유가 있지."

고갱이 말했다.

"내 할머니는 여류 시인이었어. 소설 같은 것도 썼다고 하더군. 그런데 행실이 아주 고약했던 것 같아. 가엾은 우리 할아버지를 속인 것도 모자라 피스톨을 좀 휘둘렀다고 할아버지를 20년이나 징역살이를 시켰으니까. 그러고도 할아버지에게 조금도 미안한 마음을 품지 않더군. 인정이 없기는 할아버지에 대해서만이 아니라 독자에 대해서도 그랬지. 소설 쓰기를 그만두지 않았으니 말이야."

모임은 젊은 화가나 문인들, 배우나 가수 같은 사람들이 꾸역꾸역 모여들어 점점 커져갔다.

빈센트 옆에는 이마가 총명하게 생긴 한 남자가 앉았다. 에밀 베르나르[39]라고 하는 그 남자가 빈센트는 처음 보는 순간부터 마음에 들었다. 베르나르 역시 그런 듯했다. 그는 이곳에 모인 사람들의 성격이며 서로의 관계 등에 대해 빈센트에게 자세히 이야기해 주었다. 잘 드러나지 않은 상호 관계에 대해 이야기할 때면 으레 이런 말을 덧붙였다.

"이걸 잘 기억해 둬야 해요."

빈센트의 다른 한편에는 자신의 그림에 대해 아주 흥미롭게 떠들어대는 한 젊은이가 앉았다. 그리고 때를 가리지 않고 함부로 말참견을 해댔다. 가령 누군가 날씨에 대해 이야기를 꺼내면 이렇게 말하는 것이다.

1886~1887

"날씨 얘기하니까 말인데, 마침 난 석양 풍경을 완성했어요. 그건 아주 볼 만할 거예요. 내가 자랑하는데 익숙하질 않아서…… 그래도 아무리 겸손하게 말해도 그러니까 내 그림은…….."

이렇게 30분이나 주워섬기는 것이었다. 그리고 다른 한 사람이 여자에 대해서 또 무슨 말을 꺼내면 이렇게 말했다.

"내 말만 할 생각은 없지만…… 난 그 여자를 도무지 잘 그릴 자신이 없어요. 내가 너무 미숙한 탓인지 모르지요. 그런데 지금 난 여자의 초상 하나를 그리고 있지요…….."

"저 사람은 도대체 뭐하는 사람이오?"

빈센트가 낮은 목소리로 베르나르에게 물었다.

"저 남자를 몹시 수다스런 별 볼일 없는 사람으로 생각하는 모양인데, 아니에요. 저 사람은 젊은 화가들 중 가장 우수하다고 할 수 있는 조셉 반탄이라는 사람이에요. 사실 저렇게까지 자기 일을 지껄여댈 필요가 없는데, 늘 자기 일이 걱정되서 저렇게 떠들어대지요. 그래서 자신의 훌륭한 작품으로 얻은 친구들을 잃곤 해요."

"당신 발작은 갑자기 오나요, 아니면 무슨 전조현상이라도 있나요?"

파스케가 다시 빈센트에게 물었다.

"파스케는 중병에 걸렸어요."

베르나르가 말했다.

"가끔 와요."

빈센트가 대답했다.

"발작을 한다고요?"

조셉 반탄이 묻더니 다시 말을 이어갔다.

"그것 참 묘하군요. 어떤 처녀를 모델 삼아 그린 적이 있는데, 무척 쾌활한 처녀였는데 그림을 그리면서 나는 생각했지요. 이 처녀는 아마도 발작으로 고생하고 있을 거다, 라고요. 나는 담황색에다가 백색을 섞고, 거기에 적색을 조금 더 넣어……."

"닥쳐!"

고갱이 고함치자 로트렉은 반탄의 얼굴에 포도주를 끼얹었다.

"이 사람한테 그렇게 함부로 하지 말라고. 다치기라도 하면 어쩌려고 그러나. 게다가 출혈이 잘 되는 체질이면 정말 큰일 난다니까. 난 8년 전에 입은 상처 때문에 아직까지 고생하고 있다고. 내 피부는 매우 상처 나기 쉽고, 나는……."

빈센트는 이미 파스케의 이야기는 듣고 있지 않았다.

최신 유행으로 멋있게 지은 옷을 입은 키 큰 스테판 말라르메가 테이블로 다가와서는 가볍게 인사를 하더니 모리소 곁에 앉았다.

"품위 있는 사람이군요."

빈센트의 말에 베르나르가 속삭였다.

"게다가 돈도 많지요. 로옴 가에 있는 호텔에서 지내는데, 저 사람의 화요일 문학 모임은 아주 유명해요. 델피의 신탁 같은 신비스런 이야기를 하는 데다가 또 저 사람의 시는 끔찍하게 길고 아주 분방한 문구들로 이루어져 있지요. 그러니까 분명 시인임에는 틀림이 없어요. 모리소와 아주 친해요. 저 사람이 마흔 넷이고 모리소는 마흔 다섯 살인데, 저 나이가 돼도 섹스에 대한 흥미는 여전한가봐요."

1886~1887

"어이, 거기 젊은 친구!"

베르나르의 마지막 알을 언뜻 알아들은 고갱이 소리쳤다.

"자넨 40대 남녀는 아주 노인네로 생각하는 모양이군. 그런데 그건 절대 아니라네. 그 나이가 돼도 여전히 섹스는 인생의 즐거움일걸세."

"난 저 나이가 되어서도 사교적 만남에서 희열을 추구하고 느낀다는 것이 믿겨지지가 않아요. 난 이제 겨우 스무 살이지만 벌써 그런 것들에 염증을 느끼거든요. 그러니까 여자가 날씬하든 흐벅지든, 머리칼이 금빛이든 검정색이든, 영리하든 어리석든 영 관심이 가지 않아요. 그런 건 아무래도 나와 상관없는 일이지요."

"참 별난 젊은이군."

고갱이 큰 소리로 말했다.

"사실 그런 일들은 결국엔 모두 똑같은 거 아닌가요? 사람들이 숭고하게 혹은 남루하게 느끼고 표현할 뿐이지……."

그때 갑자기 카미유 피사로가 일어섰다. 곁에 있던 한 사람이 외투를 입혀주었다.

빈센트와 테오가 집으로 돌아왔을 때는 이미 새벽 두 시가 지나 있었다. 빈센트는 오랫동안 잠을 이룰 수 없었다.

2

구필 화랑의 지배인을 설득해 테오는 몽마르트의 한 건물에서 신진 화가들의 작품 전람회를 열었다.

그러나 화가들은 이미 새롭지도 젊지도 않았다. 피사로는 56세, 에드가 드가는 52세, 폴 세잔과 알프레드 시슬리는 47세, 클로드 모네는 46세, 기요맹과 베르트 모리소는 45세가 된 사람들로 모두 어느 정도 희끗해진 머리칼을 휘날리고 있었다. 그들의 투쟁 시대는 오래전에 지나갔다. 그동안 있었던 여러 차례의 전람회에도 그들의 그림은 거의 팔리지 않았다. 어쩌다 기분과 미국인들이 한 점씩 사가는 게 고작이었다.

그러나 그림을 진열하는 날이 되었을 때 그들은 친구들과 함께 모여들었다.

"그림을 사는 사람이 있을까?"

고갱이 그 커다란 목소리로 말했지만 아무도 대꾸하지 않았다.

"괜한 걱정하지 말게나. 이건 어디까지나 우리들의 잔치라고. 그러니 모르는 사람은 아무도 오지 않을 테고, 당연히 그림을 사는 사람도 없을 거란 말일세."

로트렉이 외쳤다.

"그렇군……."

고갱은 씁쓸한 웃음을 지으며 말했다.

"우리는 그래도 서로를 진심으로 칭찬해 줄 수 있어. 앙리 루소,[40] 자네가 내 그림을 칭찬해 주면 나도 자네 그림을 칭찬해 주지. 그리고 우리는 다시 각자의 집으로 돌아가 물감투성이가 되어 서툰 그림을 그리는 거야. 안 그런가?"

갸름한 얼굴에 세모진 눈썹, 그리고 커다란 눈이 슬퍼 보이는 앙리 루소는 입가의 수염을 쓸면서 쓸쓸하게 웃으며 말했다.

1886~1887

"고갱, 난 자네가 내 그림을 칭찬하지 않아도 자네 작품을 칭찬하겠네. 난 정말이지 자네와 자네의 그림을 사랑하네."

"아이고, 자넨 사람이 너무 좋아 탈이야. 자네와 싸울 사람은 아마 없을 걸세."

"하지만 난 자네가 원한다면, 자네 그림이 형편없다고 말해 줄 수도 있네."

로트렉이 소리를 쳤다.

"자넨 항상 말이 지나쳐, 백작."

고갱은 불만스런 표정으로 말했다.

"어디 정말로 화를 내고 싸울 만한 사람 없을까? 파파 피사로라면 어떨까?"

"난 그런 장난을 하기엔 나이를 너무 먹었어. 싸움질은 젊은이들이나 하는 거지. 그러니까 난 말이야…… 자네가 하는 말엔 모두 동의하고 말겠네."

"정말이지 그런 일에는 이제 넌덜머리가 난다고. 그런데 모네, 왜 그러나?"

"제발 내게는 신경 쓰지 말아주게나."

모네는 웃으면서 이렇게 말했다.

"난 이미 오늘 여덟 시간이나 일을 했기 때문에 지쳤어."

"싸움하는 데 손은 필요하지 않아. 그건 싸움이 좀 더 진행된 다음 일이지. 처음엔 정신력으로 버틸 수 있어. 그게 무기란 말일세. 여덟 시간 일하는 동안 자네 머리는 아마도 충분히 쉬었을 거야."

"돼지 같으니라고."

모네가 웃으면서 대꾸했다.

"그럼 나하고 싸울 사람은 없는 건가?"

고갱이 물었다.

"내가 하지."

그때 누군가 계단 쪽에서 올라오며 말했다. 모두의 시선이 그쪽으로 집중되었다.

"졸라다!"

"에밀 졸라다."

저마다 한 마디씩 했다.

졸라의 이름이 나오자 빈센트는 정신을 바싹 차렸다. 지금 눈앞에 자신이 오랫동안 존경해 마지않던 대문호가 있는 것이다.

졸라는 키는 작았지만 어깨가 딱 벌어지고, 총명해 보이는 눈빛의 조그만 눈에 검은 끈이 달린 코걸이 안경을 끼고 있었다. 빈센트가 상상했던 대로 대지에 뿌리라도 내린 듯 위엄 있는 모습이었다. 과연《제르미날》과《목로주점 L'Assommoir》의 작가다운 풍모였다.

사람들이 공손히 자리를 권하자 졸라가 물었다.

"아까 나하고 싸우고 싶다던 사람이 누구지요?"

"아, 선생과 싸울 마음은 없어요. 난 그저 그림 그리는 사람과 싸우고 싶었던 거예요. 선생처럼 사리를 분별할 줄 아는 사람과는 싸우고 싶지 않습니다."

졸라는 고갱의 얼굴을 바라보며 악수를 청했다.

1886~1887

"어쨌든 난 당신 그림이 참 좋습니다."

"폴, 잘 있었나?"

졸라는 젊은 시절부터 친구였던 세잔에게 다가갔다.

"이렇게 모두들 모여 있는 자리에 오니 정말 기분이 좋군. 하루 종일 책상에 앉아 노동자처럼 기를 쓰고 써내려가다 보면……."

"예술이 무엇인지 도무지 알 수 없게 된다는 말씀이겠지요?"

로트렉이 졸라의 말을 받아 말하고는 진지한 표정으로 졸라를 바라보았다.

"그래요."

졸라는 웃으며 대꾸하고는 다시 말했다.

"자, 그럼 이제 그림을 좀 볼까요?"

대문호는 에드가 드가와 함께 그림을 하나씩 보았다.

"드가 선생, 참으로 날카로운 관찰력을 가졌군요. 어쩌면 이렇게 섬세한 필치로 그림을 그릴 수 있는지…… 선생 그림 앞에 서면 우주가 무한하단 사실이 온몸으로 느껴져요."

"흠, 그런데 콜랭은 나를 재주 많은 속성 사진쟁이라고 하더군요."

드가가 말했다.

"그 소 같은 녀석이 순간을 포착해 예술로 승화시키기 위해 얼마나 고심해야 하는지 어떻게 알겠어요."

졸라는 역정이 난 듯 이렇게 말하더니 아르망 기요맹의 그림 앞에서 걸음을 멈추었다.

"사람들은 왜 당신의 그림을 보고 지저분하다느니 저속하다느니 하는 걸까요? 오늘 여기 있는 그림들도 이전 것과 마찬가지로 정말 훌륭한 작품들인데. 물론 예전에는……."

졸라는 이렇게 말하면서 젊은 사람들 쪽으로 돌아섰다.

"여러분은 젊어서 잘 모를 겁니다. 물론 우리 같은 늙은이들의 옛날 얘기일 뿐일 수도 있겠지만……."

"말씀해 주세요. 어서 얘기해 주세요."

모두들 외쳤다.

"먼저 인류의 우매성의 역사부터 얘기해야겠군요. 바로 문화사라고 할 수 있겠지요."

"사실 세계사 자체가 이미 인류의 우매성에 대한 역사 아닌가요?"

고갱이 끼어들었다.

"졸라 선생, 말씀해 주세요, 졸라 선생."

"자, 오늘 나는 여러분에게 무슨 이야기를 해야 할까요? 바로 시작도 끝도 없는 인류의 우매성으로 빚어진 비극에 대해 말할까요? 사실 오늘날에는 우매한 사람들도 에두아르 마네가 대가라는 사실을 인정하지만, 불과 수년 전만 해도 세상 사람들은 그의 그림이 분노와 공포만 일으킬 뿐이라고 비난했습니다. 또 들라크르와[41]는 탕아라는 소리까지 들어야 했습니다. 그게 다 무엇 때문인 줄 아십니까? 당시 사람들의 눈에는 화가들이 빛과 그늘을 다루는 방법이 낯설었기 때문입니다. 중간색을 쓰지 않고 강렬한 색채를 칠하는 기법을 이해할 수 없었기 때문입니다. 화가들이 빛을 표현하는 방법을 이해할 수 없었던 것이지요. 그러니까 그들은 일반적으로 눈이 부신 색채를 싫어했습니다.

마네가 그의 〈아틀리에의 아침식사〉를 살롱 드 레퓌제[42]에 출품했을 때를 기억해 보십시오. 또 그의 〈올랭피아〉를 발표했을 땐 얼마나 시끄러웠습니까? 마네의 그림을 보고 놀란 사람들은 그야말로 그림에 있어서의 모든 기법들이 한꺼번에 내팽개친 느낌을 받았습니다. 그러나 사실 사람들은 그 그림들에서 생생하게 숨을 쉬는 인물을 본 것입니다. 우리 상상 속의 인간이 아니라 환한 태양빛을 그대로 받고 현실 속에 서 있는 그런 인간이 화폭에 담긴 것을 본 것입니다. 지금은 물론 여러분과 내가 웃고 있지만, 당시만 해도 예술가들이 직면해야 했던 투쟁은 지금 여러분이 상상하기 힘든 것이었습니다. 세상 사람들은 그림을 볼 줄 아는 눈이 없든가 아니면 아예 보려는 생각조차 없어 보였습니다. 그들의 눈에 중간색이 없는 색채는 그야말로 지저분해 보일 뿐이었던 것입니다. 사람들은 그래서 이 새로운 화가들을 '너저분한 무리들'이라고 부르기도 했습니다. 파파 피사로도, 세잔도, 르누아르도 모두 대가라는 것을 여러분은 인정할 것입니다. 그런데 무식한 그들의 눈에 이 대가들은 반역자 혹은 선동가처럼 보였습니다. 아, 이렇게 속 시원히 이야기할 수 있어 정말 기쁩니다. 바로 얼마 전만 해도 사람들이 캐리커처를 매단 기다란 장대를 들고 시위하는 모습을 파리 거리 곳곳에서 볼 수 있었습니다. 그건 바로 화가들에 대한 시위였습니다. 물론 지금도 마음 놓고 있을 수만은 없습니다. 그런 일은 언제든 되풀이되는 법이니 말입니다. 자, 그러니 구습에 젖은 무리들이 너무 새로워서 놀라 자빠지게 할 만한 작품을 발표합시다. 그리하여 그들이 또다시 그 화가에게 돌을 던지려고 일어설 정도로 새로운 화가를 일으켜 세워주시기 바랍니다."

졸라는 계속해서 말을 이어 나갔다.

"불쌍하게 전사하고 만 프레데릭 바지유⁴³⁾를 제외한 피사로와 모네, 시슬리와 르누아르가 모두 함께 지금 이 자리에 있습니다. 이 새로운 시대를 연 화가들은 지금까지 협력하며 지내왔습니다. 그러니 부디 이 사람들을 존중해 주기 바랍니다. 이들은 현재 명백하게 된 것들을 여러분에게 가르쳤기 때문입니다. 나 역시 이들과 한패가 되어 싸운 것을 자랑스럽게 생각합니다. 당시 나는 세상 사람들의 비웃음을 사고 있던 마네를 변호했다고 신문 집필까지 중지당했습니다. 세잔, 자넨 그 일을 기억하고 있겠지?"

"졸라 만세!"

세잔이 외쳤다.

"졸라 만세!"

모네와 피사로, 르누아르와 그 자리에 있던 모든 사람들이 함께 외쳤다.

"하지만 여러분……."

졸라는 떨리는 음성으로 사람들의 환호성을 가로막았다.

빈센트는 사람들 사이에서 졸라의 이야기를 들으며 이 얼마나 훌륭한 사람인가, 하고 생각했다. 그리고는 사람들의 소리가 잦아들자 다시 한 번 소리 높여 외쳤다.

"졸라 만세!"

졸라는 미소 지으며 말했다.

1886~1887

"고맙습니다, 여러분. 우리는 크리시 가의 카페 게르보아에서 일주일마다 모였습니다. 화가, 문인, 배우, 음악가들이 잔뜩 모여 마치 미치광이들의 모임 같았지요. 덕분에 가게는 꽉 차 다른 사람들은 아예 들어올 수조차 없었던 때가 많았습니다. 켕탱 드 라투르[44], 데브탕, 베로우, 다란티, 그리고 나의 친구 크라델, 비니요, 바본, 뷸티 등 그곳에 모였던 셀 수 없이 많은 사람들이 떠오릅니다. 그때 그곳에서는 참으로 치열한 논쟁이 벌어졌습니다. 마침 전쟁이 시작되기 전이었고 제정 시대였기 때문에 우리들 예술가들에게까지 권력의 압박이 가해지고 있었기 때문입니다. 우리는 모든 예술에 대해 어떤 형태로든 압제 행위를 하는 사람들에게 마구 불평을 쏟아놓았습니다. 우리가 그들 압제자들과 벌인 투쟁은 정말 처절한 것이었음을 기억해 주시기 바랍니다. 여러분은 켕탱 드 라투르가 그린 저 유명한 그림을 아는지 모르겠습니다. 이젤 앞에 마네가 서 있고 그 옆에 모네와 르누아르, 바지유 등과 내가 서 있는 그림 말입니다. 이 화가들의 위대한 공적이 무엇인지 아십니까? 그들이 화가였다는 사실일까요? 아니 그건 그들의 공이 아닙니다. 누군가 예술가가 될 수 있느냐 없느냐 하는 것은 전적으로 신의 의지에 의한 것이니까요. 그들이 훌륭했던 것은 그들이 일치단결했다는 것, 끝까지 자신의 소신을 굽히지 않았다는 것, 불굴의 정신으로 계속 투쟁해 나갔다는 것, 그들의 길을 중도에 포기하지 않고 끝까지 갔다는 것, 그들 중 단 한 사람도 장사꾼의 계산속을 가지거나 초상을 그리는 환쟁이가 된 자가 없었다는 사실입니다. 이것이야말로 그들의 위대한 공적인 것입니다. 그들은 투사였지 상인이 아니었습니다. 그들은 깨끗한 보수를 받으며 일했고, 더 이상의 돈을 탐내지 않았습니다. 또 그들이 완성한 일에 쓰레기는 없었습니다. 이 모든 것이 젊은 여러분에게 준 혜택은 여러분의 생각 이상으로 매우 큽니다."

졸라는 이마의 땀을 닦았다.

"파파 피사로, 모네, 시슬리, 세잔, 르누아르, 모리소, 여러분은 모두 그 첫 번째 전람회를 기억하고 있습니까? 카푸신 거리의 나다르[45]라는 사진사의 방 하나를 빌려서 했었지요. 그렇습니다. 이 자리에 있는 여러분을 포함해 그때 출품했던 모든 사람들이 순식간에 아주 유명해졌습니다. 물론 그것은 아시다시피 매우 씁쓸한 유명이었습니다. 사람들은 여러분을 세상의 온갖 지저분한 것들을 섞어 그 가운데에서만 즐거움을 느끼는 이단아들로 바라보았기 때문입니다. 그 전람회는 그야말로 파리에서 큰 반향을 일으켰지만, 사람들은 비웃었고 여러분은 움츠러들었습니다. '대중을 골려주기 위해 이따위 그림을 그린다'라며 분개하는 사람들도 있었습니다. 그때 여러분에 대해 어떤 욕설들이 오갔는지 기억하십니까? 로제르 파뉴가 어떤 평을 썼는지 기억하는지요? 그는 이렇게 말했습니다. '클로드 모네와 세잔의 그림은 그저 웃음을 자아내게 할 뿐이지만 동정할 만한 구석도 있다. 그들의 작품은 형태와 구도, 색채에 대해 아무것도 모르는 상태에서 만들어진 것이다. 어린아이라도 종이와 물감만 있으면 그 정도 그림은 그려낼 수 있다. 그러므로 우리는 그들의 작품에 대해 왈가왈부할 필요조차 없다' 나는 이 말을 절대로 잊지 않을 겁니다. 부디 젊은 여러분도 잘 기억해두기 바랍니다. 무식하고 뻔뻔한 사람들에게 굴복하지 않으려면 좋은 기억력이 필요합니다. 당시 사람들은 모네를 '불결하다'고 할까 '멍청이'라고 할까 망설였다고 합니다. 그러나 결국 여러분에게는 '인상파'라는 이름이 붙여졌습니다."

모네는 슬쩍 웃었다. 졸라는 말을 계속했다.

"그렇습니다. 당시 모네는 '해돋이 인상'이라는 제목의 작품을 출품했습니다. 아직도 그 그림이 눈에 선합니다. 안개 속에 배의 윤곽만 보이고 하늘에는 보랏빛 태양이 나와 있는 그림이었습니다. 네, 그렇습니다. 그 그림은 바로 '해돋이'에 대한 화가의 '인상'을 그린 것이었습니다. 그런데 그 그림을 본 사람들이 그 '인상'이라는 제목을 조소의 대상으로 삼았습니다. 루이 르로이는 《르 샤리바리 Le Charivari》지에 인상파 화가에 대해 썼는데, 제대로 이해하지도 못하면서 새로운 사조의 사람들에 대해서 닥치는 대로 매도했습니다. 그리고 그의 욕설과 비난에 일반인들도 덩달아 떠들어댔습니다. 물론 모네를 비롯해 여러분들은 그런 것에는 신경도 쓰지 않고 웃어 넘겼습니다. 그러나 이제 여러분을 비웃던 많은 사람들이 대부분 죽었고, 이제 뭔가 새로운 것을 볼 줄 아는 눈을 가진 새로운 사람들이 나타나면서 여러분의 그림은 조금씩 인정받기 시작했습니다. 나는 여러분의 투쟁에 대해 조금 더 이야기할까 합니다. 그러니까 나는 여러분이 앞으로도 계속해서 투쟁해 나가야 한다고밖에 말할 수 없습니다. 여러분 중 어느 한 사람도 아직까지 손에서 무기를 내려놓은 사람은 없습니다. '인상파'라는 모멸적인 언사는 여러분이 싸움에서 이기자 존칭이 되었습니다. 모든 예술에서 방향을 잡는다는 것은 그 뒤를 잇는 사람들을 위해 길을 열어주는 일입니다. 여러분은 단순한 예술가에 그쳐서는 안 됩니다. 용감하게 싸워 자신을 순수하게 지켜내야만 비로소 여러분의 이름과 작품도 영원히 썩지 않고 남게 될 것입니다. 여러분은 노동자입니다. 명예롭고 훌륭한 노동자입니다. 그러나 나는 여러분에게 그런 칭송을 받을 만한 자격이 없습니다. 나는 다만 여러분 뒤에서 약간의 도움을 주었을 뿐이기 때문입니다. 그러니 여러분은 나와 함께 세잔, 드가, 모네, 르누아르, 피사로, 시슬리, 고갱, 모리소 같은 분들에 대해 '만세'를 외쳐 주시기 바랍니다!"

그날 밤, 빈센트는 테오와 함께 집으로 돌아오면서 쉴 새 없이 지껄였다. 졸라의 연설이 그의 무거운 입을 열게 할 만큼 감동을 준 것이다.

"정말 훌륭한 일을 하는 사람들이야, 테오. 파리는 정말 멋진 곳이다."

3

고갱의 아틀리에는 옹색하고도 누추했다. 아름다운 색채를 쓰는 화가가 어쩌면 이렇게 초라하고 을씨년스럽기까지 한 집에서 지내다니……
빈센트는 이해가 되지 않았다.

고갱의 그림에 빈센트는 언제나 경탄했다. 그의 그림 속에는 빈센트 자신이 도저히 해낼 수 없는 그 무엇이 있었다. 그리고 그것은 빈센트가 지닌 것보다 훨씬 고귀한 것처럼 보였다. 고갱의 그림은 내면에 고요한 빛을 가득 품고 있었다.

빈센트는 고갱이 지닌 그 정적에 도저히 이를 수 없을 것 같았다. 그는 정말로 확고히 대지를 밟고 서 있었다.

언젠가 고갱은 빈센트에게 이렇게 말했다.

"자네는 나와 모든 면에서 정반대야. 내가 대지에 발을 확고하게 딛고 서 있는 것 같다고 했지? 자네는 마치 술에 취해 비틀거려 자네 발이 닿는 대지마저 흔들리는 것 같네. 자넨 자신을 똑바로 인식하고 있다고 생각하나? 내가 보기에 자넨 타락한 수도승 같아. 가시로 만든 관 대신 '예술가의 양심'이라는 관을 쓰고 있다는 것이 다를 뿐이지. 그런데 그 두 가지 관 중에서 어느 편이 더 견디기 쉬운지는 모르겠네."

"우리가 당신 말대로 서로 정반대라면, 당신은 불신의 무리, 죄인이겠군요."

빈센트는 웃으면서 대꾸했다.

"그래, 그렇게 말해도 난 아무 상관없어. 난 인생에 패배해 맥 빠져 있는 인간이 아니니까."

"그 말은, 그러니까 내가 인생에 패배해 맥 빠져 있단 말인가요?"

"그렇지. 자넨 겁쟁이에다가 절망 속에서 고독하게 지내고 있지 않나. 아주 작은 바람에도 자넨 금세 날아가 버릴 것만 같아."

빈센트는 고갱의 말에 수긍했다. 그것은 자신도 알고 있었다.

"자네는 내게서 자네에게 없는 것을 잘 관찰해 보게. 빈센트 자네는 일할 때는 말할 것도 없고 언제나 달뜬 상태라고 해야 할까, 도무지 고요히 침잠되어 있는 걸 본 적이 없어. 그래서 자네 그림을 보면 사람들이 자기도 모르게 동요하는지도 모르지. 그러니까 자넨 일에 압도당해 자신을 잃어버리는 것 같아."

"인정해요. 그런데 당신은 나와 반대로 일하는 동안에도 냉정을 유지한다는 말인가요?"

빈센트는 작은 목소리로 물었다.

"그렇지. 사람들은 별로 관심 없어 하는 말이지만, 자네니까 말하지. 나는 일하는 동안에도 언제나 냉정을 유지해. 끊임없이 여러 가지를 생각하고 세밀하게 고려하며 작업을 해야 하니 당연한 것 아닌가. 난 항상 효과라는 것을 염두에 두고 작업을 한다고."

"나는 도저히 생각하면서 일하지 못하겠어요. 그 효과라는 것은 두 번째 문제거든요."

"그래서 자네는 자네가 나보다 한 수 위라고 생각하겠지."

빈센트는 잠자코 있었다.

"그런데 그렇지가 않아. 그건 잘못된 자존심이라고."

고갱은 계속해서 말을 이었다.

"타산적인 태도를 가지고 그림을 그리는 화가와 이상주의적인 정신 상태의 화가, 어느 쪽이 나은지 결정하는 건 난제 중의 난제야. 지금 내가 말하는 건 돈 같은 물질적인 문제를 말하는 게 아니야. 난 무의식적으로 발견된 인식의 가치는 인정하지 않거든. 넉넉한 재능이 있는 화가들의 몽유병자 같은 자아가 우리에게 이익이 된다고는 믿을 수 없어. 설사 그런 일이 있다 해도 아주 드물고. 우리가 앞으로 나아갈 수 있는 힘은 비틀거리고 연약한, 혈기 왕성한 화가가 아니라 강인하고, 명쾌하고, 냉정하게 생각할 줄 아는 화가란 말이지."

"그건 화가가 아니라 수학자지요."

1886~1887

"자넨 진정한 화가고 나는 수학자라고 생각하나? 그럼 그렇게 생각하게. 솔직히 말해 난 내 차가운 면을 꼭꼭 숨겨두고 오히려 따뜻하게 보일 수도 있어. 그러면 결과적으로는 자네와 똑같은 효과를 얻게 되겠지?"

빈센트는 고갱과 함께 있는 것이 언제나 불쾌했다. 고갱과 빈센트는 근본적으로 성격이 맞지 않았고, 어떤 면에서 빈센트는 고갱을 두려워했다. 그럼에도 불구하고 빈센트는 이상하게도 고갱을 멀리하기 힘들었다.

"어떻게 남들에게 자신을 속일 수 있단 말이지요? 난 도저히 그렇게 할 수 없어요!"

빈센트는 몹시 화가 나서 거칠게 대꾸했다.

"그게 자네는 자랑이라고 생각하는 모양이군. 하지만 난 내가 그 반대인 걸 자랑으로 생각하지."

빈센트는 그리스도가 십자가에 못 박힌 그림을 가만히 바라보았다.

"마음에 드나, 빈센트?"

고갱이 물었다.

"이제까지 본 것들과는 전혀 다른 새로운 기법인걸요."

빈센트는 우물쭈물하며 말했다.

"그렇지, 바로 그거야. 사람들은 벌써 몇 세기 전의 낡은 기법으로만 그림을 그린단 말이야. 난 그걸 탈피하고 싶었어. 아주 독창적인 기법으로 이 그림을 완성할 거야. 그렇게 못할 거였으면 시작도 하지 않았지. 그런데 자넨 종교화를 그려본 적 있나?"

“몇 번 생각은 해봤는데, 아직까지 그럴 만한 여력이 없었어요⋯⋯.”

빈센트는 곰곰이 생각하며 말했다.

“왜 한 번도 시도해 보지 않았지?”

“내가 아직 그런 것을 그릴 만하지 못하다는 생각⋯⋯ 진정 경건한 인간만이 종교화를 제대로 그리지 않을까 하는 생각 때문이겠지요.”

이 말을 듣고 고갱은 그 커다란 목소리로 웃으며 말했다.

“자넨 툭하면 경건이 어쩌고저쩌고 하는군. 하지만 나 같은 인간도 종교화를 그리는데⋯⋯ 나는 그야말로 신앙은 물론이고 도덕도 경멸해 마지않는 인간인데 말이야.”

빈센트는 고갱과 이런 이야기를 깊이 나누지 않는 것이 좋겠다고 생각했다.

“도덕도 경멸한다고 말하는 당신이 존중하는 건 도대체 뭐죠?”

빈센트는 낮은 목소리로 물었다.

“이성과 실행력, 노동, 그리고 아마도 자네는 관심조차 없을 과학이지. 아마 자네도 실행력과 노동의 가치는 인정할 거야. 하지만 자넨 이성보다는 직관을, 과학보다는 경건이니 신앙이니 하는 쪽을 택하겠지. 안 그런가?”

“그래요.”

“나와 자네가 다른 점은 바로 그거야. 자네는 술을 마시지 않았을 때에도 늘 무언가에 취해 있는 것 같지. 반면 난 취해 있을 때에도 냉정을 잃지 않아. 자넨 몽상가고 나는 리얼리스트, 자네는 몽유병자고 나는 정신이 또렷한 사람, 자네는 미치광이고 나는 미치광이를 가장한 사람. 그리고 자네는 성자고 나는 악마지. 하지만 난 메피스토 역할을 하는 편이 더 재밌을 거라 생각해."

"당신은 어쨌거나 진정한 예술가예요, 고갱."

"우리 두 사람이 서로 정반대라고 했으니…… 그렇다면 자네는 예술가가 아니라고 해야 옳겠네. 하지만 난 자네 역시 예술가라고 생각해. 자넨 자신에 대해 어떻게 생각하는지 모르겠지만, 자네는 그림을 그리는 성도^{聖徒}야."

고갱은 잠시 후 다시 말을 이었다.

"그래, 난 불신^{不信}의 무리, 악마지. 사람들도 모두 나를 그렇게 생각하고 있어. 누구에게든 물어봐. 그렇게 말할 테니. 특히 내 마누라와 아이들에게 물어보라고."

"결혼을 했나요?"

"얼마 전까지는. 지금까지 나는 여러 가지 일을 해왔지. 선원이 되어 배를 타고 여러 나라를 다니며 여러 인종을 접하기도 했고, 또 은행원으로 일한 적도 있고……."

"은행원이라고요?"

빈센트는 믿을 수 없다는 듯이 웃으며 물었다.

"난 제법 소시민적인 삶을 살아왔어. 그러니까 매주 목요일이면 거실로 손님들을 초대하는 마누라도 있었다고. 그런데 자네는 마누라도, 자기 집 거실로 손님을 초대하는 맛도 모르겠군. 물론 자네는 아무래도 상관없다고 생각하겠지. 또 내게는 자식도 둘 있었네. 난 라피트 가의 한 은행에 다녔는데, 그때 내 한 주일 수입이 현재 두 달 벌이보다 많았단 말이지. 그런데 그 거리엔 지난 8년 동안 한 번도 가보지 않았군."

"왜 그 일을 그만두었지요?"

"그 무렵부터 난 그림을 그리고 있었어. 그러다가 문득 이런 생각이 들더군. 사람이 얼마나 빨리 나이를 먹고, 또 인생은 얼마나 빨리 지나가 버리는가 하는. 그래서 앞으로는 될 대로 되라는 생각으로 직장을 그만 두었지. 그 무렵 나체화 하나를 아무 연고도 없이 살롱에 출품했는데, 그게 입선되어 호평을 받았어. 그때 일상의 몽상에서 깨어난 거야. 물론 은행을 그만두겠다고 했을 때 마누라는 적극 반대했지. 먹고 사는 데에 는 돈이 들잖아? 그래서 자나 깨나 그 문제로 마누라와 싸우다가 결국 모든 걸 마누라에게 주고 집을 뛰쳐나오고 말았지."

"그럼 당신은 그후 부인과 자식들을 돌보지 않는 건가요?"

"그렇지."

"당신의 아내와 자식들이 어떻게 지내는지 걱정도 안 한단 말인가 요?"

"그래."

"어이가 없군요."

"인정해."

"어떻게 자기 가족에 대해 그렇게 무책임할 수 있지요? 참 냉정하 군요."

"경건한 양반, 말 한번 잘했네. 자네가 걸핏하면 얘기하는 그 하나님 이란 존재가 나에게 생명을 허락한 이상, 나 역시 그걸 나를 위해 잘 써야 하지 않겠나?"

1886~1887

"그렇다면 결혼을 하기 전에 좀 더 신중하게 생각했어야 하지 않나요? 그리고 일단 결혼을 한 이상 자신의 책임과 의무를 다해야 하는 거고요."

"그러면 내 자신에 대한 의무는 어떻게 하지?"

"가족에 대한 의무와 자신에 대한 의무를 일치시킬 수 있는 방법을 찾아야지요."

"허허, 자네는 그걸 한꺼번에 다 할 수 있다고 생각하는 모양이군."

"결혼을 해서 아이들을 훌륭히 먹여 살리는 화가들도 많아요."

"그런데 난 말이야, 아까도 말했지만 악마란 말이야. 그래도 열다섯 해 동안은 가족에 대한 의무를 충실히 했어. 이제 나머지 인생은 내 거야."

"나는 당신을 이해할 수가 없어요. 당신은 가족에게 잘못하고 있는 거예요."

"어떻게 말해도 상관없어. 난 정당하니까. 나를 나쁜 놈이라고 생각해도 좋아. 지금 내가 중요하게 생각하는 건 내 그림에 가치가 있느냐 없느냐 뿐이니까."

"고갱, 당신에게 하고 싶은 말이 있어요. 그러니까……."

"그만하게. 더 이상 듣고 싶지 않아. 오늘만 해도 이 따위 얘기나 하려고 한 게 아닌데……. 나는 매일 카페 프랑수아에서 어느 피혁상과 한 판에 1프랑씩 걸고 장기를 두는데, 하루에 세 번쯤 이기지. 그래서 그 벌이를 가지고 근근이 살아가네. 그런데 요새는 그 피혁상이 제법 세져 어제만 해도 내가 한 판도 이기질 못했어. 그 피혁상 녀석을 이겨야만 내가 살아갈 수 있는데 말이야."

4

빈센트는 로트렉의 아틀리에에서 열리는 모임에 가고 싶지 않았다. 그런데 테오가 검정색 옷과 흰 셔츠, 그리고 큼지막한 검정 넥타이를 새로 맞춰주었다. 그것을 차려 입은 자신의 모습을 거울에 비추어 보며 빈센트는 너무도 달라 보이는 자신의 모습에 좋아해야 할지 침을 뱉어야 할지 알 수 없었다.

나는 무엇 때문에 이처럼 멋을 내고 화가들의 난장판에 끼어들려는 걸까? 나 역시 어느새 동화되었단 말인가?

그러나 난 한낱 노동자에 지나지 않는다. 파리에서의 생활이 나를 이렇게 변하게 했을까? 본래의 내 모습을 잃어버린 건가? 그렇다면 차라리 이 도시를 떠나 다시 한적한 시골로 돌아가는 게 낫지 않을까? 내가 갈망한 것은 따사로운 햇빛과 아무 방해 없이 조용히 일에 몰두할 수 있는 생활 아닌가?

이 요란한 무리에 섞여 내가 하려는 일은 무엇일까? 이곳 화가들의 모임은 마치 정신병원과도 같다. 비좁은 방에 빼곡히 모여 서로 자기 말만 왁자지껄 지껄여댄다.

빈센트의 곁으로 조셉 반탕이 다가왔다. 그는 인사도 하지 않고 다짜고짜 이렇게 말했다.

"오, 이걸 봐요. 수없이 빛나는 이 아름다운 초롱들을! 나도 이런 걸 그리고 있지만…… 도무지 내 작품에 대해서는 설명을 할 수가 없으니…… 그런 일에는 본래 좀 서툴러서……."

반탕은 끊임없이 지껄여댔고, 빈센트는 그저 듣고만 있었다. 달리 이 남자의 수다스런 입을 다물게 할 방도가 없었기 때문이다. 그때 로트렉이 포도주병을 들고는 그 날선 목소리로 빈센트에게 말을 건네왔다. 그 바람에 반탕도 입을 다물고 말았다.

"어이, 빈센트. 자넨 여자에게 도무지 관심이 없는 것 같네. 그런 것에 정말 아무 생각이 없단 말인가? 이번에 난 나의 가장 퇴폐적인 욕망을 위해 아주 고급스런 침대를 하나 주문했네. 자넨 금발이 좋은가, 검은 머리가 좋은가? 날씬한 게 좋은가, 아니면 살집이 좀 있는 게 나은가? 젊은 편과 농익은 편 중에서는 어느 쪽이 더 당기는가?"

그러나 로트렉은 빈센트의 대답도 듣지 않고 벌써 저편으로 가버렸다. 그리고 에밀 베르나르가 비틀거리며 빈센트에게 다가왔다. 그는 빈센트의 팔을 잡고 식당 쪽으로 갔다. 거기에는 시슬리를 중심으로 한 무리의 화가들이 있었다.

"시슬리 선생."

베르나르가 외쳤다.

"오, 우리의 벗을 축복하소서. 그런데 르누아르와 모네는 왜 안 오지? 유감이군. 내가 여기서 유일한 늙은이야."

이렇게 말하는 시슬리의 말에는 영어 악센트가 아직 살아 있었다. 그는 계속해서 말했다.

"우리 영국과 달리 이곳 프랑스는 정말 명랑한 곳이야."

"나도 런던에서 지낸 적이 있습니다."

빈센트가 말했다.

"아, 그래요? 좀 따분한 곳이지요."

빈센트는 갑자기 우술라 생각이 나서 잠자코 있었다.

"벌써 꽤 오랫동안 영국에 가보지 않아서 이제 완전히 프랑스 사람이 된 것 같소. 그러니 이곳은 제2의 고향이라고도 할 수 있지. 게다가 프랑스 사람들은 정말 친절해서, 내가 어려움을 겪을 때마다 도움을 주었지요. 가진 돈이 바닥나 그림만으로 먹고 살아야 했을 때는 얼마나 난감했는지 몰라요. 당시 내 그림은 한 장에 20프랑도 안 했거든요. 유화 한 장당 40프랑을 받던 피사로가 얼마나 부럽던지…… 아, 그러나 오늘같이 유쾌한 밤에 이런 재미없는 얘기를 해서는 안 될 것 같소."

"아닙니다, 선생님."

"그렇게 궁핍했을 때 나를 누가 도와주었을 것 같소? 바로 과자 가게와 음식점을 하던 뮤렐이라는 사람이었소. 그의 가게는 볼테르 가에 있었는데, 그는 미술 애호가였지. 우리들 같은 인상파 화가들을 진심으로 지지해 주었어. 우리는 돈이 없을 때에도 그의 레스토랑에서 배가 터지게 음식을 먹을 수 있었지. 우리는 스무 번 식사를 할 때마다 그림을 한 장씩 그려주었어. 그렇게 음식 값을 지불한 셈이지. 그는 언제나 우리에게 세상이 우릴 인정할 때가 올 거라는 말을 해주었고, 또 항상 친절했어. 지금은 은퇴해서 그도 그림을 그리고 소설도 쓰며 지낸다오."

"그 사람이 그리는 그림은 어땠나요?"

빈센트가 물었다.

"아, 그 사람 레스토랑의 음식은 정말 맛있었다오."

시슬리는 미소 지으며 말했다.

"빈센트, 그러니까 자네는 아직 마누라가 없다는 말이지?"

이렇게 말하며 로트렉은 빈센트의 목덜미에 포도주를 부었다. 빈센트는 진저리를 치며 그 자리를 떠나 어느 어둠침침한 방으로 들어갔다. 많은 사람들이 시끄럽게 떠들어대는 가운데 거의 벌거벗다시피 한 여자들이 남자들과 함께 마룻바닥에 누워 있었다. 그런데 갑자기 누군가가 빈센트의 발목을 잡는 바람에 그는 넘어질 뻔했다. 그리고 여자의 목소리가 들렸다.

"누구예요? 누가 이렇게 난폭하게 날 밟아 뭉개는 거죠?"

빈센트는 이름을 말했다.

"빈센트? 이름 한번 별나군요."

"나는 네덜란드 사람이오."

"네덜란드에서 오신 분이군요. 이리 좀 가까이 와 봐요. 그렇게 뻣뻣하게 있지 말고."

여자는 빈센트에게 다가와 억지로 입을 맞추었다. 여자의 숨결에서는 술 냄새가 풍겨 불쾌했다. 빈센트는 여자를 떼놓았다.

"당신, 총각이에요?"

여자는 피식 웃으며 물었다.

"오, 요즘 같은 세상에 여기서 총각을 만나다니······ 오랫동안 당신 같은 사람을 기다려왔어요. 그렇다고 날 겁내지는 말아요. 이래봬도 결혼한 몸이니까. 당신을 어떻게 하지는 않는다고요."

"그런데 당신 남편은 당신이 여기서 이러는 걸 아나요?"

빈센트는 어이없어 하며 물었다.

"흥, 별소릴 다 하는군요. 그러지 말고 이리 와서 내게 키스해 줘요."

"그러니까 당신 남편은 당신의 이런 행동을 허락했나요?"

"허락? 정말 웃기는 이야기군요. 내가 왜 이따위 일에 남편의 허락을 받아야 하는 거죠?"

"그렇다면 당신은 남편을 기만하는 거요."

"그렇다고 해두죠."

"당신, 이러다가 남편에게 들키기라도 하면 어쩌려고 그래요?"

"죽이기밖에 더할까요? 그러니 쓸데없는 걱정은 말고 이리 가까이 와봐요, 네덜란드에서 온 분."

빈센트는 여자를 뿌리쳤다.

"그 네덜란드 남자는 어디로 간 거지? 누가 그 사람을 내게서 빼앗아간 거냐고?"

여자가 계속해서 이렇게 떠들어대는 소리가 빈센트의 귀에까지 들려왔다.

"저 여자들은 누구예요? 창녀가요?"

빈센트는 베르나르에게 물었다.

"천만에!"

베르나르는 웃으며 대꾸했다.

"이게 바로 파리의 시민사회야. 믿어지지 않겠지만, 파리에서는 어딜 가나 이런 난장판을 볼 수 있지. 화가의 아틀리에에서 열리는 축제에서는 상당한 지위의 여자들조차 저렇게 마음껏 흐트러져도 괜찮다고 생각하는 거야. 그러니까 스스로 창부를 희화화하는 거지."

빈센트는 집으로 돌아오면서 생각했다.

그 시엔이라는 여자는 정말 순진했다. 그리고 나는 이제 무슨 일이 있어도 따뜻한 햇볕 아래서 조용히 일을 해야 한다.

5

툴루즈 로트렉은 모임에서 술을 너무 많이 마셔 술병이 났다. 빈센트는 병문안을 갔다가 마침 병실에서 나오는 의사를 만났다. 빈센트는 로트렉의 상태를 물었다. 그러자 의사가 대답했다.

"뭐, 대단한 일은 아니에요. 술을 너무 많이 마셔서 간이 좀 상했을 뿐이에요. 하지만 앞으로도 계속 이런 식으로 마셔댔다가는 언제 죽을지 몰라요."

병원의 하얀 침대 위에 누워 있는 로트렉의 검정색 수염이 더욱 선명하게 눈에 들어왔다.

"빈센트, 이렇게 와주어 정말 고마워. 죽어서야 만나겠구나 생각했는데, 이렇게 살아서 얼굴을 보니 정말 반갑군. 이렇게 친절할 줄이야."

"큰 병은 아니라니 너무 염려 말아."

빈센트가 말했다.

"나야 하고 싶은 일은 다 해봤으니 여한은 없어. 술을 너무 많이 마셔서 간이 비대해졌다고 하더군."

"왜 그렇게 몸을 해칠 정도로 술을 많이 마셨지?"

"당신은 정말 순진한 건지…… 귀엽다고 할 수도 없고, 참내."

로트렉이 웃으며 말했다.

"그러니까 당신은 인생에 대해 무얼 좀 알고 있단 말이요?"

"나는 남들은 잘 모르는 그런 고생을 좀 했지. 심하게 굶어도 봤고 그러면서 고투하고……."

"환자와 그렇게 얘기를 많이 하면 안 됩니다."

간호사가 끼어들었다.

"그러지 말고 얘기를 좀 하게 내버려둬요. 내가 사랑하는 하나님께서는 나를 아직 데려가지 않으실 것 같으니 말이오. 하나님은 한 천사를 통해 내게 말씀하셨지. 내가 좀 더 죄를 짓기 전에는 데려가지 않으시겠다고. 나는 아직 하나님께 대해서는 죄를 짓지 않았거든."

"하나님께서 당신을 용서하실지 모르겠군요."

간호사가 말했다.

"하나님께서는 틀림없이 용서해 주실 거야. 그게 바로 하나님이 하시는 일이거든. 시인 하이네도 그렇게 말했지."

빈센트는 날마다 로트렉에게 병문안을 갔다. 어느 날은 로트렉이 몹시 분개해 있었다.

"그 의사 녀석이 나를 쓸데없이 병원에 닷새 동안이나 누워 있게 만들었어. 난 벌써 나았는데 말이야. 그동안 술도 못 마시고 이게 뭐야. 오늘도 나를 병원에서 내보내지 않을 작정인가봐. 내 소중한 시간을 마구 빼앗고…… 가만있지 않을 거야."

로트렉은 빈센트와 함께 마차에 올라타며 의기양양하게 말했다.

"내 짧은 인생의 닷새나 되는 시간을 그 의사 녀석이 빼앗아갔단 말이야. 이걸 어떻게 갚아주면 좋지. 이런 걸 제한할 법이 없다는 게 정말이지 유감이야. 빵 한 조각을 훔치면 벌을 받는데, 내게서 닷새나 되는 시간을 훔쳐간 의사에게는 오히려 돈을 지불해야 하다니."

로트렉은 갑자기 마차를 멈추게 했다.

"저기 르누아르 아닌가? 여어, 르누아르 선생!"

"아니, 로트렉 아닌가?"

르누아르가 반갑게 손을 내밀었다.

"다 나았나? 다시 건강을 찾은 걸 축하하네."

"뭐 그리 오래 누워 있었던 것도 아닌데……."

"그래도 아프다가 나으면 여간 좋지 않은가, 로트렉."

르누아르가 말했다.

"어쨌든 르누아르 선생도 같이 가서 시간을 보내면 좋겠는데……"

"난 지금 몹시 바빠서…… 세 시부터 초상을 그리러 가야 하거든."

"당신만큼 부지런한 화가도 없는 것 같아."

로트렉이 말했다.

"사실 당신을 볼 때마다 난 부끄러워져. 당신이랑 비교하면 난 정말 게으름뱅이니까. 그런데 선생은 할아버지, 할머니, 부모님도 모자라 아이들과 하인들까지 모조리 그리더군. 이제 곧 개도 그리겠어. 난 개의 얼굴이 제일 흥미롭다고 생각하는데……."

"로트렉, 화가에게 흥미롭지 않은 얼굴이란 없네. 아무리 시시해 보이는 인간이라도 아주 기막힌 초상화의 모델이 될 수 있거든. 그래서 난 그 베르나르네 식구들에게 정말 감사한다네. 그 식구들을 알고 나서 슬럼프를 벗어났지."

"아이들 많은 그런 부잣집 또 어디 없을까? 여기 이 사람에게도 딱 그런 자리가 있으면 아주 좋을 텐데."

로트렉은 이렇게 말하면서 빈센트를 가리켰다.

빈센트가 얼굴을 붉히자 르누아르가 그를 곁눈질로 보며 물었다.

"사정이 많이 어려운가요?"

"아뇨, 동생과 지내니까 그렇게 다급한 건 아니에요."

"난 가난이 뭔지 잘 알아요. 내 아버지는 재봉사였는데, 나도 직공으로 키우려 했지요. 처음엔 도자기에 그림 그리는 일을 했어요. 당시 한 다스의 접시에 그림을 그리면 5수^{sou}를 받았지요. 그후 기계로 도자기를 만들어내면서부터는 커튼 그림을 그렸고요. 아주 비참한 시기였지만, 덕분에 난 직공들의 예술적 재능을 인정하게 되었지요. 그들을 우습게 봐선 안 돼요."

빈센트는 르누아르의 말에 귀를 기울였다. 지상의 모든 온화함을 풍기는 밝고 순결한 그림만을 그리는 르누아르가 그토록 수공예를 높이 평가하는 것을 조금 의아해하면서 빈센트는 말했다.

"당신이 그린 바그너의 초상을 봤어요. 그 그림을 몇 번이고 다시 감상했는데…… 그것은 매우 밝고 자유로워 보였어요. 난 그림 속 바그너에게 죽음의 그림자를 보았는데, 그러니까 당신은 그의 초상을 그리면서 그의 죽음을 알고 있었던 거예요. 그 그림에서는 어떤 공예적인 요소도 찾아볼 수 없었어요."

"바로 그때 수공예가 비로소 예술이 되는 거죠."

르누아르가 말했다.

"예술의 본질이란 종교와 마찬가지로 해명하기가 쉽지 않지요."

"그래, 옳은 말이야. 그런데 당신이 그린 그 독일 음악가는 생활태도도 그 음악처럼 미치광이 같았다지?"

로트렉이 물었다.

"그런 단어는 함부로 사용해서는 안 된다고. 특히 우리들은 말이야. 세상 사람들이 일찍이 우리를 가리켜 미치광이라고 하지 않았나? 그리고 지금도 우리를 그렇게 생각하는 사람들이 많아. 그리고 난 바그너의 음악을 좋아해."

"나는 머리가 아파지던데……"

로트렉이 말했다.

"하지만 그의 음악을 듣고 왜 세상 사람들이 우리에게 미치광이라고 하는지 알 수 있었어. 어쨌든 바그너 얘기를 해보지."

"별로 얘기할 거리도 없지만…… 나폴리에 있을 때 바그너가 팔레르모에 피한避寒을 가 있다는 말을 듣고 그의 초상을 그려보고 싶단 생각이 들어 찾아갔지. 그때까지 한 번도 화가의 모델이 돼본 적이 없다고 하더군. 감사하게도 특별히 나를 위해 모델이 돼주었는데, 30분 만에 지쳐버렸어."

그때 마침 마차가 르누아르의 목적지에 도착했다.

로트렉은 집에 도착할 때까지 아무 말도 하지 않았다.

"언짢은 일이라도……?"

빈센트가 물었다.

"나는 언제나 진심으로 굴복당하게 되는 사람과 심각하게 얘기한 다음에는 기분이 언짢아지지."

6

빈센트는 깊은 생각에 잠겨 집으로 돌아왔다. 그는 이 파리라는 도시에 압도당했다.

이곳에는 어쩌면 대가들이 이렇게 많을까? 그들과 비교하면 나는 어떤 존재인가? 얼마만한 가치가 있을까? 내가 이제까지 도달한 곳은 기껏해야 가련한 딜레탕트에 불과한 것 아닐까? 이 도시를 떠날 수 있다면…… 떠난다면 어떨까? 그러나…… 다시 어디로 가야 할까? 그리고 어떻게 떠날 수 있을까? 테오가 또 돈을 써야 하나?

그 무렵 테오의 태도는 완전히 달라져 있었다. 밤에 이야기를 하다가도 졸거나 초조함을 숨기지 않았다. 게다가 붓이나 물감 튜브나 수건, 걸레 따위가 방에 흩어져 있으면 무슨 큰일이라도 난 듯 못마땅해 했다. 게다가 세잔, 르누아르, 드가, 시슬리 같은 대가들의 작품을 전시해 놓은 곳에다가 친구의 졸작을 걸어놓는 돼먹지 못한 짓까지 했다.

"왜 그런 짓을 하는 거니?"

빈센트가 물었다.

"다 장삿속이지."

"그러니까 너는 돈벌이를 위해 그런 일을 했다는 거냐?"

"형, 그 전람회는 내가 하는 게 아니라 구필 화랑에서 하는 거야. 그러니 예술적 완성도만 생각할 게 아니라는 거지. 팔릴 만한 그림도 내놔야 한다고."

빈센트는 격분했다.

"너도 결국 장사치가 돼버렸구나."

"내가 아니라 화랑에서 결정한 일이라고 말했잖아."

이렇게 말하고 나서 테오는 하품을 했다.

"그걸 변명이라고 하는 거니? 화랑 사람들이 잘 모르는 것 같으면 네가 가르쳐줘야 하는 거 아냐? 대가들의 그림과 페릭스 산디에 같은 녀석의 졸작을 함께 걸어놓다니…… 말이 안 된다. 모네 그림 옆에 그 녀석의 시시한 토끼 그림이 걸려 있질 않나, 르누아르 그림 옆에는 속물들이나 좋아할 그 녀석의 사슴 그림이 걸려 있더구나. 또 시슬리의 그림 옆에는 말 그림이라니! 그런데 그 산디에라는 녀석은 왜 자꾸 그따위 짐승 그림만 그린다니? 온갖 동물은 다 그려대면서 자기에게 딱 어울리는 돼지는 안 그렸더구나."

"그래도 그런 그림이 잘 팔리는걸."

테오는 이제 이런 이야기에도 진저리가 났다. 그래서 그저 빈센트가 하고 싶은 말을 하게 내버려두고 싶었다.

"그러니까 너는 거기에 대해 아무 말도 안 했단 말이구나."

"난 한낱 고용인에 불과해. 내 마음대로 할 수 있는 일이 얼마나 된다고 생각해?"

"정말 수치스럽다. 그럼 화랑을 그만두고 네가 직접 차리면 되잖니."

그 말에 테오는 그만 웃어버렸다.

"화랑 차릴 돈은 어디서 마련해? 나한테는 그럴 만한 돈이 없어."

젠장, 또 돈 얘긴가. 그렇지. 테오는 그동안 내 뒷바라지를 하느라 모아놓은 돈도 거의 없을 것이다. 아, 나는 동생 인생에 방해만 되는 존재인가? 빈센트는 생각했다.

테오도 생각에 잠겼다.

일이 끝나고 지쳐서 집에 돌아오면, 형은 날마다 이따위 끝도 없는 이야기로 나에게 시비를 걸어온다. 하루 종일 힘들게 일하고 집에 돌아와서는 좀 쉬고 싶은데…… 형은 자기 생각만 하면서 나를 들볶는다. 그래, 형에게는 그런 얘기까지 할 마땅한 상대가 없기 때문일 것이다. 그래서 가슴 속에 꽉 찬 그것을 모조리 내게 쏟아 붓는 것이다.

그런데 형은 너무 고집불통이다. 도무지 자기의 생각을 굽히려 들지 않는다. 언제나 싸우려 할 뿐이다. 게다가 나는 형이 양탄자 위에 다 쓴 물감 튜브나 화구들을 마구 어질러놓는 것이 정말 싫다. 예전의 형은 정돈하기를 좋아하는 깔끔한 성격이었다.

어떻게든 형에게 혼자 쓸 집을 얻어주고 싶다. 그런데 그런 뜻을 비쳐도 형은 알아채지 못한다. 그냥 툭 터놓고 이 집에서 나가는 편이 좋겠다고 말하면 형은 틀림없이 여기 더 있겠다고 할 것이다.

형의 마음속에는 마치 두 사람이 살고 있는 것 같다. 하나는 매우 상냥한 인간이고, 다른 하나는 아주 이기적이고 냉혹한 인간이다. 그 두 인격이 원수지간이어서 전혀 반대되는 말을 하기도 하고, 생각도 하고, 판단도 한다. 그리고 어느 한쪽이 힘을 받느냐에 따라 어떤 때는 상냥하고 어떤 때는 가혹하다. 형이 남이었다면 도저히 참아내지 못했을 것이다. 자신의 생활은 물론 함께 지내는 내 생활까지도 재미없게 만들어버리는 재주가 있다.

그러나 이것만은 확실하다. 형은 위대한 예술가고, 나는 형 옆에서 참을성을 가지고 형의 말을 들어주어야 한다는 사실. 이제 곧 봄이 온다. 그러면 모든 것이 좋아질 것이다. 형은 다시 야외에서 일할 것이고, 그 기막힌 세 폭짜리 제단화祭壇畫를 계속해서 그릴 것이다. 센 강변의 레스토랑과 강에 떠 있는 보트, 그리고 초록빛 화원…… 세상의 온갖 것들이 형의 캔버스에서 고운 빛깔로 다시 탄생할 것이다.

7

피사로가 파리로 돌아왔다. 그는 며칠을 시골에 머물렀지만, 파리에 오고 나서도 교외에서 지냈다. 빈센트는 피사로의 최근 그림들에 깊은 감동을 받은 참이었다. 그것은 〈소 먹이는 여인〉〈빨래〉〈양치기〉〈매실 따기〉 등의 작품으로, 빈센트가 그동안 그리고 싶어하던 자연과 농부를 주제로 그린 그림들이었다.

빈센트는 이 대가를 찾아갔다. 피사로는 아주 유쾌하게 빈센트를 맞으며 친히 정원을 안내했다. 그리고는 나무에서 버찌를 따서 대접했다. 이런 환대를 받으며 빈센트는 생각했다.

나도 이 사람처럼 언제나 정신의 평형 상태를 유지할 수 있을까? 아니, 그것은 내게 불가능한 일이다. 그러나 조용하고 온화한 인격을 지닌 예술가가 참된 예술가다. 나처럼 언제나 무엇엔가 썰 사람들은 예술을 교란할 뿐이다.

비약적인 정신보다는 착실한 기교가 예술의 진보에 더 이바지하는 것 아닐까? 그렇다면 나는 지금 대체 무엇을 하고 있는 거지? 차라리 이 도시를 떠나고 싶다. 이제까지 내 자신이 이토록 무능하고 나약하게 느껴진 적은 없다. 보잘것없는 가련한 존재인 것만 같다. 이 도시는 그렇게 무거운 압력을 가한다. 이토록 번잡하고 시끌벅적한 곳에서 나는 내 길을 개척할 수가 없다.

빈센트가 감격해 하면서 피사로에게 그의 그림에 대해 말하자 그는 웃으며 이렇게 말했다.

"정말 고맙소. 하지만 내 작품을 지나치게 높이 평가한다는 생각이 드는군. 내 작품은 아직 걸작이라는 말을 듣기에는 부족하오."

빈센트가 강하게 고개를 저어 부정하자 피사로는 다시 한 번 말했다.

"아니, 정말 그렇소."

그러나 빈센트는 여전히 고개를 가로저었다.

"당신은 좀 더 냉정해져야 할 것 같아."

피사로가 이렇게 말하자 빈센트가 대꾸했다.

"성질이 차분하거나 그렇지 않거나, 그건 자기 뜻대로 되는 것만은 아니에요. 인간은 자기 자신을 온전히 스스로 만들 수 없지요. 어떤 면에서는 만들어지는 것이니까요."

이 말을 듣고 피사로는 웃으며 말했다.

"젊은 사람이 아주 현명한 소리를 하는군. 그런데 당신은 그림을 그리고 나서 만족스럽지 않으면 그걸 찢어버리고 다시 그리지 않소? 그

것처럼 자신을 좀 개선해 나갈 생각은 없나요? 인간은 모두 스스로 개선해 나갈 여지가 조금은 있다고 생각하는데…… 당신은 너무 성급해 보여요."

"나는 다만 내가 하는 일에 온 힘을 쏟을 뿐이에요. 내 자신이 어떻게 되건 큰 상관이 없어요."

빈센트는 흥분한 감정을 억누르며 말했다.

"당신은 자신을 너무 사랑하는군. 자신에 대해 지나치게 관대해."

"아니요, 나는 내 자신이 못 견디게 싫어요. 스스로를 참아줄 수가 없어요."

피사로는 나무에서 버찌를 따면서 부드럽게 말했다.

"이 버찌가 익으려면 시간이 얼마나 걸리는지 아시오?"

"그런 일은 나와는 아무 상관없는 일이에요."

"그렇다면 도대체 당신에게 도움이 되는 건 무엇이오?"

"나도 모르겠어요."

"그렇지. 그런 건 아무도 잘 모르는 거요. 내가 그걸 물어본 건 당신을 올바른 인식에 접근시키기 위해서요. 누구나 결정적인 문제에 대해서는 타인에게 도움을 받을 수 없소. 그래서 인간은 고독한 법이지."

두 사람은 잠시 동안 잠자코 있었다. 이윽고 피사로가 친절하게 말을 이었다.

"하나님께서는 오직 한 사람의 인간에 대해서도 사랑과 은혜를 가지고 계신다는 사실을 당신은 믿지 않나 보군. 그리고 우리는 모두 우리 인생에 대해 나름의 대가를 치러야 하는 것이고, 또 그것은 누구에게

나 결코 녹녹치 않고."

"그래요. 그런데 어떤 사람들은 특히 아주 비싼 값을 치르며 인생을 살지요."

"아주 쉽게 인생을 사는 사람들도 있으니 어쩔 수 없는 일 아니겠소?"

"그렇지요. 그렇게 헐값에 사는 사람들이 있으니 두 곱, 세 곱 힘든 인생을 살며 대신 몫을 지불하는 사람들도 있는 것이고요."

"그렇게 대가를 치러야 할 운명이라면 받아들여야지 별 수 있겠소. 사실 나도 얼마간의 대가를 치르며 인생을 살아왔다고 생각하지만, 앞으로 남은 인생에서 더 많은 대가를 치르게 될지 몰라 사실 두렵다오. 나역시 아주 궁핍한 생활을 경험했는데, 한때는 미장이에 불과한 한 남자에게 그림을 팔지 않고는 도저히 생활을 이어나가기가 힘들기도 했소."

"미장이라고요?"

빈센트가 물었다.

"마르탕이라는 친절한 남자였소. 그 사람은 주로 젊은 화가의 그림을 사곤 했는데, 주로 코로나 존킨드의 그림을 사서 되팔았지. 내 그림은 한 점에 3, 4프랑 정도에 사서 20프랑쯤 되는 값에 팔았다고 하더군. 그후 돈을 상당히 벌어서 미장이 일을 집어치웠고, 내 그림도 더후한 값에 사주었지. 그러니 가난이나 근심 걱정 따위는 모두 돌파해 나가야 하는 법이오. 그건 그리 중요한 문제가 아니란 말이오."

"어느 정도의 가난을 경험하고, 또 얼마나 굶어보고 그런 얘기를 하는지 모르겠습니다."

빈센트는 전투적으로 말했다.

카네이션과 꽃들이 담긴 화병
파리 | 1886 | 유화 | 61×38cm | 워싱턴, 크리거 박물관

"자신이 좋아하는 일을 하기 위해서는 괴로운 일도 참아야 하는 건 당연한 일 아니오? 전에 당신도 일이 생활보다 더 중요하다고 하지 않았소?"

이 말에 빈센트는 아무 대꾸도 하지 않았다.

그런데 이 사람은 왜 자꾸 나에 대해 반대되는 이야기만 하는 걸까? 이 온화한 사람은 나와는 너무도 다른 사람이라서 나와 어울리지 않는 걸까? 빈센트는 이렇게 생각했다.

"나 역시 머지않아 또 다시 인생의 계산서를 받게 될 것이라네. 의사가 그림을 못 그리게 할지도 몰라. 내 시력에 문제가 있어서……."

이 말을 듣고 빈센트는 큰 소리로 말했다.

"그게 무슨 말이에요? 정말 큰일났군요."

도저히 믿어지지 않는 말이었다. 햇빛으로 눈부신 이 아름다운 정원과 시원한 초원, 그리고 숲을 그리는 이 명랑한 화가가 어쩌면 자신이 실명을 할지도 모른다는 말을 이렇게 담담하고 아무렇지 않게 말할 수 있다니, 어쩌면 저렇게 태연할 수 있단 말인가.

"걱정하지 마시오. 의사도 오진을 할 수 있는 법이고, 아직은 괜찮으니까."

늙은 피사로가 말했다.

나에게 안심하라는 말을 하는 이 사람은 대체 어떤 생각을 하는 걸까…… 빈센트는 생각했다.

"그 고통을 어떻게 견디며 살아가겠다는 말인가요?"

빈센트는 이렇게 말하고는 고개를 떨어뜨렸다.

1886~1887

"내가 앞을 보지 못하게 될 운명이라면, 그걸 받아들이는 수밖에 없지 않겠소? 그렇다면 아무리 버둥거려도 아무 소용이 없잖소?"

"그래도 그렇게 태연하게 말할 수 있다는 사실을 받아들이기 힘듭니다."

빈센트가 이렇게 말하자 피사로는 다시 말했다.

"그건 아마도 나의 유대인 기질에서 나오는 것이겠지."

"유대인의 신앙은 도대체 어떤 것이기에……."

"우리 유대인들은 예전부터 다른 민족들보다 훨씬 더 심한 고통을 받으며 살고 있소. 자, 조금만 더 숲을 산책하지. 햇빛이 비칠 때 마음껏 즐기세. 요즘엔 해가 금방 져서……."

8

빈센트는 점점 침울해졌다. 로트렉이나 베르나르 같은 사람들에게도 찾아가지 않고 그림 그리는 일에만 열중했다. 테오는 그런 형의 그림에서 풍기는 심각한 우울함이 걱정되었다. 차라리 형의 밑도 끝도 없는 이야기 상대가 되는 편이 나을 것 같았다. 빈센트는 테오가 집에 있을 때에도 방 한구석에서 파이프를 문 채 생각에 빠져 테오가 말을 건네도 아무 대꾸도 하지 않았다. 테오는 그런 침묵이 견디기 어려웠다.

빈센트의 상태를 걱정하던 테오는 안면이 있는 젊은 의사에게 4~5일에 한 번씩 방문 진료를 해달라고 부탁했다. 그 의사는 빈센트를 진찰한 후 빈센트가 없는 자리에서 이렇게 말했다.

"아무래도 증세가 복잡해 보입니다. 당신 말에 의하면 형님의 소년 시절은 마비성 치매나 정신분열증 징후를 보입니다. 물론 이것을 부정할 만한 요인도 있긴 합니다. 그러나 젊을 때 광신적 경향이 있었다는 점과 생각이 깊고 말이 없는 스타일이라는 점, 또 타인에게 헌신하는 경향성이 짙다는 점 등이 모두 마비성 치매의 징후입니다."

테오는 도무지 의사의 말을 알아들을 수 없었다. 들어본 적도 없는 이따위 전문적인 병명이 도대체 무슨 소용이지. 테오는 빈센트가 정말 몹쓸 병에라도 들었을까봐 걱정이 태산 같았다.

"물론 현재로서는 정확한 진단을 내릴 수 없습니다. 또 전형적이진 않지만 간질 증상도 보입니다. 가장 좋은 건 형님을 빨리 좀 더 자세히 진찰할 수 있는 병원으로 모시고 가는 일입니다."

"그럼, 어디로 데려가야 할까요?"

테오는 불안한 마음으로 물었다.

"시설이 잘된 신경정신병원으로 가면 좋겠지요."

"정신병원이라고요? 절대 그럴 수 없어요. 우리 형은 예술가예요. 너무 힘들게 일을 해서 그런 것뿐이라고요."

"물론 그럴지도 모르지요. 그러나 형님께서 그림을 시작하기 전에도 나타나곤 했던 징후에 대해 한번 생각해 보시지요."

"형은 우리가 생각할 수도 없는 궁핍함에 시달렸어요. 그것도 오랜 기간 동안요. 그걸 형은 자신의 천재로 극복했는데…… 무슨 말인지 아시겠어요?"

"정신병원에서 진찰을 받는다고 해서 모두 감금을 하는 건 아니에요."

"아니, 절대로 그런 일은 할 수 없어요. 빈센트 형은 예술가라서 특별히 감수성이 넘치는 거예요. 정신병원 같은 데 입원시키면 형은 아마도 파멸하고 말 거예요."

의사가 잠자코 있자 테오는 더욱 흥분해서 말을 이었다.

"형은 예술가라고요. 당신은 예술가의 영혼이 어떤 것인지 상상도 하지 못할 거예요."

하지만 테오의 마음은 불안과 의심으로 가득 차고 말았다. 그는 넌지시 형의 거동을 주시했다.

오늘은 형이 조금 쾌활하다. 보통 밤보다는 아침에 활기가 더 있다. 어제보다 오늘 식사도 더 잘한다. 그런데 술을 마시는 건 좋은 징후일까, 나쁜 징후일까? 요즘 형은 예전보다 더 노란 빛깔에 심취한다. 이렇게 밝은 빛깔을 선호하는 건 형이 심리적으로 안정되어 가고 있다는 징후 아닐까?

테오는 빈센트의 일거수일투족에 주목했다.

빈센트의 우울함은 차차 사라지는 것 같았다. 빈센트는 다시 카페에 나가 사람들과 어울렸다. 그리고 에밀 베르나르로부터 아스니에르에 있는 그의 부친에게 놀러 오라는 초청도 수락했다. 테오는 이제 형이 살아났다고 생각했다. 그는 가슴을 쓸어내리며 마음을 놓았다.

탕기는 빈센트가 가져 간 그림을 보고는 노골적으로 불만을 드러냈다.

"이 그림에서는 도무지 아름다움이란 걸 찾아볼 수가 없군. 이 우악스런 손을 좀 봐. 내 손가락이 정말 이렇게 뭉뚝하게 생겼나? 얼굴은 또 어떻고…… 내가 아무리 무식한 남자라도 이렇게 얼간이처럼 생기지는 않았네."

"이 그림은 말이야. 실물과 너무도 흡사해 그 본인을 볼 때와 똑같이 불쾌해진단 말이야."

로트렉이 이렇게 말하자 탕기가 다시 말했다.

"내 화를 돋우는군. 난 이제까지 자네들을 위해 좀 손해를 보더라도 이것저것 신경을 써주었는데, 그 보답으로 나를 조롱하다니!"

빈센트가 잠자코 있자 로트렉이 대신 대답했다.

"줄리앙 프랑수아 탕기, 자선가인 체하며 실상은 우리를 착취해 가는 당신은 악당이야. 당신 가게의 물감은 다른 데보다 비싸지. 게다가 우리에게 돈을 꿔주고는 이자에 이자까지 붙이잖소? 우리들 그림을 가게 진열장에 진열해 준다고 하지만, 거기에서 당신이 톡톡히 이득을 취한다는 건 잘 알고 있지. 그러니 그렇게 잘난 체하지 마쇼. 당신의 아둔함을 섬세한 일본풍 배경으로 묘사하면, 아마도 그 아둔함이 더욱 효과적으로 드러날 거요."

"나 때문에 배경이 돋보일지도 모르지."

"어느 편이든 마찬가지요. 어쨌든 당신은 이 그림으로 인해 후세까지 남게 될 거요."

로트렉이 말했다.

"그럼 그 그림을 돌려주세요."

이제까지 가만히 있던 빈센트가 말했다.

"마음대로 하시오. 어쨌든 당신에게는 물감 값과 일본 목판화 값이 외상으로 남아 있으니 알아두고."

"곧 갚을 거예요."

"도대체 언제 갚겠단 말이오? 그 말을 나더러 믿으란 말이오? 차라리 그 그림을 받아두는 편이 낫겠소. 혹시라도 팔릴지 아오?"

"마음에도 안 드는 그림을 어쩌려는 거죠?"

"그건 당신이 알 바가 아니오. 언젠가는 이 그림이 마음에 들어 사려는 사람이 있을지 모르잖소?"

탕기는 젊은 화가들의 그림을 가게 앞 진열장에 걸어 놓고 있었는데, 마침 로트렉의 소묘 두 장을 판 뒤라 제법 대담해졌다. 그래서 이 미치광이 젊은이의 그림도 팔 수 있을지 모른다는 생각이 들었던 것이다. 아니 어쩌면 미치광의 그림일수록 좋겠다는 생각을 하는 것 같았다.

그러나 로트렉이나 에밀 베르나르의 그림은 팔렸지만, 이번 빈센트의 그림은 아무도 사가는 사람이 없었다. 결국 탕기는 빈센트의 그림을 팔 계획을 포기하고 말았지만, 빈센트는 그곳에 내놓은 그림을 끝내 한 장도 찾지 못했다.

빈센트의 자화상에는 아무 결점도 없었다. 그리고 그는 대부분 자화상을 그렸다.

빈센트는 자신의 얼굴을 자세히 살펴보았다.

정말이지 퉁명스런 얼굴이다. 내 눈 주위는 어쩌면 저렇게 어두울까. 게다가 저 날카로운 눈빛은 어떻고. 만약 실제로 저런 남자를 모델 삼아 그린다면…… 그 남자를 보고 필시 나는 공포를 느낄지 모른다. 이 얼굴은 병이 난 게 아닐까? 이 남자는 어디가 아픈 게 아닐까? 그렇다. 이 남자는 구원되어야 한다. 아, 나는 지금 무슨 생각을 하고 있는 건가. 완전히 미쳐버린 건 아닌지…… 저 얼굴은 다름 아닌 바로 나인데…… 마치 다른 사람 얘기하듯 말하고 있다, 나는 지금.

"이 황색의 정물은 정말 기가 막혀요. 당신 속에서 타오르는 불이 빛나는 것만 같아요."

최근 알게 된 젊은 화가, 폴 시냐크[46]가 말했다.

"그림이 마음에 든다니 기쁘군요. 나는 또 어떤 소리를 듣게 될까 불안했거든요. 언제나처럼 '범상치 않은 위기에 처해 있군요' 하는 소리를 듣게 될까봐 말이에요."

"내가 그렇게 말하는 이유는 우리의 새로움이 고정돼버릴까 두려웠기 때문이에요. 실제로 혁명가였던 인상파 화가들은 처음엔 반동으로 받아들여져 비난과 조소를 받았지요."

"당신은 조금 과장하고 있어요."

빈센트는 미소를 지으며 말했다.

"당신처럼 심리학만 가지고 그림을 그리려 해도 잘 되지 않아요. 그런 건 심심풀이 장난에 지나지 않아요. 그렇게 하다가는 들라크루아를 심리적 기초까지 거슬러 올라가서 따져야 할 테니까요."

1886~1887

밀짚모자를 쓴 자화상

파리 | 1887 | 마분지에 유채 | 40.5×32.5cm | 암스테르담, 반 고흐 미술관

"당신 얘기를 듣고 있으면, 내가 나이가 들어버린 것만 같아요. 당신은 그러니까 아버지라고 할 만한 사람들을 제쳐놓고 할아버지뻘 되는 사람들을 떠받들고 있는 거예요."

그날 밤 빈센트는 테오와 시냐크 이야기를 했다.

"총명한 사람이야. 분명 앞으로 큰 활약을 할 거야."

그리고 빈센트는 자신의 의견을 늘어놓기 시작했다. 잠시 후 테오를 보니 이미 잠들어 있었다.

테오는 도무지 내 말을 들으려 하지 않는다. 그렇다면 그런 대로 나는 마음 놓고 포도주를 마시면 된다. 포도나무를 무성하게 하신 것만으로도 하나님은 참으로 자비로우시다.

테오가 잠이 들지 않았다면 어떻게 대답했을까? 그래, 또 그 민중이 어쩌고를 거론했을 것이다. 언제나 그런 것을 구실 삼는다. 그러나 법률도 국가도 종교도 모두 민중의 의사에 대항해 만들어진 것 아닌가…….

테오는 깊은 잠이 들었고, 빈센트는 술을 마시면서 생각에 빠졌다.

10

빈센트는 카페에 들어가려다 말고 멈칫했다. 카페 안은 귀청이 떨어져 나갈 만큼 시끄러웠고, 담배연기가 몰려와서 안을 들여다보기도 힘들었다.

빈센트에게 자리를 내주기 위해 네 개의 의자를 한쪽으로 몰아야 했다. 그런데도 모두가 걸터앉을 만한 자리가 되지 않아, 벽에 기대 서 있기도 하면서 서로 잡다한 이야기를 나누었다. 바로 금요일, 패거리들이 야단법석을 떠는 날이었던 것이다.

폴 세잔은 외투를 입고 모자를 쓰고 테이블 위에 걸터앉아 지껄였다.

"난 미술학교에서 그림을 배웠는데, 교사에게 무얼 배웠는지 알아? 바로 교사가 그린 그림을 보고 그림은 저렇게 그리면 안 된다는 사실을 배웠네."

"브라보! 하지만 충고하는데, 그런 현학적인 녀석을 모욕하면 안 돼. 그런 것들에게 물리면 상처가 좀처럼 낫지 않거든."

고갱이 말했다.

"그런 녀석들은 지옥으로 가버리라고 해. 그들은 우리가 살아 있는 동안에는 욕설과 비방을 퍼붓고 우리가 죽고 나면 방귀까지도 분석한단 말이야."

반탕이 큰소리로 말했다.

"그래서 자네는 습작에 딱 필요한 만큼의 소재를 만들어낸다 이거지?"

로트렉은 이렇게 말하며 웃었다.

"남의 병에 대해 그렇게 웃으면 못써."

파스케가 말했다.

"오늘은 기분이 상당히 좋아 보여. 건강을 회복한 것 같아 반갑군."

빈센트가 로트렉에게 말했다.

"아니야, 사실 내 상태가 좀 심각해. 간이 안 좋아서…… 오늘은 겨우 나왔어."

클로드 모네는 알제리 얘기를 하고 있었다.

"그곳에서 나는 2년 동안 군에 복무했어. 우리 아버지는 장사를 했는데 꽤 재미가 좋았지. 그래서 내게 그 가게를 물려줄 작정이셨나봐. 내가 병정으로 끌려 나갈 때 말씀하시더군. 그림을 포기하면 자유를 주겠다고. 하지만 난 그림을 그만두고 싶지 않았네. 그래서 알제리의 연대로 들어가버렸지. 그런데 알제리의 기후를 견뎌내기가 정말 힘들더라고. 결국 난 몸이 안 좋아져 고향으로 돌아갔고, 아버지는 내게 자유를 주지 않을 수 없게 되었지. 드디어 미술학교의 학생이 된 거야."

그러자 모두들 자기 그림에 대해 이야기하기 시작했다.

그림을 그린다는 것은 예술이 아니다. 그림을 파는 일이야말로 예술이다. 누군가 이렇게 말하자 모두 그 말에 동의했다. 그들 중 단 한 사람도 자기 그림을 팔 수 있는 자가 없었기 때문이다.

"우리는 지금 모두 날마다 엄청난 돈이 주머니에 들어오는 상인 같은 생각을 하고 있네. 내 그림은 고작 한 점에 20프랑밖에 안 나가는데 말이야."

피사로가 말했다.

"요즘 친구들 것은 그 정도도 안 나가죠."

베르나르가 말했다.

"내 그림은 아예 팔리지를 않지. 그래서 가끔이라도 내 그림을 받아주는 사람이 있는 게 반가울 정도인걸."

누군가 이렇게 말하자 고갱이 대꾸했다

"그래? 내 그림은 거저 준 것만 팔리는데."

"로트렉, 내 데생을 자네에게 꼭 보여주고 싶어."

1886~1887

아직 새파란 젊은 남자가 테이블 저쪽에서 고함을 쳤다.

"꼭 내가 봐야 되겠나?"

로트렉이 성가신 듯이 말했다.

"그래."

"그렇다면 갈보 집에서 봐주지."

"어디서 보겠다고?"

젊은 화가는 화가 난 듯 소리쳤다.

"사실 난 말이야, 크리시 가의 갈보 집에서 살고 있네."

그러자 사방에서 로트렉을 야유하는 소리가 들려왔다.

"갈보 집에서 살다니, 한심한 녀석이군."

"자넨 너무 우쭐거려, 로트렉."

"사물을 과장해서 말하는 건 여전하군, 로트렉."

사람들의 비난이 가라앉자 로트렉은 코걸이 안경을 벗어 조심스럽게 닦더니 비웃듯이 말했다.

"그럼 내가 여학교 기숙사에라도 있어야 한단 말이오?"

"우리들 중 누구도 자네 처소에 대해 도덕적인 비난을 퍼붓는 사람은 없네, 로트렉. 다만 자네의 새 처소가 위생적인 곳이라고 생각하지 않을 뿐이야."

기요맹이 말했다.

"그냥 로트렉 마음대로 하게 내버려두라고! 거기서 좋은 모델을 찾을지 또 누가 알아?"

한 화가가 말했다.

"샤를르, 나는 평범한 여자들보다는 세상의 창부들을 모조리 그려보고 싶어."

"그건 자네가 평범한 여자들의 좋은 점을 모르기 때문이야, 로트렉. 그림에 대한 대가만 제대로 지불한다면, 평범한 여자들이야말로 제일 재미있는 그림의 소재야. 순진한 여자들은 내가 그려준 그림처럼 정말로 자신이 예쁜 줄 알고 돈을 많이 주거든."

"그런데 장사치의 아이들 중 예쁜 아이들이 많은 건 대체 무슨 까닭일까?"

누군가 이렇게 말하자 로트렉이 대답했다.

"그건 말이야, 첫째로 그 예쁜 아이도 자라면 미워질 것이 뻔하다는 사실을 기억하게. 둘째로는, 조토⁴⁷⁾가 한 말인데, 아름다운 그림을 그리면서 왜 아이는 못생기게 만들었느냐는 질문에 이렇게 대답했다고 하지. '내 그림은 낮에 만들지만, 아이는 밤에 만들어 그렇다네'라고. 아마도 장사치들은 대개 밤이 아닌 시간에 아이를 만드는가 보지."

베르나르가 종이끼우개에서 조그만 정물 수채화를 꺼냈다. 그것은 이 손에서 저 손으로 넘어갔는데, 세잔은 흘끗 쳐다보더니만 이렇게 외쳤다.

"정말 서툰 작품이군."

"그건 선생님 그림인데요."

"그래?"

이렇게 말하며 세잔은 그 그림을 자세히 들여다보았다.

"이게 내 그림이라고…… 이 따위 것이 요즘 자네들 취향에 들어맞는다면, 내 다른 작품들도 모두 쓰레기일 거야."

그때 문이 열리더니 검은 외투에 번쩍거리는 모자를 쓰고 흰 장갑을 낀 마흔 살쯤 되어 보이는 어깨가 넓은 멋쟁이가 나타났다.

"모파상이야. 기 드 모파상이야."

저마다 한 마디씩 외쳤다.

"우리 같은 가난한 화가들을 찾아주어 정말 고맙네."

모네는 문호에게 악수를 청했다.

"클로드, 가난뱅이 화가니 하는 말은 하지 말아. 인간이 스스로 폄하하는 말을 하는 것도 죄야. 난 그저 드가와 얘기를 좀 하려고 온 건데…… ."

"드가는 오늘 오지 않았는데…… 그래도 가지 말게. 자네를 만나다니 정말 반갑군. 내 마누라도 부러워할 거야. 요즘 자네에게 쏙 빠졌거든."

"모든 여자들이 기(모파상)에게 열중하고 있어. 그런 여자들이 너무 많아."

모네가 다시 말했다.

"그렇게 많다고 할 정도는 아니야."

모파상은 이렇게 말하며 장갑을 벗어 조심스럽게 주머니에 넣었다.

"그런 건 알 바 아냐. 어차피 같은 일이니까."

로트렉이 중얼거렸다.

"그래서 그걸 확인하기 위해 자네는 갈보 집에서 사는 게로군."

고갱이 말했다.

"인습 타파를 위해서야."

이 조그만 남자가 대꾸했다.

"친애하는 백작, 나는 자네 같은 말을 하는 사람들이 모두 불쌍하게 느껴져. 사실 자네도 불쌍하고. 언제나 여자들만 상대하고 있으니······ 물론 남자는 여자의 품에서 인생의 진짜 의미를 알게 된다고도 하지만."

모파상은 자못 진지하게 말했다.

"나는 그것과 반대되는 주장을 하는 사람을 알고 있지. 이름이 꽤 알려진 철학잔데······."

피사로가 말참견을 하고 들었다.

"철학자?"

모파상은 이렇게 되묻더니 경멸한다는 듯 손사래를 쳤다.

"어떤 여자든 결국 모두 똑같지 않나요?"

몸매가 날씬한 한 젊은이가 말했다.

"아직 젊을 동안에는 그런 말을 할 수 있지만."

문호는 느릿느릿 그러나 자못 엄숙한 투로 말을 계속했다.

"나이를 먹게 되면 알게 되는 법이지. 여자들도 누구나 각기 다른 자기만의 개성을 가졌고, 그래서 알 수 없는 저마다의 특별한 비밀한 구석이 있고······ 하나님의 꽃동산에서 가장 감미로운 과실이라는 사실을 말이야."

"인간은 감미로운 것을 대하면 쉽게 자기 자신을 잃어버리지요."

그 젊은 남자가 중얼거렸다.

"진정한 예술가에게는 절대로 그런 일이 없어. 그는 언제나 무엇엔

1886~1887

가 허기져 있고, 그래서 늘 비밀을 알아내려 들지. 그리고 결국 그 비밀이라는 것이 아무것도 아니라는 것까지 발견하게 되는 거야."

고갱이 말했다.

"그럴지도 모르지."

모파상은 이렇게 대꾸하고는 지그시 앞쪽을 응시했다.

"그 감미로운 과실을 너무 먹어 죽어버린 자도 있지."

피사로는 정색을 하고 말했다.

"예술가로서 그리 나쁜 죽음도 아니야."

모파상이 말했다.

빈센트는 집으로 돌아오는 길에 모파상과 동행하게 되었다.

"당신 그림 중에서 끌리는 게 하나 있더군요. 〈감옥의 뜰〉이라는 제목의 그림이에요. 죄수들을 원을 그리며 산책시키는 광경인데, 옆에는 간수가 유령처럼 서 있었지요."

"구스타프 도레[48]를 본보기 삼아 그린 거예요. 물론 다르게 그렸지만."

"그 가엾은 죄수들 한 사람 한 사람이 마치 내 자신인 것처럼 느껴지더군요. 감옥의 높은 담장에 짓눌린…… 그 그림은 두꺼운 한 편의 소설보다도 가치가 있어요."

"어떻게 말을…… 그건 도저히……."

빈센트는 모파상의 말을 가로막았다.

"아직까지 그 심각하고 음산한 인상이 내게 남아 있어요. 그 죄수들 중 한 사람이 바로 내 모습 아닐까요? 내 주위에는 그림 속 그것과 똑

감옥의 뜰

생레미 | 1890 | 유화 | 80×64cm | 모스크바, 푸시킨 박물관

같이 넘을 수 없는 담장이 둘려져 있는 건 아닐까요? 개미가 쳇바퀴 돌 듯 같은 곳을 끊임없이 돌아야 하는 운명은 바로 내 운명 아닐까요?"

"그렇지만 당신은 배덕자가 아니에요……."

빈센트는 이렇게 말하면서도 심장이 사납게 뛰는 것을 느꼈다.

"당신의 운명 역시 그럴 것만 같단 말이오."

모파상은 이렇게 조용히 말하면서 빈센트를 꿰뚫는 듯한 눈길로 바라보았다.

"무슨 말인지 모르겠어요."

빈센트는 영문을 모르겠는 표정으로 나지막하게 말했다.

"당신 눈은 나와 같군요."

문호는 이렇게 말하고는 눈길을 돌렸다.

11

빈센트는 〈감옥의 뜰〉을 그리는 꿈을 꾸었다. 그림을 그리는데 갑자기 낯선 손이 나타나 그의 손 옆에서 같이 그리는 것이 보였다. 그리고 죄수들이 원을 그리고 걷는 속에 자기와 모파상이 끼여 같이 걷는 것이 보였다. 그는 심한 충격을 받고 눈을 떴다.

이 도시를 떠나야겠다는 생각이 들었다.

더 이상 여기 있다가는 미쳐버릴지도 모른다. 파리 그 자체가 나를 개미 쳇바퀴 돌 듯하게 만드는 하나의 감옥이다. 나에게는 공기, 따뜻한 공기, 노란 태양, 정원, 자연이 필요하다.

회색빛 감옥 뜰에 서 있는 죄수처럼 숨이 막혀버릴 것 같은 이 도시에는 더 이상 있을 수가 없다. 이곳은 춥다. 나는 따뜻한 남쪽으로 가야 한다. 마르세유나 아를르로. 몽티셀리⁴⁹⁾는 아를르를 몹시 동경했었지…….

빈센트는 그날 당장 테오에게 말했다. 테오는 약간 놀라는 것 같았다.

나는 빈센트 형이 가버렸으면 좋겠다는 생각을 했었다. 늘 다시 혼자가 되고 싶어했다. 그런데 왜 이리 새삼스레 놀라는 거지?

테오는 빈센트를 만류하고 싶었지만 마음속에는 다시 이런 생각이 들었다.

그래, 빈센트 형은 이곳을 떠나야 해. 이곳에서 나는 안정되지만 형은 동요한다. 나는 한 장소를 단단히 지키지만, 형은 영원히 부유하는 인간이다. 어느 곳에나 지그시 머물러 있지 못한다. 끊임없이 자리를 바꿔야 한다. 그렇다면 형은 어디로 가야 할까. 형 마음에 드는 데로 가면 좋을 텐데…… 거기가 대체 어디일까.

테오는 근심스런 표정으로 형을 바라보았다.

"나는 다시 농부를 그려야 해. 여기 이렇게 있다가는 죽는 수밖에 없어. 내게는 따뜻한 공기와 햇볕이 필요해. 내 심정을 이해해다오."

테오는 형의 말을 받아들였다. 그는 형에게 돈을 주고, 또 한 달 후 지불하는 어음을 썼다.

다음날 아침, 출발을 앞두고 빈센트는 일찍 일어났다. 그림을 남겨두고 가야겠다는 생각으로 벽에 두어 장의 그림을 걸었다.

테오는 깔끔하게 정돈하는 것을 좋아하지, 하는 생각으로 그림도 애써 반듯하게 걸었다. 그는 가벼운 마음으로 방 안을 치운 다음 밖으로 나갔다. 빨간 꽃과 노란 꽃과 파란 꽃을 사 와서 꽃병에 꽂고, 종이쪽지에는 다음과 같이 써두었다.

"작별인사도 하지 않고 간다. 잘 있어라, 잘 있어라. 정말 고맙다, 정말 고맙다, 사랑하는 나의 테오야."

저녁이 되어 집에 돌아와 테오는 그 쪽지를 읽었다.

이제 빈센트 형은 가버렸다. 이렇게 단정하게 그림을 걸어놓다니……게다가 꽃까지 사놓고 갔어. 얼마나 자상한 형인지.

테오는 꽃향기를 맡고 나서 벽에 걸린 그림들을 차례차례 바라보았다.

07

빈센트가 머물렀던 아를르의 '노란 집'.

1

아를르의 대지는 온통 눈으로 덮여 포도나무가 있는 곳만 군데군데 흙이 드러나 보였고, 밝게 빛나는 산들이 병풍처럼 펼쳐져 있었다.

빈센트는 여관에서 나와 오래된 거리를 한번 돌아보고 그림을 그리기 시작했다.

아를르의 여인들은 아름다웠다. 빈센트는 이틀 동안 벌써 그림을 석 장이나 그렸다. 다시 마음이 홀가분해지고 어두운 그림자가 깨끗이 사라졌다. 아를르의 아름다움은 그에게 경이로움을 안겨주었다.

그런데 얼마 안 가 날씨가 확 변했다. 구름 한 점 없이 갠 하늘 아래 공기가 숨이 막힐 듯한 압박감을 주는가 하면, 갑자기 얼음처럼 차가운 바람이 불어댔다. 해가 내리쬐는데도 불구하고 매서운 추위가 느껴졌다. 차갑고 건조한 미스트랄^{mistral}(프랑스 남부 지방의 북서풍—옮긴이)이 엄습했던 것이다. 그래도 햇살은 눈부셨다.

빈센트는 환희에 넘쳤다. 남국이야말로 자신이 살 곳이라고 생각했

1887~1888

다. 며칠 안 되는 동안 그림을 여덟 장이나 그렸다. 도개교^{跳開橋}(선박이 통과할 수 있도록 몸체가 위로 열리는 구조로 된 다리―옮긴이)와 강 풍경과 오렌지 동산, 그리고 예쁜 두건을 쓴 빨래하는 여인들을.

빈센트는 햇볕과 공기에 취한 듯 거리를 쏘다녔다. 주위의 풍광은 아무리 봐도 싫증나지 않았다. 그는 자신이 얼마나 행복한지 다른 사람들에게 말하고 싶어 견딜 수가 없었다.

테오에게 날마다 쓰는 편지도 점점 길어졌다. 그러나 아무리 말하면 무엇 하랴. 그림으로 그려야 한다. 모든 것을 그림으로 그려야 한다. 하루가 백 시간쯤 되면 얼마나 좋을까.

빈센트의 이야기를 들어주는 사람은 별로 없었다. 늘 테오의 편지를 가져다주는 소크라테스처럼 생기고 웬만한 철학자 따위보다는 확실히 현명한 우체부 롤랭과 언제나 웃고 있는 잡화상 마르지오, 전에 배우 노릇을 했다며 능청스럽게 점잔을 빼며 익살스런 이야기만 하는 주정 뱅이 정도였다.

거리를 걷다 보면 여러 사건들과 부딪치게 된다. 얼마 전에도 밤에 카페에 나갔다 돌아오는 길에 큰 소동이 벌어진 걸 목격했다. 키가 작고 난폭해 보이는 이태리 사람 둘이 눈을 번득이면서 아라비아 복장을 한 두 병사와 단도를 들고 겨루고 있었다. 눈 깜박할 사이에 한 병사가 피를 쏟으며 쓰러져 죽었고, 미처 경찰이 도착하기도 전에 주위에 늘어선 흥분한 군중들에게 이태리 사람들은 공격을 당할 뻔했다. 그것은 꿈이었을까? 아니다. 꿈처럼 어수선하고 산만했을 뿐 현실이었다.

아마 로트렉은 유곽^{遊廓}에는 만족하지 않을 것이다, 하고 빈센트는 생각했다. 그 유곽에는 이본느라는 여자가 있었는데, 다른 여자들보다 훨씬 아름답고 상냥했다. 품행이 단정치 못한 것도 아니었다. 이본느는 빈센트가 이야기하고 싶어할 때 이야기하고, 잠자코 있고 싶어할 때 잠자코 있었다. 그녀는 빈센트가 파리 이야기를 해도 웃고, 착한 테오 이야기를 해도 웃었다. 테오에게 온 편지 속에 많은 지폐가 들어 있었다고 해도 웃었고, 고갱 이야기와 고갱에게서 온 편지에 그가 가난에 쪼들리고 있다는 말이 씌어 있었다고 해도 웃었다.

이본느 같은 여자가 또 있을까? 그런데 이본느가 침묵만 지키고 있는 날도 있었다. 그럴 때면 빈센트는 최근에 느낀 여러 감정들에 대해 이야기해 보았지만 그녀는 여전히 잠자코 있었다. 빈센트는 아름다운 아를르의 여인들과 조그만 사보아의 소년들, 카페에서 압생트를 마시는 사람들 이야기를 했다.

빈센트가 졸라나 모파상, 드가나 르누아르 이야기, 또 그가 술에 취한 듯 매우 빠른 속도로 그린 그림에 대해 이야기해도 그녀는 여전히 잠자코 있었다. 세상에 이본느 같은 여자가 또 있을까.

빈센트가 최근에 그린 그림들은 확실히 예전보다 많이 좋아졌다. 그런데 테오는 이 그림들을 마음에 들어할까? 빈센트는 바람이 몹시 부는 날에도 그림을 그릴 수 있다는 것을 테오에게 알려주고 싶었다. 땅에 말뚝 세 개를 박고 거기에 이젤을 매면 되는 간단한 일이다. 그렇게 그린 그림에는 맑은 공기가 충만하게 넘칠 것이다.

빈센트는 테오에게 그림을 보내기 위해 궤짝을 사왔다. 롤랑이 짐 꾸리는 일을 도와주었다. 장미 울타리를 그린 것과 눈부신 푸른 하늘과 흰 구름을 배경으로 두 그루의 연분홍 복숭아나무를 그린 것 등 꽤 여러 점의 습작을 챙겨 넣었다.

"어떻게 죄다 노란색이야? 자네 눈엔 세상의 모든 게 노랑으로 보이나보군. 신기할 뿐이야."

"크롬옐로야, 크롬옐로. 롤랑, 이 세상의 아름다운 것들은 모두 노랑이라는 걸 아직 깨닫지 못했군."

"그렇게 생각하지도 않을 뿐더러 도무지 이해가 안 되네."

"그건 자네의 눈이 이 화가의 눈만큼 충분히 민감하지 않기 때문이야. 하지만 롤랑, 자네가 깊이 생각하면서 본다면, 아마도 자네 눈에도 보일 걸세. 크롬옐로의 세상이."

"사람은 각기 다른 눈으로 이 세상과 사물들을 보는 거 아닐까. 자네에게 노랗게 보이는 것이 내게는 빨갛게 보일 수도 있단 말이지. 그렇다고 내 눈이 잘못됐다고 할 수도 없고."

"철학자와 논쟁한 내가 잘못일세."

"화가와 논쟁하면 얻을 게 꽤 있던데? 그런데 이 도개교 말이야. 우편물을 배달하면서 봤는데, 아무리 봐도 노랗게 보이지는 않는데. 참, 같이 투우 구경 가지 않겠나?"

"난 별로…… 지난번에 구경했잖아. 다섯 명의 투우사가 투창으로 소를 공격하는 모습을 보는 게 썩 유쾌하지는 않더라고. 또 피투성이가 된 투우사를 보는 것도 편치 않고."

"자네 정말 이상하군. 이 그림만 해도 말이야. 이렇게 빨간 빛을 많이 써놓고 투우장에서 피 좀 보는 게 견디기 힘들다니……."

빈센트는 웃었다. 그러나 우체부는 계속해서 물었다.

"그림은 비싸게 팔리나?"

"재료비만 벌어도 좋겠어. 롤랑, 정말이지 나는 언제나 이렇게 한심한 것일까."

"그렇게만 생각할 순 없지. 자넨 그림 그리는 일이 즐겁잖아."

"물론 그렇기는 하지만……."

"자넨 왜 자네에게 즐거움을 주는 것에서 보수까지 바라나? 자네의 즐거움이 바로 보수 아닌가? 나 같은 우체부는 바람이 부나 비가 오나 언제나 무거운 짐을 지고 이곳 저곳 다녀야 하니 보수를 받아야 하지만."

"롤랑, 이 철학자 양반아. 하지만 어떤 일이든 보수를 받을 만한 가치가 있는 게 아닐까?"

"아마도 그렇겠지만, 현실이 그렇지 않다면, 자네가 하는 일에서 얻는 보수 따위는 그리 중요한 게 아니라고 생각하네."

빈센트는 이제 롤랑이 하는 말을 제대로 듣지 않았다. 그는 생각에 빠져 들었다.

그림을 넣는 궤짝을 사고 운송비를 치르느라 당분간 물감이나 애벌칠을 한 캔버스는 사지 못할 것이다. 이제 곧 꽃이 질 텐데…… 어서 꽃이 핀 과수원을 그려야 하는데…….

그때 갑자기 롤랑이 외쳤다.

"오, 이거 좋은데? 배나무와 노란 나비와 노란 버섯으로 둘러싸인 뜰이라……."

"그거 봐. 자넨 벌써 노랑이 좋아졌어."

1887~1888

파란 에나멜 주전자와 과일이 있는 정물

아를르 | 1888 | 유화 | 65×81cm | 로잔, 바질과 엘리제 구란드리스 콜렉션

우체부 롤랑

아를르 | 1888 | 유화 | 81.2×65.3cm | 보스턴, 보스턴 미술관

"아냐, 아냐. 좋아졌다기보다 익숙해졌을 뿐이야."

"같은 말이야."

"그럴까? 늘 잔소리만 해대는 심술궂은 우리 주임에게 난 익숙해졌지만, 그렇다고 그를 좋아하지는 않거든."

"최근에 맘에 드는 집을 보았는데, 세를 얻을 생각이야. 큼직한 방이 둘에 조그만 방이 둘 있는데, 볕이 아주 잘 들어. 겉은 노랗고 안은 새하얗게 칠해져 있어. 집세는 한 달에 15프랑이고."

"그 집이 노랗기 때문에 자네 맘에 들었던 거야."

"그런데 딸려 있는 가구가 하나도 없어. 침대랑 옷장, 의자 등을 사야 하는데…… 어디서 그 돈을 마련하지?"

"내 집에 혹 쓸 만한 가구가 있나 찾아볼게."

"고맙네, 롤랑."

롤랑은 빈센트의 그림들을 이것저것 살펴보았다.

"정말 부지런하군. 이게 다 여기 아를르에 와서 그린 그림이란 말이지?"

"그래, 너무 많아서 말하기도 부끄러울 지경이야."

"부지런한 게 부끄러운 일이란 말인가?"

"아니, 절대 그렇지 않지. 다만 창작이라는 게 타고난 재능의 발현이라는 점에서 너무 많아도 부끄러워진단 말이지."

"밭 풍경을 그린 이 그림은 정말 아름답네. 실제보다 더 아름다워."

롤랑은 그림 한 장을 보며 이렇게 말했다.

빈센트는 최근에 너무 오래 방에만 처박혀 있었기 때문인지 기분이

들뜨기 시작했다. 그는 움켜쥔 주먹으로 가슴팍을 누르며 이마의 땀을 닦았다.

"그런데⋯⋯ 요즘 자네 신경 상태는 좀 나아졌나?"

"아니."

"또 제대로 먹지도 않고 있는 돈 다 털어서 그림만 그리는 모양이군. 그렇게 생활하면 안 돼. 영양 섭취에 좀 더 신경을 써야지."

"그것 때문만은 아니야. 물론 불규칙한 내 생활 방식에도 문제가 있겠지만 유전적인 영향이 더 커. 숙명이지. 롤랑, 자네도 알겠지만 문명이 발달할수록 이런 열성유전인자는 더욱 증가할 거야. 난 장래의 나를 위협하는 불행한 운명을 예감해."

"왜 그렇게 말을 하지?"

"가끔 무서워지거든."

"아니야. 자네는 우울증에 걸렸을 뿐이야."

"난 이미 심각한 신경병의 전조를 느껴."

빈센트는 한숨을 쉬며 말했다.

"아니야. 어떻게 심각한 신경병을 앓는 사람이 이렇게 아름다운 그림을 그릴 수 있겠어. 이 그림도 보낼 건가?"

"물론이지. 내가 그린 그림은 모두 테오 거야. 내가 보기에도 이 정물은 잘 그려진 것 같아. 파란 에나멜로 선을 두른 커피 주전자와 남청과 백색 바둑판 무늬의 우유 항아리, 청색과 오렌지색 무늬의 흰색 커피 잔과 회청색 사기 접시, 빨강과 초록과 파랑으로 무늬를 그린 마졸리카majolica(15세기에 이탈리아에서 발달한 도자기 —옮긴이) 항아리와 두 개의 오렌지, 그리고 시트론이 세 개야. 테이블보는 파란색이고 테이블 다리는 황색과 초록색이야. 이 그림에는 짙고 옅은 청색이 다섯 가지고, 네댓 가지 농담濃淡의 노랑과 주황색이 있어.”

“정말 화가는 행복한 존재군. 좋아하는 건 뭐든 그릴 수 있고, 또 맘에 들지 않는 건 마음에 들게 고치면 되고…….”

“롤랑, 난 늘 자네를 철학자라고 생각했어. 자네 머리는 정확하고…… 또 자네 머리는 소크라테스처럼 생겼으니까. 자네가 처음 내게 편지를 가져왔을 때, 난 자네라는 인간을 정확히 알 수 있었지. 고갱도 아마 자네를 만나면 좋아할 걸세.”

“고갱? 그게 대체 누군가?”

“전에 내가 그랬지 않나. 친구가 오길 기다린다고. 바로 그 친구야.”

“맞아, 그랬지. 그런데 그 사람은 여기 오면 오래 머물까?”

“아마도 내가 여기 있는 동안은 있겠지. 고갱과 같이 공부할 생각을 하니 정말 기뻐. 그림 이야기를 맘껏 할 수 있는 상대가 드디어 오는 거라고. 아, 롤랑. 이렇게 말한다고 부디 언짢게 생각지는 말게. 자네도 내게 썩 좋은 이야기 상대긴 하지만 화가는 아니잖아. 고갱과 같이 그림 이야기를 하고 또 그림을 그리면서 얻을 유익과 기쁨을 생각하면 가슴이 뛸 지경이야.”

“그 고갱이라는 사람은 언제 오지?”

“한참 전부터 오겠다고 했는데 여러 사정이 있어 못 오고 있지. 그도 나처럼 가난뱅이라 돈이 없거든. 내 동생이 돈을 꿔줄 거야.”

“자네 동생은 그렇게 부잔가?”

"아냐, 대신 고갱이 동생에게 그림을 주겠지."

"고갱 씨 그림은 자네 그림보다 잘 팔리나?"

"확실히 내 것보다는 낫지."

"자네 동생은 친절하고 참을성이 있군."

"정말 그래, 롤랑."

테오를 만나 본 적 없는 사람도 그렇게 생각할 정도니, 테오는 정말 친절한 인간이다. 하지만 테오가 새롭게 늘어나는 부담을 감당할 수 있을까? 고갱이 오면 침대가 또 하나 필요할 텐데…… 하지만 생활비는 더 적게 들 거야. 선원을 한 적 있다니 고갱이 수프 요리 정도는 알아서 해줄 거야.

빈센트는 이런 생각을 하면서 말했다.

"고갱과 나, 두 사람 생활비로 한 달에 250프랑쯤 들겠지. 대신 테오에게 내가 그린 그림 외에 고갱 그림도 매달 한 장씩 줄 생각이야."

"어쨌든 자네 동생은 그림을 꽤 비싸게 사게 될 것 같아."

"고갱이 와. 폴 고갱이 온다고!"

빈센트가 불쑥 나타나 인사도 않고 말했다. 이본느는 흐트러진 매무새로 좁은 방에 앉아 세탁물을 깁고 있었다.

"고갱이 어떤 사람인지 몰라? 아주 위대한 화가라고!"

이본느는 아무 말도 하지 않고 압생트 병을 꺼내며 어디선가 또 어지간히도 마시고 왔구나 생각했다.

"일을 하는 거야. 진짜 생활이 시작되는 거라고!"

1887~1888

빈센트가 소리쳤다.

이본느는 이렇게 감격하는 빈센트를 도무지 이해할 수 없다는 표정으로 그의 얼굴을 가만히 쳐다보았다.

"이본느, 네가 보기엔 내가 미치기라도 한 것 같은 모양이구나. 그래, 그럴지도 몰라. 알고 보면 예술가들은 모두 미치광이일지 몰라. 하지만 언제나 이성적인 인간이 있을까?"

이본느는 아무 말도 하지 않았다.

"고갱은 아주 재능 있는, 기가 막힌 화가야. 그런데…… 그는 아주 가난해. 흔한 일이지 뭐."

빈센트는 아무 말도 하지 않는 이본느를 향해 계속해서 말했다.

"그저께 그림을 세 장이나 완성했어. 해바라기랑, 노란 배경의 꽃다발, 그리고 레몬과 시트론을 그린 정물이야. 어제도 그렸는데, 난 가끔 낮보다 밤에 사물이 더 생생하고 색채도 풍부하게 생각돼. 빨강과 초록빛으로 인간의 가장 격렬한 정열을 표현할 수 있지. 어떻게 생각해? 좀 따라줘."

이본느는 잠자코 있었다.

"롤랑이 고갱과 지내도 불편하지 않도록 살림살이들을 챙겨줬어. 호두나무 침대랑 흰 나무 침대를 샀고, 의자도 여러 개 샀어. 거울이랑 자질구레한 물건들도 샀고. 이제 고갱 방은 여자들 방처럼 될 거야. 언젠가 그것들도 그릴 생각이고. 아침에 일어나 창문을 열면 초록빛 뜰이 보이고 솟아오르는 아침 해도 볼 수 있다고. 자, 따라줘."

이본느는 아무 말도 하지 않았다.

"내 카페 그림도 완성했어. 〈밤의 카페테라스〉라는 제목을 붙였지. 카페에서는 종종 사람들이 이성을 잃고 배덕 행위도 하게 된다는 걸 표현하고 싶었어. 그걸 연분홍색과 진다홍색과 짙은 포돗빛, 그리고 황록색과 청록색을 대조해 늘어놓은 베로나그린의 두 가지 색채군으로 대비해 표현하려 했어. 작열하는 지옥과 창백한 인생의 분위기를 나타내 주면서 선잠을 자는 자들에게 가해지는 어둠의 힘을 나타내고 있는 거야……."

이본느는 역시 잠자코 있었다.

"너는 정말 영리한 여자야, 이본느. 너하고는 어떤 이야기든 할 수 있을 거 같아. 넌 다른 여자들처럼 바보 같은 대꾸를 해서 성질을 돋우지 않거든. 근데 언제 하루 휴가를 낼 수 있나 이 집 할멈에게 물어봐야겠군. 아마 월요일이면 괜찮을지 몰라. 너도 별로 바빠 보이지 않으니. 그럼 그때 내 집에 와서 내 그림들을 좀 봐줘. 지금 사이프러스cypress(측백나무의 일종인데 가지 끝이 아래로 처진다―옮긴이)를 그리고 있는데, 네 맘에도 꼭 들 거야. 포도 산 습작도 해치웠으면 좋겠는데, 캔버스가 없어. 고갱이 말끔한 집을 좋아해서 있는 돈을 다 털어 그 노란 집을 꾸미는 데 써버렸지."

이본느는 침묵을 지켰다.

"네게만 말하는데 이본느, 난 지금 돈이 한 푼도 없어. 카페에서는 외상이 되니까 지난 목요일 이후 커피만 마시고 살았지. 커피 스물 석 잔하고 빵 쉰두 개 값을 외상 졌어. 물론 테오가 편지를 보낼 때마다 돈을 보내주지만, 그거로는 턱도 없어. 그놈의 가구들을 사버리는 바

아를르의 빈센트의 노란 집

아를르 | 1888 | 유화 | 72×91.5cm | 암스테르담, 반 고흐 미술관

파이프가 있는 빈센트의 의자

아를르 | 1888 | 유화 | 93×73.5cm | 런던, 국립 미술관

람에……. 하지만 그 가구들은 분명 고갱의 마음에 들 거야."

이본느는 말했다.

"당신 친구 고갱 씨를 정말 만나고 싶네요."

2

고갱이 왔다. 바로 얼마 전 편지에 병이 났다고 전해 왔는데 지금은 아무렇지도 않아 보였다. 그는 운동선수처럼 크고 건강한 몸집에다가 생각도 행동도 매우 건강한 편이다. 그는 실제적이고 빈틈없으며, 생활력도 왕성했다.

며칠 지나지 않아 그는 물건 값이 가장 싼 도매상을 찾아냈고, 손수 나무로 그림틀도 만들었다. 무슨 일이든 직접 했다. 그리고 여러 방면의 사람들과도 이내 친해졌다. 밤마다 카페에서 살다시피 하는 이들과도 오랜 친구처럼 가까워졌고, 이본느의 눈에도 금세 들고 말았다. 웬만한 여자들이 모두 키 큰 남자를 좋아하지만 그녀는 특히 그랬다.

빈센트는 기분이 상했다.

나는 질투를 하는 걸까? 이본느 같은 여자에 대해 질투를 하다니, 당치도 않다. 물론 난 그녀와 얘기하는 걸 좋아한다. 쓸데없는 대꾸 없이 내 말을 잘 들어주니…… 그런데 고갱이 오고부터 그녀는 어찌된 영문인지 하루 종일 지껄여댄다. 고갱은 나를 조금이라도 생각한다면 이본느와 그렇게 허물없이 지내지 말아야 하지 않을까. 아니다, 이런 생각들은 모두 폴에게 지나친 기대를 하게 만든다.

고갱이 도착한 바로 그날부터 둘은 함께 일을 시작했다. 포도 산에서 포도를 따는 사람들을 그렸는데, 빈센트는 고갱의 작품에 감탄했다. 자기에게는 없는 점을 고갱의 그림 속에서 보고 탄복하지 않을 수 없었다. 그것은 제재^{題材}를 정리하고 분류할 때의 냉정과 세밀한 배려, 그림에 나타나는 아주 선명한 느낌 등이었다. 빈센트는 고갱의 작품을 열광적으로 찬양했다.

나의 그림과는 얼마나 다른지. 내 그림은 모두 혼돈 상태 바로 그것인데, 나의 것은 모두 조야하고 분방한데, 나는 모든 것에 얽매여 있는데, 고갱의 그림은 일체의 것에서 초연하다. 고갱은 포도 따는 사람의 현실을 그리는데 나는 그저 그런 옷차림을 한 사람을 그리고 있다. 아, 내게도 폴의 냉정이 있다면 얼마나 좋을까.

하지만 빈센트는 고갱이 자기의 그림에 대해 아무 얘기도 하지 않아서 감정이 상했다. 고갱은 오랫동안 빈센트와 이야기하면서도 그의 그림에 대해서는 단 한 마디도 언급하지 않았다. 빈센트의 작품에 대해서는 마치 그 존재를 무시하는 듯한 태도였다. 빈센트는 마음이 몹시 불편했지만 잠자코 있을 수밖에 없었다.

뿐만 아니라 고갱의 태도는 매우 삐딱했다. 그에게 꼬투리를 잡히지 않는 사람은 거의 없었다. 물론 드가나 모네, 피사로, 세잔 같은 대가들에 대해서만은 아무 말도 하지 않았다. 폴이 그 조롱하는 듯한 말을 하기 시작하면, 빈센트는 뛰쳐나가 버리고 싶었다.

이 고갱이라는 놈은 악마다. 이놈은 도대체 왜 모든 것에 대해 이토록 헐뜯기만 하는 걸까.

1887~1888

언제나처럼 술을 마시며 토론으로 시간을 보낸 후 집으로 돌아온 어느 날, 고갱은 빈센트의 아틀리에 앞에서 멈춰 섰다.

"흥, 이건 대체 뭔가?"

"어제 완성한 거야. 내 의자를 그린 거지."

"꽤 쓸 만한걸. 대단한 걸작이야. 파리의 절반이 여기에 가려질 것 같군."

고갱이 빈센트의 작품을 칭찬한 것은 처음이었다. 그러나 빈센트는 조금도 기쁘지 않았다. 그는 지쳐서 졸음이 왔고, 관자놀이를 망치로 두드리듯 머리가 쑤셔왔다. 그리고 그의 앞에는 그 옛날 용병 여섯이 마실 수 있을 만한 술을 혼자 마셔버리고 가스 등불 빛 아래서 그림을 보며 예술론을 펼치는 남자가 서 있다. 빈센트는 이 건강한 남자가 정말 미웠다.

"폴, 난 머리가 아파. 잠을 좀 자야겠어."

"그러지 말고 좀 더 있어주게나."

"아니, 도저히 참을 수가 없어. 내 머리 속이 자꾸만 더 혼란해져. 다른 사람이 내 머리 속을 지배하고 있는 것만 같아. 어찌 해야 할지 모르겠어."

"무슨 소리야. 빈센트, 자네는 심각한 영양 부족이야. 그뿐이라고."

"아냐, 그렇지 않아. 난 정말 외로워."

"바보 같은 소리 하지 마, 빈센트."

고갱은 이렇게 말하더니 소리 높여 웃었다.

"우리 인간들은 모두 외롭지. 영원히 외로운 거야."

"으슬으슬해. 너무 추워."

"이걸 덮게나, 빈센트."

"아니, 난 마음속이 추워. 바깥세상이 추운 게 아니라고."

"그럼, 잠깐 기다리게. 술을 가져올 테니."

"고갱, 나는 외롭게 지내는 게 너무 힘들어. 자네와 같이 일할 수 있게 되어 정말 기뻤는데 다시 외톨이가 되고 말았어."

"흠…… 외롭긴 나도 마찬가지야"

고갱은 이렇게 말하더니 옷을 벗기 시작했다.

"고갱, 자네는 다른 사람들처럼 건강해. 하지만 난 병이 들어 머리속이 불타오르는 것 같아. 난 분명 미쳤거나 곧 미쳐버릴 거야."

"예술을 한다고 하는 우리 모두가 실은 모두 미친 거지. 예술가는 모두 미치광이란 말일세. 자, 가만 있어보게. 자네가 그러고 있는 걸 그리고 싶어졌어, 빈센트."

빈센트는 유령이라도 보는 듯 눈을 멍하니 크게 뜬 채 앞쪽을 응시하고 양 팔은 맥없이 늘어뜨린 채 의자에 주저앉았다.

"바로 자네의 그 자세를 그리고 싶다고, 빈센트."

고갱은 얼른 종이와 초크를 잡았다.

"난 피곤해 죽겠어."

빈센트는 알아듣기 힘든 목소리로 말했다. 고갱이 안아 일으키지 않았더라면 마룻바닥에 나둥그러졌을지도 몰랐다. 고갱은 그를 안아 침대에 뉘었다.

1887~1888

빈센트는 열네 시간 동안 잠을 잤다. 저녁 무렵 눈을 떴지만 자신이 어디에 있는지도 알지 못했다. 희미하게 의식이 회복되자 눈앞에서 노란 무언가가 춤을 추는 것이 보였다.

관자놀이 부근과 머리가 쑤실 듯 아팠다. 빈센트는 자신의 머리가 채석장 같다고 생각하며 문득 채석장을 그려야겠다는 생각을 했다. 그리고는 맹렬한 시장기를 느꼈다. 카페로 갔을 때, 구석에 압생트 잔을 앞에 놓고 앉은 고갱이 눈에 들어왔다.

"어이, 빈센트!"

고갱은 커다란 소리로 불렀다.

"푹 잤나? 그렇게 자고 나면 온몸의 피로가 싹 풀리는 법이지. 난 오늘 오전 묘지 옆에서 그렸네."

빈센트는 고갱이 무슨 말을 하는지 이해하지 못했다. 다만 이 녀석은 어쩌면 이렇게 건강할까, 생각하면서 물끄러미 바라보았다. 고갱은 유곽 이야기를 꺼냈다. 묘지에서 그림을 그리고 이본느에게 갔는데, 이본느는 지쳐서 자고 있었다고 한다.

이 녀석은 도둑이다. 건강한 도둑, 빈센트는 생각했다.

"빈센트, 이번 크리스마스는 갈보 집에서 지내세. 여기 밤의 카페 단골들보다야 훨씬 낫지 않겠어. 그나저나 이 배우를 한번 그려봐야겠어. 이 희극 배우는 말이야……."

이 녀석은 어쩌면 이렇게 수다스러울까. 그렇게 함부로 지껄이지 말란 말이야. 입 닥쳐. 닥치지 않으면 가만 놔두지 않겠어. 더 이상 참을 수가 없다. 한 마디만 더 해봐라, 네 놈 머리통을 박살내 줄 테다…… 빈센트는 이렇게 생각했다.

빈센트는 압생트 잔을 움켜쥐어 고갱의 머리를 향해 내던졌다. 흥, 꼴좋군. 건강한 악마 같으니라고, 이제야 입을 다물었네, 하고 빈센트는 생각했다.

유리잔은 산산이 부서져 바닥에 흩어졌고, 고갱은 얼굴을 닦으며 이제는 눈치를 살피는 빈센트를 바라보았다.

카페 주인이 달려왔다.

"괜찮아. 그냥 두게. 이 친구 지금 장난 치고 있는 거니까……."

고갱이 말했다.

"그런데 이 사람 눈을 좀 보세요. 핏발이 서 번득이고 있잖아요."

"신경 쓸 일 아니라니까."

고갱은 이렇게 말하고 빈센트를 부축해 집으로 돌아왔다.

그리고 빈센트는 다시 갑갑한 잠에 빠져들었다. 눈을 떠 보니 고갱이 책상에 앉아 무언가를 쓰고 있었다.

빈센트는 나른한 몸을 일으키며 무슨 일이 일어났는지 기억해 내려 애썼다. 고갱은 무언가를 열심히 쓰고 있었다.

내가 또 무슨 짓을 저지른 걸까, 그러니까 내가 고갱의 머리에 그 유리잔을 던졌을까…… 그의 뇌리에 카페에서 벌어진 일이 희미하게 되살아났다.

"용서해 줘, 고갱."

1887~1888

빈센트는 조그만 소리로 말했다.

그제야 고갱은 펜을 내려놓으며 빈센트 쪽을 바라보았다.

"허허, 아직까지 그런 시시한 일을 생각하고 있었어? 별 일 아니니 신경 쓰지 말아. 난 그보다 훨씬 끔찍한 일들도 많이 겪었지. 마르세유에서는 선원들에게 폭행을 당한 적도 있는데, 물론 그놈들은 처벌됐지."

고갱은 이렇게 말하고는 미소 지었다.

"날 용서해 주게."

이렇게 말하면서 빈센트는 흐느꼈다.

"괜찮다니까, 빈센트."

고갱은 이렇게 말하고 나서 잠시 후 다시 말을 이었다.

"그런데 결국 난 무엇으로든 다치게 될 거야. 그러기 전에 내가 이 집에서 나가는 게 자네에게도 내게도 좋을 거 같아. 마침 자네 동생에게 편지를 쓰던 참이야."

"뭐라고? 안 돼. 자넨 가면 안 된다고!"

빈센트는 큰 소리로 말했다.

"난 자네를 사랑해. 그러니 제발 폴, 자네도 날 좀 사랑해 줘."

"난 떠나겠어."

고갱은 무뚝뚝하게 말했다. 빈센트는 무릎을 꿇었다.

"이렇게 부탁하니 제발 가지 말아줘, 고갱. 날 용서해 줘."

"그런 쓸데없는 짓은 그만 해, 빈센트. 자, 일어나라고."

"자네가 계속 있어주겠다고 약속하기 전까지는 일어나지 않겠네."

빈센트는 마룻바닥에 이마를 마구 비벼댔다.

"이렇게 먼지투성이가 되어 무릎 꿇고 제발 있어 달라고 부탁하잖아, 떠나지 말아 달라고."

빈센트는 엉엉 울면서 외쳤다.

고갱은 흐느끼는 빈센트를 가만히 바라보더니 테오에게 쓴 편지를 찢어버렸다. 빈센트는 벌떡 일어났다. 그리고는 미친 듯이 기뻐하며 외쳤다.

"자네가 그럴 줄 알았어. 다 알고 있었단 말이야. 자넨 인정이 많으니 날 절대로 혼자 괴로워하게 내버려두지 않을 거야, 폴."

빈센트는 기쁨에 겨워 이렇게 말했다.

"자, 이제 같이 그림을 그리자고. 그게 자네와 내게 가장 좋은 일이잖아."

두 사람은 이젤 앞에 앉았다. 빈센트는 손을 떨면서도 두 시간 동안 꼼짝도 하지 않고 그림을 그렸다.

고갱이 일어서며 말했다.

"그런데 자넨 대체 무얼 그리는 거야, 빈센트."

"자화상."

"그래?"

"왜 맘에 안 들어?"

"아니, 그런 게 아니라, 왼쪽 귀를 잘못 그린 것 같아서……."

"잘못 그렸다고? 아니야. 내 귀는 이것과 똑같이 생겼어. 대체 어디를 잘못 그렸단 말이야?"

"난 귀의 생김새도 곡선도 다 다르다고 생각하는데…… 귀가 너무

1887~1888

큰 데다 위치도 틀려."

"이렇게 그리면 돼. 내 귀는 이렇게 생겼어!"

빈센트는 악을 썼다.

"자네가 어떻게 생각하건 상관없어. 그건 네 자유니까."

고갱은 웃으며 말했다.

"이게 맞다고!"

이렇게 소리치는 빈센트의 음성은 이미 달라졌다.

"자넨 뭐든 자네가 가장 잘 안다고 생각하지. 언제나 자기가 옳다고 고집하는 자네 같은 인간을 나는 더 이상 못 참겠어, 고갱. 이 귀는 제대로 돼 있는 거라고 몇 번을 말해야 하나. 물론 자네는 귀라는 것이 소리를 듣기 위해서만 존재한다고 생각하겠지."

"자넨 귀가 또 무엇 때문에 있다고 생각하는데?"

고갱은 흥미를 느끼며 물었다.

"귀는 듣기 위해서만 있는 게 아니야. 그렇게 생각하는 건 귀에 대한 모욕이지. 귀에게는 감정도 있고…… 또 추측도 하고 탐색할 수도 있지. 자네 귀는 자네 노예가 아니라 하나의 독립된 생물이라고. 나는 하나의 독립된 생물체로서 내 귀를 그린 거야."

"자네 생각은 참 독특하군."

고갱은 이렇게 말하면서 모자를 썼다.

"어딜 가려고?"

"점심 먹으러."

"잠깐만 기다려. 나도 같이 가게."

"오늘은 같이 먹지 않는 편이 더 낫겠어."

이렇게 말하고 고갱은 나가버렸다.

고갱이 나가버린 뒤 빈센트는 그가 또 화가 난 것은 아닌지 생각했다.

고갱, 저 녀석은 정말 심술궂은 인간이야. 이 집에서 내보내야겠어. 나한테 저따위 인간은 필요 없어. 저놈은 그러니까…… 반그리스도 교도임에 틀림없어. 저런 녀석은 죽여버려야 해. 그렇다, 저 녀석을 죽이는 거다. 반그리스도 교도를 살려둘 순 없지. 저런 녀석을 없애버리는 건 정말 훌륭한 일이야. 두고 보라지. 악마 같으니라고…….

빈센트는 부엌으로 뛰어 들어가 나이프를 집어 들고는 모자도 쓰지 않고 외투도 입지 않은 채 밖으로 나갔다.

저기 앞쪽에 어깨가 넓고 키가 크고 운동선수처럼 건장한 고갱이 어슬렁어슬렁 걸어가고 있다. 소리 나지 않게 다가가야 한다고 생각하면서 빈센트는 나이프를 단단히 움켜쥐었다.

그때 고갱이 갑자기 빈센트 쪽을 돌아보았다.

"빈센트!"

고갱이 날카로운 눈길로 노려보자 빈센트는 나이프를 손에서 떨어뜨렸다. 돌바닥에 부딪쳐 소리를 냈다. 빈센트는 기계적으로 몸을 굽혀 다시 주워들었다.

고갱은 반그리스도 교도가 아니다, 빈센트는 생각했다. 그리고 자신을 가만히 바라보는 고갱의 눈길을 대하고는 날카로운 외마디 소리를 지르며 집 안으로 뛰어 들어갔다.

"빈센트가 무슨 위험한 짓을 하지는 않겠지."

1887~1888

고갱은 빈센트 쪽을 흘끗 보았다.

"별일이야 있겠어?"

고갱은 슬쩍 웃으며 유곽을 향해 걷기 시작했다.

4

빈센트는 가스등을 켜고 자화상 앞으로 다가갔다.

이 귀가 내 귀와 다르다고? 하늘의 하나님 한 분만이 계신 것과 같이 이 귀는 이렇게 생겨야 한다. 그것이 진실이다. 그런데 고갱은 왜 그것을 이해하지 못할까.

하지만 고갱은 훌륭한 예술가다. 그에 비해 난 아무것도 아니다. 내 그림을 가지고 싶어하는 사람도 없다. 난 엉터리 화가에다 미치광이다. 고갱은 축복받은 존재인 데 반해 난 저주받았다. ······그러니까 잘라버려야 한다. 이 귀를 그림에서 없애버려야 한다. 없애야 한다.

빈센트는 나이프를 움켜쥐고 자화상 앞으로 다가가 그것을 곧바로 캔버스에 꽂으려 했다. 그런데 갑자기 멈칫 하더니 거울을 가져와서는 자신의 귀를 자화상의 귀에 가까이 대고 비추어 보았다.

"똑같아!"

빈센트는 커다란 소리로 외쳤다.

"고갱, 내 말 들려? 어디 간 거야? 틀림없이 이 귀는 실물과 똑같다고. 자, 보란 말이다. 고갱, 이 비겁한 녀석. 어디로 도망친 거야. 어서 이리 나오지 못해!"

빈센트는 온 집안을 뛰어다녔다.

"고갱, 이리 나와 보라니까. 보라고, 조금도 다르지 않다고. 네놈 말은 사실이 아니었어. 네 눈으로 똑똑히 보란 말이다. 그래, 네놈이 나타날 용기가 없다면 내가 찾아가주지. 내가 가서 끌고 올 테다. 분명 또 이본느에게 가 있을 테지. 넌 그런 놈이야. 그런데 말이야, 아직 계산이 안 끝났다고, 이 약삭빠른 녀석아!"

그리고 그는 나이프로 자신의 귀를 거침없이 베어냈다.

"자, 보라고, 고갱!"

새나가는 발음으로 이렇게 내뱉으며 그는 베어낸 귀를 자화상의 귀에 대보았다.

"완벽하게 들어맞아. 똑같은 곡선이라고. 조금도 다르지 않아."

상처에서 솟아나온 뜨거운 피가 뺨을 타고 흘러내리는데도 아랑곳하지 않고 그는 귀를 캔버스 조각에 싸고 다시 신문지로 말았다. 그리고는 떨리는 손으로 그것을 쥐고 비틀거리며 집을 나섰다.

5

날이 샐 무렵 갈보 집의 문지기가 널찍한 살롱의 문을 열고 들어왔다. 여자들은 대부분 자기 방으로 돌아가고 몇 쌍의 남녀만 여기저기 앉아 있었다.

피아노 연주자가 건반을 두드렸다. 한 손엔 모자를 들고 다른 한 손엔 꾸러미를 든 문지기가 벨벳 커튼 사이로 얼굴을 내밀며 말했다.

1887~1888

"고갱 씨에게 이 꾸러미를 전해 달라고 하는데요."

"지금 이본느와 함께 있으니 돌아갈 때 내줘요."

유곽의 여주인이 말했다.

"저…… 반 고흐 씨가 급한 일이니까 지금 바로 전해 달라고 해서요."

"그래? 그럼 내가 불러 오지."

여주인은 성가셔하며 방을 나갔다.

잠시 후 이본느와 함께 고갱이 나타났다. 고갱은 털이 북슬북슬한 가슴을 드러내고 저고리만 대충 걸친 상태였다. 바지도 바로 흘러내릴 기세였다.

"무슨 일이야, 대체?"

그는 하품을 하며 물었다.

"이 꾸러미를 반 고흐 씨가 전해 달라고 해서요."

"쳇, 별 것 아닐 텐데."

"반 고흐 씨는 아주 끔찍한 꼴을 하고 있었어요. 모자 밑으로 피가 배어 나오고…… 여기까지도 겨우 온 것 같던데요. 이걸 받으면서 제 손에도 피가 잔뜩 묻었어요."

이렇게 말하며 문지기는 자신의 손을 내보였다.

"빈센트가 피를 흘리고 있었다고요?"

이본느가 물었다.

"네. 어찌 된 일이냐고 하자 그냥 뛰어가버리더군요."

그러는 동안 고갱은 꾸러미를 풀어헤쳤다. 빈센트의 귀가 달라붙은 헝겊 조각이 나타났다.

"죽일 놈 같으니!"

고갱이 내뱉었다.

"그게 뭐예요?"

이본느는 궁금하다는 듯 물었다.

"귀."

고갱은 이렇게 말하며 그것을 높이 치켜들었다.

"이게 대체 무슨 일이에요?"

이본느가 외쳤다.

모두 웅성거리기 시작했다. 한 여자는 얼굴을 손으로 가렸다.

"빈센트의 귀야. 이본느, 넌 여기에다 여러 번 키스했겠지. 그런데 그다지 맛있을 것 같지도 않군."

이본느는 울기 시작했다.

"가여워라, 가여워라."

"이런 걸 바로 미칠 징조라고 하지."

고갱은 태연하게 말했다.

"그이를 그냥 내버려두면 안 돼요. 살려줘야 해요."

이본느는 흐느끼며 말했다.

"그래서 네가 무얼 어쩌겠다는 거야? 물이나 좀 가져다줘. 손을 씻어야겠어."

"잘 지워지지 않을걸요."

유곽의 여주인이 이가 나간 사기대야에 물을 떠왔다.

"이렇게 꾸물거리는 동안 빈센트는 계속 피를 흘리고 있을 거 아니에요. 어서 가봐야죠."

"어쨌든 난 옷을 입어야겠어."

고갱은 침착했다.

"경찰에 고소를 당할지도 몰라."

누군가가 말했다.

"경찰?"

여주인은 인상을 찌푸렸다.

<h1 style="text-align:center">6</h1>

아직 이른 아침이었는데도 빈센트의 노란 집 앞에는 사람들이 많이 몰려 있었다. 고갱이 다가오자 누군가 그의 팔꿈치를 잡아당기며 말했다.

"당신 대체 저 친구에게 무슨 짓을 한 거요?"

고갱은 아무 대꾸도 하지 않고 안으로 들어갔다.

"모르겠소? 그 미치광이 화가는 죽었단 말이오."

또 한 사람이 고갱의 앞을 가로막으며 말했다.

그러나 고갱은 아랑곳하지 않았다.

"살인자다, 살인자야!"

사람들이 고갱의 등 뒤에서 외쳤다.

빈센트의 침실에는 두 명의 헌병과 경감, 우체부 롤랑이 있었다. 롤랑은 고갱을 보더니 화를 내며 말했다.

"이제야 저 사람이 왔군."

"당신, 도대체 불쌍한 반 고흐 씨에게 무슨 짓을 한 거요? 보시오. 죽어버렸소."

롤랑은 이렇게 말하며 빈센트의 침대를 가리켰다. 빈센트는 머리에 붕대를 감고 온몸을 웅크린 채 혼수상태에 빠져 있었다.

"죽었다고?"

고갱은 깜짝 놀라서 되물었다.

"출혈이 심해서 의식을 잃었는데, 죽을지도 모르오. 고갱 씨, 내 신문에 답변을 좀 해주시오."

경감이 말했다.

"어서 해보시죠. 경찰 양반들 별 도움도 못 되면서 조서 하나는 참 잘 꾸미더군요. 안 그래요?"

"지금은 그런 실랑이를 할 때가 아니오."

경감은 점잖을 빼면서 말했다.

"아니, 난 지금 진지하게 말하는 겁니다."

고갱이 말했다.

"이렇게 불쌍한 사람을 절망적인 심정으로 몰아넣다니, 그러면서도 그렇게 태연하다니…… 부끄럼을 모르는 사람이군."

우체부 롤랑은 이렇게 말하며 고갱을 윽박지르듯 다가갔다.

"왜들 이러시오. 좀 조용히 하시오. 지금 우리는 위독한 환자 옆에 있단 걸 잊었소?"

"난 이만 돌아가 경감 님의 지시를 기다리도록 하지요. 혹여 환자가 눈을 뜨고 나를 보면 더 흥분할지 모르니 말이오."

1887~1888

이렇게 말하고 고갱은 돌아갔다.

이틀 후 테오가 찾아왔을 때, 빈센트는 겨우 의식을 회복하고 있었다.

"용서해다오. 부끄러워 견딜 수가 없구나."

"형, 그런 말하지 말고 몸이나 어서 추슬러. 형은 병이 났던 거야. 이제 건강해지기만 하면 돼."

"롤랑, 자네에게도 사과를 해야겠네."

"나한테 무슨 사과를 한다는 건가? 영문을 모르겠군."

"나는 가엾은 고갱에게도 사과를 해야 돼."

"그건 또 왜?"

롤랑은 불쾌한 빛을 띠며 되물었다.

"내가 살아 있으니까. 살아 있는 모든 자들은 용서를 빌어야 하는 법이야."

빈센트는 미소 지으며 이렇게 말했다.

"환자는 더 안정을 취해야 합니다."

옆에 있던 닥터 레이가 조그만 목소리로 말했다.

테오는 나중에 닥터 레이에게만 이렇게 말했다.

"선생님은 제 형님을 잘 모르겠지만, 형님은 가난하지만 참을성 있는 투사 같은 사람입니다. 전 형님이 저리 된 것을 차마 보지 못하겠어요. 형님의 저 깊은 마음속을 모두 털어놓을 수 있는 사람이 한 명이라도 있었다면 이런 끔찍한 일은 일어나지 않았을 거예요. 형님은 위대한 예술가예요. 형님의 최근 작품을 보았는데, 정말이지 여기 아를르에 온 이후로 놀랄 만큼 진보했더군요. 형님만 생각하면 내 가슴이 찢어질 듯 아픕니다."

"형님의 병은 그렇게까지 절망할 상태는 아니라고 생각합니다. 물론 징후가 나쁘기는 하지만 무조건 절망할 일은 아니지요. 일시적으로 심각한 정신 불안 상태에 빠진 거예요. 아마 그 건장한 체구의 친구분과 사귄 일이 부정적인 영향을 준 것 같습니다. 환자에게 정신 기능 장애 증세는 없습니다. 제 생각엔 간질성인 것 같은데, 명확히 진단을 내리기 위해서는 병원에 입원해 좀 더 자세히 진찰해 봐야 할 것 같습니다."

"지금 상태로 말입니까?"

"현재 의식을 잃고 있긴 하지만 곧 나아질 거예요."

얼마 전 약혼을 한 테오는 파리로 돌아가고 싶었고, 또 돌아가야 할 사정도 생겼다. 그리고 언제까지나 빈센트에게만 붙어 있을 수도 없었다. 그는 잠시 생각해 보더니 빈센트를 병원에 입원시켰다.

빈센트의 방

생레미 | 1889 | 유화 | 73×92cm | 시카고, 시카고 미술관

08

빈센트가 숨을 거둔 오베르의 방.

1

침대에 가만히 누워 있는 것도 쉬운 일이 아니지만 생각을 정리하는 것도 여간 어렵지 않구나, 빈센트는 생각했다.

눈을 감으면 여러 형상들이 떠오른다. 온갖 것들이 꼬리를 물고 나타나 하나를 붙잡으려 들면 순식간에 사라져버린다. 그것들은 한순간도 멈추지 않는다.

전에도 이런 일이 있었다. 돈이 없어 며칠 동안 아무것도 먹지 못했을 때 푸짐한 음식이 차려진 식탁이 눈앞에 보였다. 모두 허망한 환상이지만…… 그마저도 없다면 나는 아무것도 가진 것이 없다.

이 병원은 깨끗하고 환기도 잘 된다. 무엇보다 아늑하고 또 닥터 레이는 친절하다.

가엾은 테오. 이번 일로 얼마나 놀랐을까. 테오는 약혼을 했으니 나를 찾아오기는 쉽지 않을 것이다. 그러나 우리 중 한 사람이라도 결혼을 해서 가정을 꾸린다는 건 정말 기쁜 일이다. 테오의 약혼자는 분명

1889

어여쁜 처녀일 것이다.

지금 테오에게는 돈이 많이 필요할 텐데, 내가 이렇게 병원에서 또 돈을 쓰고 있다. 하루 동안 이 하얀 침대에서 지내는 데만도 상당한 돈이 들 것이다. 그러니 나는 될 수 있는 대로 빨리 이곳을 나가야 한다.

고갱에게는 아직 편지가 오지 않았다. 내가 먼저 고갱에게 사과 편지를 써야 한다. 닥터 레이가 내 그림을 볼 수 있게 허락해 주면 좋을 텐데…….

빈센트는 이런 생각을 하고 있었다. 마침 닥터 레이가 빈센트의 요청을 들어주어, 이튿날 빈센트는 롤랑과 함께 자신의 노란 집으로 갔다.

빈센트는 롤랑에게 자신의 발작에 대해 정신없이 이야기를 늘어놓았다.

"그렇게 과민하게 생각할 필요는 없다고. 이 프랑스에 그런 발작을 일으키는 사람은 쌔고 쌨으니 말이야. 빌어먹을 기후와 태양, 미스트랄 때문이지."

롤랑의 말은 빈센트를 위로하기 위한 것이었을까, 사실일까.

빈센트의 집 안은 잘 정돈되어 있었다. 롤랑 내외가 신경을 써준 덕분이었다. 〈다리〉〈정원〉〈아를르의 여인〉〈밭〉〈의자〉〈해바라기〉〈공원〉 등의 그림들과 자화상들이 벽에 가득 걸려 있었다.

그래, 이 그림들이 이렇게 세상에 나왔으니 내가 죽은 후에도 남아 있을 것이다. 아…… 나는 과대망상증 환자다. 내 그림들이 과연 후세까지 남을 만한 가치가 있을까? 지금도 내 그림을 거들떠보는 사람이 없는데 내가 죽고 나서는 두말할 필요 없겠지. 아마도 어느 구석에 처박혀 있다가 어느 날 찢겨서 사라져버리겠지.

열두 송이 해바라기

아를르 | 1888 | 유화 | 91×72cm | 뮌헨, 바이에른 주립 미술관

며칠 후 퇴원하는 빈센트에게 닥터 레이가 말했다.

"앞으론 그런 어리석은 짓은 하지 마십시오. 차분한 마음으로 일하면서 무엇보다 충분한 영양을 섭취하는 데 신경 쓰십시오. 그게 제일 중요합니다."

그러나 그 영양 섭취라는 것이 쉽지 않았다. 결혼을 앞둔 테오는 빈센트에게 돈을 넉넉하게 보내줄 수 없었고, 그마저 부쳐오는 순간 빚쟁이들에게 뜯기고 말았다. 이 노란 집에 오면서 사들인 가구 대금도 아직 갚지 못한 상태였다. 빈센트는 먹을 것을 줄일 수밖에 없었다.

하지만 이 노란 집은 얼마나 쾌적한지, 또 얼마나 고요한지. 빈센트는 집에서 그림을 그리고 또 그렸다.

그러나 고갱이 지내던 방 앞을 지날 때에는 고통을 느꼈다.

고갱은 어떻게 지내고 있을까. 테오에게 전해 듣기로는 다시 열대 지방으로 갈 작정이라고 한다. 아마도 그에게는 그게 가장 좋을 것이다.

고갱이 사라지고 유곽의 밤도 고요해졌다. 이본느는 이전보다 더 진지해졌다. 심한 우울증에 시달린다는 그녀는 하루 종일 침대에 누워 있으면서 저녁에도 일어나지 않았다. 유곽의 여주인은 그런 이본느를 못마땅해 했다.

빈센트는 그토록 내 생각을 한 것이냐고 물었지만 그녀는 대답하지 않았다. 고갱 생각을 하고 있었느냐고 물어도 역시 대답이 없었다. 빈센트는 어째서 그녀가 그처럼 울적해 하는지 알고 있었다.

"아무래도 상관없어요. 여기 앉아 죽기를 기다려야 하는 것이 인생 아닌가요?"

"우리는 비참한 두 마리의 개야."

이렇게 말하고 빈센트는 고개를 떨어뜨렸다.

그는 다시 극심한 두통을 느꼈고, 이번에는 빨간 게 아니라 검은 원이 눈앞에서 어지럽게 돌아다녔다.

닥터 레이는 염려할 만한 일이 아니라고 하면서 다량의 출혈로 인한 기분 저하 증세라고만 했다. 그러나 아직 조심해야 하기 때문에 2, 3일 병원에서 조용히 지내는 편이 좋겠다고 말했다. 빈센트는 다시 하얀 침대에 누워 약을 먹고는 공상에 빠져들었다.

그는 가끔 고갱 생각을 했다.

왜 폴은 편지 한 장 보내지 않는 걸까. 그래, 지난번에 두고 간 펜싱 기구들을 보내 달라는 두 줄짜리 연락이 왔었지.

다시 예전처럼 건강해졌으면 좋겠다.

저기 있는 저 남자의 병은 뭘까? 의사와 간호사들이 들러붙어 잠시도 가만두지 않는 걸 보니 무슨 병인지 의사들도 잘 모르는 모양이다. 아무도 저 남자가 어디가 아픈지 분명하게 대답하지 못한다.

아마도 누구나 한 번은 미치광이를 졸업해야 하는 법이겠지. 그러나 각자에게 맞는 해독제는 따로 있기 마련이다. 나는 나만의 해독제를 발견해야 한다. 특히나 예술가라는 존재들은 다소 차이는 있겠지만 모두 조금씩 미치광이다. 물론 나는 그중에서도 단연 돋보이는 미치광이다…… 뼛속 깊이 혼란스럽다. 그러나 나에게도 반드시 해독제가 있을 것이다. 나 혼자만 하나님의 버림을 받을 리 없다. 그러나 의사는 나에게 듣는 해독제를 알지 못한다.

그것을, 나는 알고 있다. 일만이 나를 구해 줄 수 있다. 오직 일뿐이다. 나는 그림을 그리면서 그림 때문에 미치고 말았지만, 또 그림만이 나를 이 광증에서 구해 줄 수 있다. 그런데 대체 무엇이 먼저일까? 세상 사람들은 예술가가 되기가 쉬운 줄 안다. 그러나 예술가들의 창조의 고뇌를 알게 된다면 아마도 놀랄 것이다.

닥터 레이도 일이 해독제임을 인정했다. 빈센트는 병원에서 새 친구를 사귀었는데, 키가 크고 각이 진 얼굴에다가 조그만 눈이 매우 파란 젊은 목사였다.

그 목사의 눈을 도저히 그림으로 그려낼 수 없겠다는 생각이 들자 빈센트는 안절부절 못하기 시작했다.

이번에도 노란 집으로 돌아갈 때 롤랑이 왔다.

"이젠 다 나았나?"

"아니, 계속해서 나는 마음에게 이제 건강해졌다고 말해 주고 있는데…… 아무래도 병이 든 것 같아."

"그게 어떤 상태인지 난 도무지 모르겠네."

"괜찮아, 몰라도."

"하지만 자넨 이제부터 죽을힘을 다해야만 해."

롤랑은 이렇게 말하고는 또 무언가 말하려다 멈칫했다. 빈센트는 나중에야 이유를 알 수 있었다.

노란 집으로 돌아온 지 두세 시간쯤 되었을 때 집 앞으로 사람들이 모여드는 것이 보였다. 빈센트가 창가로 다가가자 사람들은 그를 가리키며 손가락질했다.

영문을 모르던 빈센트는 마침내 사람들이 지껄이는 소리를 들었다.

"저 미치광이 화가가 다시 돌아왔군. 또 무슨 짓을 할지 모르는데 말이야."

"두고 봐. 이젠 자기 귀가 아니라 다른 사람의 귀를 잘라버릴 테니. 그러니 다들 조심하라고, 목숨이 위험하니."

"저런 미치광이가 멋대로 돌아다니다니 큰일 날 일이야."

롤랑이 빈센트를 변명했다.

"난 저 사람을 잘 알아요. 저 화가는 절대로 다른 사람에게 해를 끼칠 사람이 아니에요. 다른 사람을 해치느니 차라리 자신을 해칠 사람이라고요."

그러나 롤랑은 더 이상 빈센트를 변명해 줄 수 없게 되었다. 마르세유로 전근 명령을 받았던 것이다.

빈센트는 롤랑과 헤어지는 것이 고갱과 헤어지는 것보다 더 쓰렸다. 롤랑은 언제나 약한 사람들을 돌볼 줄 아는 인간이었다. 빈센트는 롤랑의 그런 소박함이 고갱의 대담함보다 편했다. 롤랑과는 허물없이 형제도 되고 친구도 될 수 있었다.

롤랑은 빈센트를 꼭 안아주었다.

"부디 마음 편히 지내게. 일주일마다 찾아올 테니."

2

롤랑이 떠나버리자 빈센트의 노란 집 주위에는 언제나 사람들이 바

1889

글거렸다. 빈센트의 집은 다른 고장에서까지 구경하러 오는 이 마을의 명물이 되었다. 그가 창가로 다가가면 이런 소리가 들렸다.

"저기 빨강머리에 붕대를 한 사람이 자기 귀를 잘라버린 미치광이 화가예요."

빈센트는 이제 거의 집에서 나가지 않았다. 창밖에서 사람들이 뭐라 하든, 무얼 하든 신경 쓰지 않고 일했다. 그는 귀를 싸매고 모피 모자를 쓴 자화상을 그렸다.

왜 사람들은 자꾸만 내 집 주위로 모여드는 걸까. 모두 나를 미치광이로 여기는 걸까. 내 그림 속 진실을 보는 이가 아무도 없단 말인가. 저들 역시 매일매일 일해야 먹고 살 수 있는 가난한 사람들 아닌가. 나와 마찬가지로 노동자 아닌가.

그런데도 그들은 나를 이해하기는커녕 조롱하고 있다. 무슨 까닭일까? 내가 그림 속에서 진실을 드러내 보여주기 때문일까? 진실은 살아 있는 인간들에게는 견디기 어려운 걸까?

빈센트는 사람들에게 이야기해 보려고 창가로 다가갔다.

"당신들은 나를 조롱하고 비웃고 있소. 당신들은 정말 당신들이 하는 짓이 얼마나 끔찍한 일인지 모른단 말이오? 당신들은 나를 미치광이 취급하며 광기로 몰아넣고 있소. 이렇게 둘러싸여서 어떻게 내가 제정신으로 지낼 수 있다고 생각하오. 나에게는 정적이 필요하오. 제발 무릎 꿇고 비니 내게 정적을 주시오. 나는 당신들이 생각하는 미치광이가 아니오. 내가 미치광이가 아니란 사실을 믿어줄 수 없겠소?"

사람들은 모두 웃었다.

귀에 붕대를 하고 파이프를 문 자화상

아를르 | 1889 | 유화 | 51×45cm | 시카고, 리 B. 블록 컬렉션

"정말 미쳤나보군. 우리에게 무릎을 꿇다니…… 보통 사람이라면 화가 나서 미칠 지경일 텐데."

빈센트는 결국 창문에 널빤지를 대고 막아버린 다음 고갱이 일하던 위층 방으로 옮겼다. 그 방에서는 사람들이 훨씬 조그맣게 보였다. 빈센트가 창을 막는 동안에도 사람들은 법석을 떨면서 그를 지켜보았다. 사다리를 가져와서 빈센트를 보는 자도 있었다. 빈센트의 노란 집 앞은 이제 장터처럼 되고 말았다.

그러자 관원에서도 가만 있을 수 없게 되었다. 이 미친 화가가 마을에 화를 끼칠 수도 있었기 때문이다. 마침내 88명의 주민들이 마을의 안녕을 어지럽히는 이 화가를 구금해 달라는 탄원서를 내기에 이르렀다.

빈센트에게 이런 이야기를 전한 것은 지난번의 그 경감이었다. 그는 이마의 땀을 닦으며 말했다.

"어떻게든 당신을 도와주고 싶었는데, 마음대로 안 되는군요. 행정 관리인 나로서는 상부의 명령을 따를 수밖에 없어요."

"이곳에서 올바른 생각을 하는 사람은 당신뿐인 것 같군요. 호의 감사하게 생각합니다. 당신은 내게 노아의 방주 같은 존잽니다. 지금 내가 그 탄원서에 대해 무얼 할 수 있겠습니까? 사람들이 왜 나를 그냥 내버려두지 못하는지 모르겠습니다. 난 그저 조용히 놔둬 달란 것뿐인데…… 난 자해를 했지 다른 사람에게 해를 끼치지 않았습니다. 하지만 이곳의 모든 사람들이 원한다면……."

목사 살르는 빈센트를 위해 이것저것 애써주었다. 그는 시장을 찾아가고 닥터 레이와 노란 집의 주인을 찾아가 도움을 요청했다. 또 빈센트가 살 수 있는 새 집을 알아봐주기도 했다. 그러나 그의 호의도 때가 늦었다.

시장은 마을 사람들의 청원을 받아들여 빈센트를 구금했다.

3

빈센트는 병원에서 테오에게 편지를 썼다.

지금 너에게 편지를 쓰고 있는 나는 완전히 온전한 정신 상태라고 말하고 싶다. 아를르의 주민들이 나를 미치광이로 생각해 감금해야 한다는 탄원서를 관원에 제출했다.

며칠 동안이나 나는 자물쇠로 잠긴 방에서 간호인의 감시를 받으며 지냈다. 모욕당했다는 생각은 하지 않지만 이런 상황에 대해 할 말이 없는 건 아니다. 그러나 구구한 변명은 오히려 나를 탄원한 사람들의 입장을 증명하는 꼴이 될지도 모른다.

그러니 부탁한다. 나를 이곳에서 구해 내려는 노력은 하지 마라. 물론 소용도 없을 것이다. 무고한 사람을 감금했다고 고소하는 것도 희망 있는 조치를 끌어내지는 못할 것 같구나. 현재 상태에서 내가 조금이라도 반항한다면 당장 포악한 환자로 취급되어 더욱 불리해길 뿐이다. 그러니 흥분하지 말고 그냥 나를 내버려둬라.

내 일에 관여하다가는 도리어 귀찮은 일만 생길지 모른다. 이곳 사람들은 비열한 행동으로 내게 심각한 정신적 타격을 입혔지만, 나는 이미 마음의 평정을 찾았다. 그러니 너도 맘 편히 갖고 네 할 일에 집중해라.

나를 분노하게 하거나 훼방하지만 않으면 난 그저 열심히 일에만 집중할 텐데…… 여기에 내 마음을 잠시라도 다른 곳으로 돌리게 할 만한 것은 아무것도 없구나. 다른 환자들에게는 허락되는 담배마저 내게는 금지되었다. 나는 아주 지루한 낮과 그보다 더 긴 밤을 견디고 있다. 그 시간 속에서 나는 내가 알고 있는 모든 사물들을 생각하며 지낸다. 비참하다.

이 병원에서 배운 유일한 교훈은 불평하지 않고 그저 고통을 참고 견디는 것뿐이다.

이 병원의 모든 것이 나를 미치게 할 것 같다. 그러나 주님이시여, 나는 참으며 순종하겠나이다.

마음만 안정되었다면 나는 벌써 나았을 것이다. 의사는 술을 마셔도 안 되고 담배를 펴도 안 된다고 한다. 그러나 억지로 금지당하고 보니 고통만 더욱 커질 뿐이다.

내 사랑하는 아우여, 보잘것없고 가련한 우리는 그저 웃으며 사는 편이 가장 좋을지 모른다. 예술가는 깨진 항아리에 지나지 않는다.

너에게 내 그림들을 보내주고 싶지만 쇠고랑에 묶여 의사나 경찰의 감시를 받으며 갇혀 있는 상태에서는 아무것도 뜻대로 할 수 없구나.

모든 일들이 자연스레 풀릴 때까지 나를 구해 낼 생각은 말아라.

지금 워낙 지쳐 있기 때문에 많은 일을 하지는 못하지만, 이곳에서 그린 그림들은 차분하면서도 이전 것들에 비해 손색이 없다는 사실을 말해 둔다.

아를르 병원의 정원

아를르 | 1889 | 유화 | 73×92cm | 빈터투어, 오스카 라인하르트 컬렉션

인간은 의연하게 직면한 현실과 자신의 운명을 견뎌 나가야 한다. 거기에 일체의 진리가 있다. 이곳 사람들이 제발 나를 좀 가만 내버려 두면 좋을 텐데…… 그들은 내 일에 방해가 된다.

내가 만일 가톨릭 교도였다면 수도원에 들어감으로써 내 자신을 손쉽게 구제할 수 있었을 것이다. 그러나 지금 내게는 그런 탈출구가 폐쇄되었다.

나는 지금 마음으로 너의 손을 꼭 쥐고 있다. 어머니와 누이동생, 그리고 너의 새 색시에게 내 걱정은 하지 말라고, 나는 지금 회복되어 가고 있다고 전해다오. 하나님께서 너를 지켜주시길 빈다.

너의 빈센트로부터.

4

의사들은 빈센트를 진찰하고 꽤나 상세한 정신 감정서를 작성했다. 몇 가지 유보사항이 있긴 했지만 내용은 명백했다.

반 고흐 씨의 현재 그림들은 이전 것과 달라지긴 했지만, 그것이 결코 그의 병세를 드러내주거나 다른 사람들에게 해를 끼칠 가능성을 나타낸다고 판단되지는 않는다. 물론 빈센트의 발작은 재발될 수도 있다. 그러나 타인에게 위협이 되지는 않을 것이다. 그러므로 반 고흐 씨는 살던 집으로 돌아가도 문제가 없다.

빈센트가 퇴원하는 데에는 아무 문제도 없다는 결론이었다.

그때 마침 폴 시냐크가 찾아왔다. 그는 빈센트의 상황을 보고 매우 놀랐지만 어렵게 허가를 받아 현재 폐쇄된 빈센트의 집에 들어가 그의 그림들을 볼 수 있었다.

"빈센트, 당신 작품들을 보고 감탄했습니다. 게다가 두세 점의 그림은 걸작이라고 할 만한 것들이더군요."

"난 황색의 선명한 어울림을 표현하기 위해 그림 전체에 황색 점을 찍었습니다."

"난 지금 화가보다는 한 인간으로서 빈센트 반 고흐에 대해 경탄하고 있습니다. 여러 역경에도 불구하고 절망하지 않고 견디며 여기까지 왔다는 것이 존경스럽습니다."

"예술가라면 그가 하는 일에 집중해야지 경박한 멋쟁이가 되어서는 안 되지요. 사람들이 나를 파멸시킬 수는 없어요. 그들은 나를 감옥이나 보호시설에 감금시킬 수는 있지만 내 안의 화가를 없애버릴 수는 없단 말입니다."

그러나 이튿날 아침 시냐크가 다시 찾아갔을 때 빈센트는 완전히 침체되어 이렇게 하소연했다.

"이제 나를 풀어주겠다고 하지만, 어떻게 하면 좋을지 잘 모르겠어요. 자유의 몸이 되어도 다시 그 노란 집으로 돌아가는 건 허락되지 않고, 그럼 또 다시 새로운 집을 찾아봐야 하는데…… 그렇게 모든 걸 다시 시작해야 하는데…… 지금 나는 완전히 기진맥진한 상태예요."

"살르 목사가 아담한 아틀리에를 찾았다고 하던데요."

"이사 비용도 없어요. 테오는 얼마 전에 결혼을 해서 그 애에게 의지할 수 있는 형편도 아니고요. 그냥 정신병원에 들어가는 편이 낫겠어요. 생레미의 병원으로 가는 게 제일 좋겠다고 생각해요."

"빈센트, 그건……."

"어쩔 수 없어요. 난 지금 모든 걸 처음부터 다시 시작해야 하는데, 그건 지금 내 힘으로는 불가능해요. 그밖에도 몇 가지 궁리를 해보았는데…… 외인부대에 들어가면 어떨까 하다가도 지금 내 몸을 가지고 외인부대의 근무를 견뎌낼 재간은 없어요."

"정말 바보 같은 소리를 하는군요!"

시냐크는 흥분한 목소리로 말했다.

"내가 현실을 도피하려 든다고는 생각하지 말아줘요. 사람들의 몰이해와 이 지긋지긋한 돈 걱정은, 정말이지 진저리가 나요."

"온전한 정신 상태로 정신병원에 가겠다는 생각을 도저히 받아들이기 힘드네요."

"당신은 내가 정말 정신이 왔다 갔다 하는 줄 알았나 보군요. 봐요, 난 멀쩡해요. 최근에도 두세 점의 그림을 완성했다고요. 장밋빛 꽃이 핀 밤나무 길과 벗나무와 등나무 꽃, 햇빛과 나뭇잎 그림자가 점점이 떨어진 공원길 등을 그렸어요. 하지만 다시 사람들 사는 세상에 나가 사람들과 싸우고 돈 고생에 허덕인다면 일을 할 여력이 없을 거예요. 그런 사투에 다시 들어가느니 차라리 미치광이들과 사는 편이 나아요. 아, 이제 그 얘기는 그만해요. 지긋지긋해요."

"그래도 우린 어차피 세상에서 사람들과 어울려 사는 수밖에 없잖아요, 빈센트."

"그것도 맞는 말이지만…… 제멋대로 나를 제단하고 심판하는 이따위 사회에 순응해 살 마음은 눈곱만큼도 없어요!"

빈센트는 시냐크가 깜짝 놀랄 만큼 큰 소리로 말했다.

방금 전 이성적으로 대화하던 남자는 어디로 사라졌지? 이 남자는 다시 미쳐가고 있을까? 이성과 광기 사이를 왔다 갔다 하는 이런 태도가 분명 흔한 일은 아니다. 보통 사람은 이렇지 않다.

이제 다시 발작이 일어나면 어떻게 될까. 어쩌면 차라리 생레미의 병원에 가는 편이 나을지도 모른다. 하지만…… 빈센트, 멀쩡한 정신을 가지고 정신병원에 가기를 바라다니, 정말 끔찍한 일이다.

시냐크는 생각했다.

"그런데 고갱은 어떻게 지내고 있나요? 몸이 좀 나아져 정상적인 상태가 되면 편지를 보내 볼까 생각하던 참이에요."

빈센트는 다시 평정을 되찾고, 정신을 추슬러 멀쩡한 정신 상태에서 고갱에게 편지를 써야겠다고 아무렇지 않게 말한다. 그렇다면 이 남자는 정신이 정상적일 때도 자신이 정상적인 인간이 아니라고 인식하는 것이다. 정말 받아들이기 힘든 상황이다. 여기 이렇게 있다가는 나까지도 미쳐버릴 것 같다.

시냐크는 이렇게 생각했다.

"정상적인 상태라……."

빈센트는 작은 목소리로 이렇게 말하더니 다시 어처구니없이 큰 소리로 웃으며 말했다.

"정상적인 상태? 도대체 정상적인 정신 상태가 어떤 상태인지 잘 모르겠지만…… 정신병이 어떤 건지 자세히 연구해 본 건 아니지만…… 차라리 다른 병에 걸렸더라면 얼마나 좋았을까. 그런데 난 한 가지 사실을 발견했어요. 그건 아주 중대한 발견이지요. 자, 얘기해 줄 테니 이리 가까이 귀 좀……."

시냐크가 빈센트 쪽으로 귀를 기울이자 빈센트는 이렇게 고함을 질렀다.

"새로운 것을 창조하는 예술가는 사람들의 멸시와 조롱을 받으면 모두 미쳐버려요. 예술가는 주위의 냉대를 견디지 못하지요. 그들은 결국 파멸하고 말 거예요."

5

"인도의 황제라는 사람이 참 더럽게도 군다."

빨간 천을 머리에 두른 노인이 소리쳤다.

"그게 한 나라의 임금이란 자가 할 짓이냐? 방 한가운데 똥을 싸다니! 빌어먹을."

"어서 이걸 치워라!"

자칭 인도 황제는 점잔을 빼며 이렇게 말하더니 곧바로 배설물 위에 주저앉아버렸다.

"이런 일이 생겨서 아주 좋군. 난 유럽의 위생 총감독이거든."

항상 커다란 양철 삽을 가지고 돌아다니는 남자가 말했다.

"사랑하는 나의 신도들이여!"

키가 크고 바싹 마른 흰 옷을 입은 젊은이가 침대 위에 일어서더니 이렇게 말했다.

"사랑하는 신도들이여, 인간의 불손으로 인해 신앙은 사라져버렸다. 이제 나는 다시 지상으로 내려가 본을 보여줘야 한다."

"그리스도여, 침대에서 내려오시오. 원장에게 들켰다간 혼날 테니."

"무엄한 소리!"

그리스도가 눈을 번들거리고 온몸을 떨며 말했다.

"너 따위의 말은 듣지 않겠다. 거룩한 길을 가려는 나를 가로막고 방해하는 너는 하나님의 심판대 앞에서 참회할 날이 올 것이다."

"하나님 앞이 아니라 내 앞에서지."

앙상한 몸매의 나이 지긋한 남자가 말했다.

"나는 너를 재판에 회부할 것이다. 난 프랑스의 검찰총장이다."

"나 좀 살려줘. 누가 따라와. 저…… 저들이 벌써 등 뒤에까지 따라 왔어. 봐, 총을 겨누고 있어. 제발 날 살려줘."

"플론을 살려줘라. 플론이 또 발작을 일으켰다."

"저 가엾은 미치광이는 자기가 쫓기는 줄 아는구나. 짐이 통치하는 나라에 쫓기는 사람이 있어서는 안 될지니, 거룩한 싸움을 위해 군대를 소집하겠노라."

인도 황제가 말했다.

"잠깐만, 플론을 목욕통으로 데려가야 해요."

간호인은 이렇게 말하고는 고함을 질러대는 플론에게 보호의를 입혔다.

"짐의 신하가 쫓기고 있는데 내버려둘 수는 없다. 짐의 권리가 침해 당하고 있다. 자, 이제 결연히 성전^{聖戰}을 일으키노라!"

인도 황제가 부르짖었다.

"비열한 국가 권력이여, 저열한 전제 정치여! 우리는 정치적 노예가 되지는 않을 것이다. 그러니 모두 일어나라. 우리의 동지를 구해 내자. 루이 16세가 그의 목을 자르려 한다. 나폴레옹 보나파르트 만세!"

백발을 흐트러뜨린 노인이 이렇게 외치자 두세 명의 환자가 간호인에게 저항의 몸짓을 했다.

그때 한 사람이 소리를 질렀다.

"불이야! 불! 불이 이쪽으로 다가오고 있다. 나는 타 죽고 말 거야. 숨이 막힌다. 소방수를 불러라."

그러면서 그는 웃옷을 찢었다.

"성모 마리아시여, 죽어가는 저희를 위해 기도해 주소서, 아멘. 성령이여, 저희에게 오소서. 그리스도여…… 아, 나는 이제 기도를 드릴 수가 없다. 목이 잘리고 나서 완전히 기억력을 잃고 말았다. 그리하여 나는 주님의 기도도 까맣게 잊었다."

그때 문이 열렸다.

"조용히들 하시오!"

흰 가운을 입고 푸른 안경을 쓴 생레미 정신병원 원장 페롱 박사였다.

"조용히 하지 않으면 모두 보호실에 처넣겠소. 전부 보호의를 입혀서 말이오."

"맙소사!"

자칭 프랑스 검찰총장은 원장의 옷을 잡아당겼다.

"선생님, 주님의 아들에게 손을 대서는 안 됩니다."

"자네들을 위해 좋은 일일세."

페론 박사는 이렇게 말하고는 따라 들어온 젊은 조수에게 말을 이었다.

"환자들은 힘으로 제어해야 하는 법이네. 광인들을 참을성 있게 다루라고? 말도 안 되는 소리. 그들의 망상 속까지 파고들어가 연구할 수 있다고 생각하나? 난 정신병리학의 새로운 요법 따위는 신뢰하지 않네. 그건 제법 그럴 듯하게 들리지만 효용성은 전혀 없지. 그런 요법을 따랐다가는 당장 우리가 미치광이가 되고 말 걸세."

"하지만 원장님, 미치광이도 환자고, 정신병원도 병원입니다. 그런 엄격함만으로는 그 어떤 개선도 이룰 수 없습니다."

"정신병원은 광인을 치료하는 곳이 아니야. 일반 사람들과 사회에 해를 끼칠지도 모르는 위험한 인간들을 가둬두는 곳일 뿐이네. 치료를 한다고? 자넨 우리가 정신병 환자를 치료할 수 있다고 믿나? 이 가련한 인간들은 그저 제풀에 낫든가 죽을 때까지 미치광이로 살든가, 둘 중 하나지. 그러니 그 학설이 어쩌고 하는 말은 집어치우게. 난 정신병리학의 실상을 다년간 봐왔네. 하나님께서는 나를 정신병자들을 돌보는 의사를 되게 하심으로써 내게 벌을 내리셨다는 생각을 하네. 난 내일을 저주하네."

"저는 그렇게 생각하지 않습니다. 제가 정신과를 선택한 것을 축복으로 생각합니다. 여기 이 사람들 마음에 빛을 주고, 암흑의 공포로부터 벗어나게 해주는 일보다 더 고귀한 일은 없다고 생각합니다."

"……아직 젊군."

페론 박사는 이렇게 말하고는 문이 열린 옆방으로 갔다.

빈센트는 혼자서 창가의 이젤 앞에 앉아 있었다.

"일은 잘 되고 있나요? 이렇게 정신없는 상황에서도 일할 수 있다니, 정말 대단하군요."

페론 박사는 빈센트를 향해 말하면서 낮은 목소리로 조수에게 속삭였다.

"아마도 간질 같네."

"시끄러운 것쯤은 방해가 안 됩니다. 아니, 오히려 떠들썩한 게 좋아요. 그 편이 색채가 더 풍부하거든요. 나는 이 병원에 와서 환자들과 접하면서 그들이 전혀 무섭지 않게 되었어요."

빈센트가 말했다.

"특이하군요. 보통 정신병자들은 타인에게 공포와 불안을 안겨주는 존재로 인식되는데……."

"전혀 그렇지 않아요. 이런 소란에는 곧 익숙해지게 마련이지요. 처음 얼마 동안은 굶주린 맹수들을 풀어놓은 동물원에 온 듯한 느낌이었어요. 그런데 얼마 안 가 그들이 타인에게 해를 가하기는커녕 어려움을 겪을 때 서로 돕는다는 걸 알았어요. 내가 뜰에서 그림을 그리고 있을 때에도 보통 사람들처럼 무례하게 굴지 않아요. 오히려 적절한 비평을 해주지요. 나를 고발한 저 아를르의 보통 사람들보다 훨씬 선량하다고요. 그리고 원장님, 저를 위해 이 방을 비워주셔서 정말 감사합니다. 저는 이제까지 이렇게 큰 아틀리에를 가져본 적이 없습니다."

"그렇게 생각하지 않으셔도 됩니다. 우리 병원에는 아직도 서른 개 이상의 병실이 비어 있습니다. 물론 곧 환자로 채워지겠지만."

"그렇게 될 것 같군요."

빈센트가 확신 있는 말투로 이렇게 대꾸했다.

"그런데…… 그림을 그리는데 채광은 충분한가요?"

젊은 조수가 물었다.

"충분합니다. 그런데 자꾸만 한밤중의 3등 대합실 안에 있는 것만 같은 느낌이 듭니다. 항상 모자를 쓰고 손에 무언가 들고 있는 사람들이 두세 명 왔다 갔다 해서 그런가봐요."

그때 원장이 젊은 의사에게 라틴어로 말하기 시작했다.

저 원장이 지금 내 병에 대해 이야기하고 있군. 전에 라틴어를 배운 덕분에 원장이 내가 귀를 자른 일에 대해 이야기하는 걸 용케 알아듣겠군.

빈센트는 생각했다.

"당신처럼 귀를 자른 간질 환자를 알고 있어요. 당신이 정신병에 걸렸다고 단정 짓지는 않았으니 걱정하지 말아요."

젊은 의사가 친절하게 말했다.

"불안한 마음은 어떤가요? 여전한가요?"

원장이 물었다.

"나는 다시 사회에 나가 생활하고 싶은 마음이 없어요."

"다시 파리로 돌아가 친구들을 만나고 싶은 마음도 없다는 말인가요?"

"그렇습니다."

"아무래도 우울증 같네."

원장이 젊은 의사에게 말했다.

"내가 어쩌다가 여기까지 오게 되었을까 생각하기 시작하면 갑자기 무서운 불안감이 엄습해 더 이상 아무 생각도 할 수 없는 지경에 이르게 돼요. 머리 속 무언가가 아예 파괴되어 버린 것 같아요."

"그건 당신의 생각일 뿐이에요."

원장이 대답했다.

"무서운 것도 없고, 또 아무것도 생각해 낼 게 없는 상태는 정말 기묘하고도 놀라워요."

빈센트는 속삭이듯 말했다.

그때 옆방에서 누군가 고함을 지르기 시작했다.

"며칠 전 들어온 새 환자인데, 뭐든 닥치는 대로 부숴버리며 밤낮없이 소동을 피우네요. 글쎄 어제는 침대를 부수고 음식은 바닥에 던져버리고, 도무지 제어할 수가 없어요. 대책 안 서는 환자예요."

"그런데 당신의 일은 잘돼 가는 건가요?"

페론 박사가 빈센트에게 물었다.

빈센트는 그렇다고 말하고는 눈을 반짝이며 말을 이었다.

"벌써 지난주에만 열두 장의 그림을 완성했어요. 사이프러스와 올리브 나무가 있는 풍경, 회랑回廊이 있는 병원 뜰, 수양버들이 늘어선 풀밭 등 그림들이 다 맘에 들어요. 날씨가 좋아지면 곡식이 익어가는 밭을 그릴 생각이에요. 씨를 뿌리는 농부도 그리고 밀을 베는 모습도 그릴 생각이에요. 그 농부가 밀을 베는 사람인지 죽음인지 잘 모르겠지만…… 아, 그렇게 되면 아마도 밀은 죽음에게 베어지는 인간일지도 모르겠군요."

"병원에 바라는 사항은 없습니까? 식사는 어떤가요? 무엇이든 당신 마음을 편안하게 해줄 수 있는 것이라면 말씀해 보십시오."

원장이 물었다.

"한 가지 부탁이 있긴 합니다. 한밤중에 제 방에 들어와서 그림을 찢어버리는 사람이 있어요. 며칠 전에도 사이프러스를 그린 풍경화를 검정색 물감으로 뭉개버렸지 뭡니까."

"당신 그림이 다른 사람의 손에 닿지 않도록 조치를 취하도록 하지요."

페론 박사가 말했다.

6

그날 아침 빈센트는 격심한 두통을 느꼈지만 이젤을 가지고 밖으로 나갔다. 그런데 갑자기 씨를 뿌리는 그림 속 사람이 노란 악마처럼 보였다. 그리고 그것은 느닷없이 그림 속에서 튀어나와 빈센트에게 입김을 불어댔다. 빈센트는 발바닥과 장딴지, 등뼈에 이르기까지 참을 수 없는 통증을 느꼈다. 게다가 스멀스멀 온몸에 벌레가 기어 다니는 것 같은 느낌이 들었다.

"이, 노란 악마 녀석!"

빈센트는 마치 야수가 부르짖듯 이렇게 외치더니 계속해서 무슨 말인지 알 수 없는 무시무시한 고함을 지르다가 까무러쳤다.

다른 환자들과 간호인들이 달려왔다.

인도 황제와 프랑스 검찰총장, 그리고 그리스도가 쓰러진 빈센트 위에 몸을 구부렸다. 빈센트는 고개를 뒤로 젖힌 채 눈을 부릅뜨고 있었다. 그러더니 갑자기 온몸에 맹렬한 경련을 일으키고 입에서는 허연 거품을 품었다.

"가여워라."

인도 황제가 말했다.

넋을 잃고 빈센트를 바라보던 다른 환자들은 이제 자기들이 하던 놀이는 제쳐놓고 빈센트를 도와주려 했다.

빈센트가 정신이 들었을 때, 그는 자기 침대에 옮겨져 있었다. 옆에는 원장이 앉아 있었다.

"돌아왔군요."

원장은 미소를 지으며 말했다.

"좀 더 잤으면 좋겠어요. 피곤해서 죽을 지경이에요."

"기운 내요, 반 고흐 씨. 이번 발작은 꽤 심했지만 광증 예후는 없어요. 그리고 당신은 팔레트와 붓만 가지고 있기 때문에…… 나이프를 들고 있지 않은 게 천만다행이에요."

빈센트는 무슨 말인가 하려 했지만 목소리가 나오지 않았다. 음식도 넘길 수 없었다. 발작을 일으켰을 때 너무 심하게 소리를 질러서 목에 큰 상처를 입은 것이다. 그후 닷새 동안 빈센트는 식사도 할 수 없었다.

테오의 편지를 받고 나서 빈센트는 회복세를 보였다. 그 편지에는 브뤼셀에서 열리는 신진 화가들의 전람회에 빈센트도 출품을 해달라고 주최자인 모베가 부탁을 해왔다고 적혀 있었다. 프랑수아 탕기도 빈센트의 그림과 소묘를 전람회에 내고 싶다는 말을 전해 왔고, 재치 있기로 유명한 신문기자 이자크존이 빈센트에 대한 평론을 쓴다는 소식도 있었다.

빈센트는 몇 번이고 그 편지를 되풀이해 읽으며 내용을 곱씹었다. 하지만 편지의 내용을 믿을 수가 없었다. 그래서 자칭 검찰총장에게 편지를 읽어 달라고 부탁했다. 검찰총장은 자못 진지하게 편지를 낭독하더니 빈센트가 편지의 내용을 믿지 못한 것은 편지를 제대로 읽지 못했기 때문이라고 판결했다.

이제까지 거들떠보지도 않더니 미치광이가 되어 정신병원에 들어오자 사람들이 나를 기억해 내고 있다. 내가 죽어버리기 전에는 내 그림은 팔리지 않을지도 모른다.

빈센트는 이런 생각을 했다.

그리고 이전보다 더욱 열심히 그림을 그렸다. 연속해서 두 개의 자화상을 완성했다. 하나는 전체적인 색조는 청자색이고 머리털은 노랗게 표현한 아주 수척한 모습이고, 다른 하나는 밝은 빛을 배경으로 한 측면 반신상이었다.

〈씨 뿌리는 사람〉을 다 그리고 나서는 간호장 퓨토를 그렸다. 빈센트는 퓨토의 머리 모양에 흥미를 느꼈는데, 그는 모델을 서주면서 여러 이야기를 지껄였다. 마르세유의 한 병원에서 간호인으로 있을 때 콜레라가 유행했는데, 그때 죽음의 실체가 그의 공포를 완전히 압도했

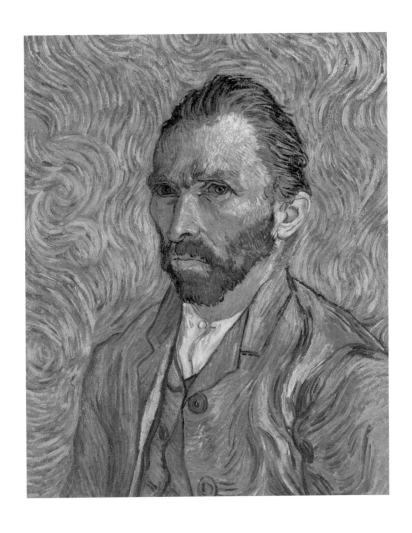

자화상

생레미 | 1889 | 유화 | 65×54cm | 파리, 오르세 미술관

다는 이야기였다. 그는 입심이 매우 좋은 사람이었다.

"인간은 참으로 여러 가지 생각을 하지요. 이제까지 이 세상에 살았던 인간이 얼마나 되는지는 아마도 하나님도 모르실 거예요. 하지만 인간은 자기가 없으면 세상의 회전목마가 멈춰버릴 거라고 생각하지요. 뭐, 그가 살아 있는 동안은 그 생각이 유효하겠지만, 그가 죽어도 이 세상은 여전히 변함없이 돌아갑니다. 콜레라가 유행했을 때, 또 독일과 전쟁을 했을 때 얼마나 많은 사람이 죽었나요. 한번 쾅 하는 소리에 주위 모든 사람들이 다 나가떨어졌어요. 아무리 바보 같은 사람이라도 인생이 그렇다는 걸 알면 바로 생활 태도를 바꿀 텐데 말이에요. 아웅다웅 다투다 못해 소송을 제기하고, 다른 사람들보다 앞서기 위해 안달복달해도 하루아침에 끝장날 수 있는 것이 바로 우리네 인생 아니겠어요. 그러니 다 부질없는 짓이에요."

빈센트는 미소를 지으면서 물었다.

"우체부 롤랑을 알고 있나요?"

"아, 아를르에서 온 롤랑이요? 그 멍텅구리 우체부, 그런데 그건 왜 물어보는 거예요?"

"그 사람도 철학자예요."

"화가 양반, 당신은 여간해서는 남에게 굽히지 않는 사람 같네요. 그딴 간질병 따위는 병에도 못 껴요. 발작만 휙 지나면 보통 사람과 똑같이 멀쩡해지잖아요. 러시아 시인 한 사람을 알고 있는데, 그 사람도 간질이에요. 그는 발작이 올 걸 예측해 그걸 조절해 가며 일을 해요."

빈센트는 붓을 내려놓고 그림과 모델을 번갈아 보았다. 그리고 자기 솜씨에 만족했다.

"이제 겨우 그림다운 그림을 그리는데 나는 벌써 관 속에 들어갈 준비를 하고 있다 이거군."

이렇게 말하며 빈센트는 웃었다.

퓨토도 다가와 그림을 들여다보았다.

"어때요, 당신이 보기에는?"

"이게 나라고요? 아무리 봐도 잘 모르겠어요."

"솔직하게 말해 주는군요."

"좀 미안한 말이지만, 사나운 새를 그린 것같이 보여요."

"맞아요. 당신 얼굴은 정말로 대머리 독수리와 비슷해요."

"한 번도 그런 생각은 해보지 않았는데요."

퓨토는 이렇게 말하며 파이프 담배에 불을 붙였다.

"어쨌거나 이게 화가인 당신에게 비친 내 얼굴이라는데, 이것으로 만족해야지요."

"하나님은 우리가 모든 일에 감사하기를 바라시지요."

빈센트는 진지한 투로 말했다.

"화가 양반, 당신은 꼭 목사 같은 소릴 하는군요."

"목사 노릇을 한 적이 있지요."

"내 생각이 맞았군요. 당신은 꼭 예수 그리스도라도 된 것처럼 모든 일을 종교적으로 해석해요. 자신을 그리스도로 생각하는 저 미치광이처럼 말이에요."

"나한테 그런 면이 두드러져 보였단 말이군요."

"나하고 당신을 합하면 의사 노릇 해도 될 거예요."

"페론 박사는 내게 너무 종교적인 것을 생각하지 말라고 하더군요. 내가 내 생각이나 기분을 마음대로 조절할 수 있다고 생각하나 봐요. 어제 파리로 떠나기 전에 그러더라고요. 난 내 병세가 어떤 상태인지 물어보면서 나를 파리로 좀 데려다줄 수 있는지 물어보았는데, 못 들은 척하더군요. 그러니까 난 아직 파리에 갈 수 있을 만한 상태가 아닌 모양이에요."

"오진일 수도 있지요. 그런 일은 생각보다 흔해요."

"내 동생은 내가 일을 못할 정도로 병세가 악화될까봐 걱정하고 있어요. 그런데 난 전보다 훨씬 좋아졌다고요. 원장에게도 이런 말을 했는데 코웃음 치더군요. 내가 좋아졌다고 생각하지 않는 거죠. 이전의 내 발작은 내적인 요인에 의한 것이었지만 최근의 발작은 외적인 것이에요. 어떻게 설명해야 할지 잘 모르겠는데…… 이전에는 무서웠는데 이번엔 그저 불쾌했어요. 무슨 말인지 알겠어요, 퓨토 씨?"

"그럼요."

"지난번 발작은 무섭지 않았어요. 하지만 일을 못하게 되면 정말 무서운 일이 생길 것 같아요. 아무것도 하지 않는다는 건 병에 걸리는 것보다 두려운 일이지요. 그러니 이제부터 일을 한다면 발작도 그리 자주 일어나지 않을 거예요. 예전에 부리나주에서 갱부들괴 지낸 적이 있는데, 그들은 언제나 생명을 걸고 일했어요. 나는 또 울적한 저녁 무렵 일을 하고 싶어도 불빛이 없을 때 무서운 불안감에 빠져요. 하지만 창 너머로 레몬 빛 하늘이나 미스트랄로 인해 절망적인 몸짓을 한 소나무를 보게 되면 다시 기분이 좋아져요."

"당신은 분명 완치될 거예요."

"아…… 그렇지만 깨진 항아리는 결국 깨진 항아리에 불과하지요."

이렇게 말하며 빈센트는 한숨을 내쉬었다.

며칠 후 페롱 박사가 신문을 손에 쥐고 빈센트의 방으로 들어왔다.

"인사하러 왔어요. 지금 막《메르큐르 드 프랑스Mercure de France》에 실린 알베르 오리에의 평론을 읽었어요. 내 병원은 이제 당신 덕분에 유명해질 거예요, 반 고흐 씨."

"테오가 그 신문을 부쳐주었는데, 나도 놀랐어요."

"이자크존도 당신에 대해 썼더군요. 정말 대단한 일이에요. 이제 곧 당신은 유명해질 테고, 머잖아 당신을 모시러 사람들이 오겠지요?"

"이자크존은 참으로 교양 있는 사람이지만, 난 당신에게 그리 칭찬받을 만한 사람은 아니에요."

빈센트가 말했다.

"그렇게까지 겸손할 필요 없어요. 이자크존이 없는 사실을 지어내 글을 쓴 건 아닐 테니까요."

"그래요. 어떻게 그렇게 화가의 마음을 속속들이 논평할 수 있는지…… 나도 굉장하다고 생각했어요."

"당신네 화가들도 모델 속으로 파고들어가지 않나요? 그리고 그게 바로 예술이고요."

"지금…… 바로 파리로 가면 안 될까요?"

잠시 뜸을 들이다 빈센트가 물었다.

아이리스

생레미 | 1889 | 유화 | 71×93cm | 퍼스, 앨런 본드 컬렉션

"그건 안 됩니다."

페론 박사는 이렇게 대답하면서 갑자기 안경을 정성스레 닦기 시작했다.

빈센트의 심장박동이 빨라졌다.

"당신은 지금 어디서든 의사나 간호사 옆에서 지내는 편이 좋아요. 물론 퇴원을 해도 괜찮겠다는 생각이 들기도 하지만……."

"하지만 어쨌다는 건가요?"

빈센트가 물었다.

"그러니까 나는 당신이 좀 더 이곳에 있는 것이 좋을 것 같아요."

"다시 발작이 올까봐 걱정이 된다는 말인가요?"

빈센트는 떨면서 물었다.

"꼭 그렇다는 말은 아니에요."

페론은 못마땅한 표정으로 말을 이었다.

"다만 너무 조급하게 굴지 않는 게 좋겠다는 생각이에요."

빈센트는 고개를 떨어뜨렸다.

7

페론 박사가 염려했던 대로 빈센트에게 새로운 발작이 일어났다. 그것도 연속적으로…….

편지로 이 사실을 전달받은 테오는 매우 걱정스러워 하면서도 곧바로 빈센트에게 달려갈 수 없었다. 막 태어난 아기와 아내가 맘에 걸렸기 때문이다. 아쉬운 대로 의사들을 찾아다니며 빈센트의 증세에 대해 의논했지만, 직접 빈센트를 진찰한 적이 없는 의사들인지라 테오에게 실질적인 도움을 주지는 못했다. 하는 수 없이 빈센트의 증세에 대해 자주 얘기 나눴던 카미유 피사로를 찾아갔다.

피사로는 말했다.

"그렇게까지 되다니 무척 맘이 안 좋군요. 사실 난 이제까지 빈센트에게 친절하게 대하기 위해 무척 애써온 편입니다. 사람들은 빈센트가 인내심이 매우 부족한 인간이라고 생각하는 것 같은데…… 당신이 보내준 빈센트의 최근 자화상을 보고는 깜짝 놀랐습니다. 소름 끼칠 정도로 말입니다. 그는 마치 보이지 않는 십자가에 못 박혀 머리에 가시관을 쓰고 있는 것처럼 느껴졌습니다. 가셰 박사라는 분을 알고 있는데, 괴짜긴 하지만 훌륭한 정신과 의삽니다. 여러 가지에 관심이 많은 딜레탕트인데 아주 인정이 많지요. 당신 형님을 돌봐줄지도 몰라요. 그러면 빈센트를 파리 근처로 데려오는 게 좋겠군요. 어쨌든 오베르의 가셰 박사 집에 찾아가 보세요."

테오는 가셰 박사를 찾았다. 가셰 박사는 즉시 자기 집에서 빈센트를 돌봐줄 수 있다고 말했다.

테오는 생레미로 편지를 띄워 이 사실을 알렸다.

빈센트는 발작이 되풀이된 2월부터 4월까지 일을 하지 못했다. 조금이라도 발작이 일어날 기미가 보이면 가만히 누워 있거나 무릎 위에 가지런히 손을 올려두고 앉아 있어야 했다. 그럴 때에는 페론 박사가 독서마저 하지 못하게 했다. 아무것도 할 수 없는 빈센트는 쉴 새 없이 지껄였다.

그러다가 그 병원의 다른 환자들과 마찬가지로 갇히는 몸이 되었다. 빈센트를 단단히 지키고 있는 페론 박사도 빈센트의 생각까지 제어할 수는 없었다.

빈센트는 자신이 그린 장밋빛 하늘을 배경으로 한 〈올리브〉나 〈아를 르의 여인〉 〈사이프러스〉, 고갱이 칭찬해 준 〈의자〉 등의 그림에 대해 생각하고 또 생각했다. 고갱과 한집에서 지낸 게 언제였는지 가물가물했다. 작년쯤 일이었던 것 같다가도 백년도 더 전의 일 같기도 했다. 빈센트는 또 이자크존이나 오리에의 비평에 대해서도 생각했다. 그 사랑스러운 젊은이들이 이제는 빈센트에 대해 다시 그런 말을 할 수 없으리라. 그들은 빈센트를 잘못 보았던 것이다. 빈센트는 패배하고 말았다. 그는 이제 온전히 아무것도 할 수가 없다. 병이 그의 모든 것을 망쳤다. 다시 화필을 잡을 수 없을 것이다……

그러나 페론 박사는 결국 빈센트에게 그림을 그려도 좋다고 허락했다. 빈센트는 공원에서 장밋빛을 띤 보랏빛 줄기의 소나무와 푸른 풀, 민들레와 흰 꽃, 나무줄기를 배경으로 한 조그만 장미 덤불 따위를 그렸다.

그는 그 모든 것을 그리고 싶었다. 장밋빛 배경 앞의 연미붓꽃 덤불은 기억을 더듬어서 그렸다. 그림을 그릴 때에는 모든 것을 잊었다. 다시 일할 수 있다는 사실만이 기쁨으로 다가왔다. 세상도 기쁨의 빛으로 찬란했다.

그 즈음 테오에게 편지가 왔다. 테오가 없었다면 빈센트는 어떻게 되었을까. 동생은 그의 천사였다.

테오는 이 따뜻한 남쪽 땅을 버리고 자신이 있는 곳으로 오라고 적었다. 한번 어그러졌던 곳에 다시 간들 무슨 소용이 있을까 싶었다. 병이 나을 리도 없을 것이다.

페롱 박사는 빈센트가 떠나는 것에 찬성했지만 파리까지 간호인이 동행해야 한다는 조건을 붙였다.

빈센트는 화를 내며 말했다.

"난 이제 다른 사람에게 해를 끼치는 일은 절대 하지 않아요. 그런데 맹수라도 된 것처럼 호위를 받아가며 파리까지 가야 한단 말입니까?"

페롱 박사는 미소로 화답했다.

빈센트는 소지품을 꾸려 정거장으로 향했다. 다시 한 번 아를르의 드넓은 밭과 초원을 바라보았다. 비가 갠 뒤라 싱싱한 빛을 띠고 있었다.

꽃들이 핀 들판을 보며 빈센트는 황홀해졌다. 이제 이 모든 것들을 다시 그릴 수 없다. 네덜란드에서 프랑스로 왔다가 영국으로 갔고, 다시 네덜란드로 돌아왔다가 프랑스로 와서 북쪽에서 남쪽으로 왔다. 이번에는 또 어디로 가야 하는 걸까.

한 정신병원을 떠나 또 다른 정신병원으로 가는 것 아닌가. 그러나 그곳에서도 그림은 그릴 수 있다. 물론 아를르의 아름다운 태양은 없을 것이다. 대신 파리에는 희미한 가스등 불빛이 비치는 서점이 있고, 또 다른 소재들이 널렸다.

가스등의 불빛도 노란 빛을 반사시킨다. 그리고 그곳에도 태양은 있다.

이런 생각을 하면서 빈센트는 다시 한 번 초원의 공기를 들이마셨다.

1889

테오의 아내 요한나와 빈센트의 이름을 이어받은 그의 아들.

09

빈센트의 마지막을 함께한 가셰 박사.

1

테오는 잠을 이루지 못했다. 내일 아침 빈센트가 리옹에 도착한다는 전보를 받았기 때문이다.

"보호자 없이 형이 여기까지 혼자 올 수 있을까…… 아무 일 없어야 할 텐데. 형을 혼자 보낸다고 했을 때, 괜히 그러라고 했어."

요한나는 너무 걱정하지 말라고 남편을 다독였다.

"안심이 안 돼. 오는 도중에 발작이라도 일으키면 어떡하지?"

"괜히 최악의 경우를 상상하며 걱정하지 말아요."

"무슨 일이라도 생겼을 때 생판 모르는 사람들이 형을 돌봐주겠어?"

"어디든 친절한 사람은 있기 마련이에요."

"형은 분명 칼이나 권총을 가지고 있을 거야."

"생레미의 의사들이 빈센트가 그런 도구들을 챙기게 그냥 뒀을까요? 걱정하지 말아요. 그런 일은 없을 거예요."

"환자들은 무엇이든 원하는 걸 잘도 챙겨 숨기는 재주가 있잖아."

1890

자정이 넘어서야 겨우 잠자리에 든 테오는 그러나 곧 다시 깨고 말았다.

요한나는 아는 체 하지 않았다.

빈센트가 그냥 생레미에 있는 편이 낫지 않았을까? 어떤 일이 벌어질지 조금 불안하다. 남편은 힘겨워 하면서도 형에게 도움이 되기 위해 최선을 다할 것이다. 빈센트라는 사람은 어떤 사람일까? 그림 속 얼굴은 무척이나 무서웠다. 그런 자화상은 처음이다. 왠지 겁이 난다. 갓난아기가 있는데 무슨 일이라도 생기면 어떡하나…… 나 역시 테오처럼 부질없는 걱정을 하고 있구나.

하지만 자신의 귀를 잘라버린 사람이다. 혹 유전이 되는 병은 아닌지 의사에게 물어봐야 할 것 같다. 내 아이도 어쩌면…… 그럴 리 없어, 절대로. 하지만 테오 역시 번민에 쌓여 있지 않은가. 왜 우리 아기에게 빈센트라는 이름을 지어주었을까. 이 아이도 같은 운명을 걷게 된다면…….

요한나는 이런 생각에 빠졌다.

갑자기 아이가 울기 시작했다. 요한나가 일어나기도 전에 테오가 아이를 안고 달래며 무슨 말인지 알아들을 수 없는 말을 중얼거렸다. 잠시 후 아이는 울음을 멈췄고 테오는 다시 아이를 눕혔다.

그로부터 30분쯤 지났을까 테오가 갑자기 다시 일어나서 불안한 듯 이리저리 방안을 서성였다. 그러더니 살그머니 옷을 입기 시작했다.

새벽 네 시 무렵이었다. 요한나도 일어나 아침식사를 준비했다. 이윽고 다섯 시가 되었을 때 테오는 모자와 단장을 집어들었다.

"그럼 다녀올게."

"벌써부터 나가서 무얼 하려고요. 아직 다섯 시간이나 남았어요."

"도저히 집에 가만히 있을 수가 없어서 그래."

테오는 아내에게 입을 맞추고 집을 나섰다.

한참을 걸으니 마음이 조금 안정되었다. 그리고 열차가 도착할 즈음에는 완전히 평정을 되찾았다.

형이 오는 걸 내가 얼마나 기다렸고 또 기뻐하는지 어떻게 표현할 수 있을까. 형에 대한 간절한 마음이 이렇게 터질 듯 가득한데 무슨 말을 해야 할지 모르겠으니 참으로 안타깝기 그지없다.

테오는 생각했다.

열차가 도착해 이윽고 빈센트가 차창 밖으로 얼굴을 내민 모습이 눈에 들어왔다. 테오는 형을 끌어안고 마음속 가득한 감격을 쏟아놓고 싶었지만 오면서 별일 없었느냐, 그곳 병원 형편은 어땠느냐 등 싱거운 말만 건넸다.

빈센트와 악수를 하면서 요한나는 생각했다.

별로 아파 보이지 않는다. 테오보다 덩치도 큰 것 같고 낯빛도 볕에 그을린 것이 농부처럼 건강해 보인다. 그런데 저 붕대는…… 그러니까 잘라버린 귀의…… 그쪽은 쳐다보지 말자. 그건 예의가 아니야.

"결혼 축하해요. 아기도 낳았다고요? 빨리 이기를 보고 싶군요. 앞으로 잘 지냅시다!"

침실의 요람 안에서 새근새근 자는 아이를 빈센트는 한참 동안 바라보더니 말했다.

"새로운 반 고흐군."

빈센트는 웃었지만 눈에는 눈물이 글썽거렸다.

"당신에게 감사한 마음이에요."

빈센트는 테오 곁에 있는 요한나에게 말했다.

"빈센트 집안에 새로운 생명을 낳아주었으니까요. 그런데 아이를 너무 곱게 키우면 안 돼요. 자칫 아이에게 나쁜 버릇만 키워주게 될지 모르니까요. 우리 인생은 늘 예상보다 가혹하거든요. 하지만 이 사랑스런 아이가 인생의 거친 파도를 늠름히 헤쳐 나갈 수 있게 우리 모두 이 아이를 잘 돌봐줍시다. 오, 이 귀여운 아이를…… 작은 빈센트! 그런데 왜 내 이름을 붙여주었나요? 이 아이도 나와 같은 운명을 걷게 될지도 모른다는 생각을 하지 않았나요?"

요한나는 멈칫 놀랐다. 자신이 몇 시간 전에 한 고민을 그대로 풀어내다니!

형은 내 마음속까지 꿰뚫어보는 건가?

놀라기는 테오도 매한가지였다.

"그렇지만 걱정할 건 없어요. 나 같은 사람은 한 집안에 한 명이면 충분하니까. 내 삶 속에서 이리도 극성을 떠는 운명의 신도 좀 쉬어야 하지 않겠소? 이 귀여운 아이는 나와 같은 방식으로 세상에 시달리며 살지는 않을 거요. 아, 그런데 배가 몹시 고프군. 요한나, 무얼 좀 먹을 수 있을까요?"

"잠시만 기다리세요."

요한나가 웃으며 말했다.

"혹시 올리브를 좋아하나요?"

식사 도중 빈센트가 물었다.

"먹어본 적이 없어서 잘 모르겠는데요."

"그 오묘한 과일을 모르다니…… 잠깐만 기다려요. 내가 곧 사오리다."

테오와 요한나가 말릴 틈도 주지 않고 빈센트는 모자도 쓰지 않고 밖으로 뛰어나갔다. 그리고 그가 돌아올 때까지 두 사람은 한참 동안이나 식사를 중지하고 기다려야 했다.

"겨우 올리브를 구해 왔소. 파리는 참 불편한 곳이군요. 남쪽 지방에서는 집 옆 작은 가게에만 가도 올리브를 찾을 수 있는데 말이오."

다음 날 아침, 식사 준비를 다 해놨는데 테오도 빈센트도 나타나지 않았다. 테오와 빈센트는 빈센트의 그림 앞에서 넋을 잃고 있었다. 집 안의 온 벽에 빈센트의 그림이 걸렸다.

거실에는 아를르의 론 강변을 그린 커다란 풍경화가 걸렸고, 식당에는 〈감자를 먹는 사람들〉이, 침실에는 정원 풍경이 걸렸다. 또 침대와 소파 위, 마룻바닥 등 집안 곳곳에 그림과 소묘, 스케치 들이 쌓여 있었다. 하녀가 어이없다는 듯 말했다.

"순식간에 이렇게 어질러놓다니, 참으로 고상한 손님이군요. 집이 돼지우리처럼 되는 건 시간문제겠어요. 그러면서도 교양 있는 신사 행세라니……."

요한나가 세 번을 부른 끝에 두 사람은 겨우 식탁에 앉았다.

"정말 대단해!"

테오가 작은 소리로 말했다.

"형이 고생한 게 허사가 아니었어. 형은 대가야!"

하녀의 불평거리는 점점 늘어갔다. 한 시간마다 새로운 손님이 찾아와 그때마다 현관에 나가야 했고, 방은 담배연기로 자욱했다. 마룻바닥에는 담배꽁초와 담뱃재가 쌓였다.

하녀는 머리를 가로저으며 벌써 예술가라면 치를 떨었다.

베르나르와 시냐크가 다녀간 후 카미유 피사로가 찾아왔다.

"파파 피사로!"

빈센트는 반갑게 손님을 맞았다.

"당신이 돌아왔다는 소식을 듣고 찾아왔소. 당신을 만나려고…… 아니, 당신의 그림을 보고 싶어서 왔다고 하는 편이 더 정직할 거요."

"과연 예사롭지 않군."

빈센트의 그림을 보고 피사로가 말했다.

"대부분의 작품들이 비범해 보이는군요. 당신 기분을 맞추기 위해 하는 말이 아니오. 당신이나 나나 선택하는 소재가 비슷해요. 특히 풍경화에서. 과일나무와 초원, 야채밭 등이 언제나 내 시선을 끌지요. 나 역시 굳이 특이한 소재를 선택하려고 하지는 않아요. 난 무엇이든 있는 그대로 그리지 절대로 미화하지 않지요. 내 그림은 당신 그림보다 평온하다고 해야 할까…… 그러니까 난 자연 속에서 정적인 것을 그리는데, 당신은 언제나 자연 속에서 동적인 것이나 생명에 충만한 힘의 움직임 같은 것을 찾아내는 것 같아요. 그 점에 대해서 세상 사람들이 어떻게 말하는지는 당신도 잘 알겠지만…… 가셰 박사에게 잘 얘기해

두었어요. 그는 사랑스러운 괴짜예요. 당신과 잘 지낼 수 있을지는 모르겠지만……."

"괴짜라…… 미치광이는 나 하나로 충분해요. 의사라면 모든 면에서 정상적이어야 하지 않나요?"

"예술가들만 미치광이가 되란 법은 없지요. 좋은 의사들도 괴짜인 경우가 종종 있어요. 그리고 당신은 결코 미치지 않았어요."

피사로가 말했다.

"당신은 날 잘 몰라요. 지금은 내가 자제를 하고 있기 때문에 그렇게 보이지 않을 뿐이에요."

"당신이 조금 더 예민하기 때문 아닐까요? 그건 병이 아니라 성격의 문제예요."

"아니, 난 병이 있는 거예요. 그리고 아마도 그 사람이 세상에서 무엇을 발견해 자기 안에 끌어 들이냐에 따라 다르겠지요."

그때 툴루즈 로트렉이 요란한 소리를 내며 들어왔다.

"마침 빈센트 반 고흐의 특별 개인 전람회를 하는 자리에 오게 되었군. 입장료는 내지 않겠네. 나도 개인 전람회를 하려고 생각중일세. 그런데 참, 우린 자네와 지극히 정상적으로 점잖게 교제하지 않았나? 대체 어디서 귀를 자르라고 하던가? 학교에서 배웠나? 어떻게 된 일이냐고. 자네 미쳤나? 귀는 잘라버리라고 있는 게 아니야. 물론 나머지 귀도 잘라버린다면 비평가들의 험담에는 신경 쓰지 않아도 되겠지. 그런데 생각 좀 해봐. 대중의 비난에 귀를 기울이지 않으려는 예술가는 인생의 가장 큰 쾌락 하나를 포기하는 것과 같네. 그런데 자네 왜 그랬나? 매독 같은 병에라도 걸렸나? ……어떤 경우에는 자신을 지나치게 사랑한 나머지 결국 자기 자신을 죽여버리는 경우가 있지. 그게 바로 우리들 운명이야. 어쨌든 자네 그림들은 꽤 재미있군. 그거 아나? 친구의 그림을 보고 딱히 해야 할 좋은 말이 없을 때는 그저 '아주 재미있군' 이라고 말하면 되는 법이네. 그러면 그림이 서툰 경우엔 아무 문제가 없고, 그림이 훌륭한 경우엔 칭찬의 효과가 팍 떨어지지. 그런데 빈센트, 자네 그림 참 재미있네. 전에 한번 자네에게 짐승이라고 말한 적이 있었지? 자네는 정말 저주받은 짐승이야. 자네 그림 앞에 서면 운명의 손이 덤벼드는 것같이 느껴져. 난 자네가 미치광이란 사실도 천재란 사실도 도저히 받아들일 수가 없네. 미치광이나 천재나 똑같지 …… 대체 그 누가 자네에게 이렇게 훌륭한 그림을 그리도록 허락했단 말인가. 참담한 일이야. 자넨 겸손해져야 해."

파리의 테오에게 온 지 사흘째 되는 날, 빈센트는 심한 두통에 시달렸다. 벌써부터 파리의 시끄러운 생활을 견뎌낼 자신이 없었다. 빈센트는 오베르의 가셰 박사를 찾아갔다.

2

빈센트는 일을 하며 미소 지었다.

가셰 박사는 정말 재미있는 인간이다. 첫눈에 괴짜라는 걸 알 수 있다. 키가 크고 얼굴은 세모꼴인데, 코는 폭이 넓고 길었다. 턱수염을 조금 기르고 입수염은 처졌다.

가셰 박사

오베르 | 1890 | 유화 | 67×56cm | 개인 소장

푹 들어간 눈은 마치 베일에 가려진 듯 하지만 이따금 날카로운 빛을 뿜는다. 매우 빠른 말투로 지껄이고, 조급한 나머지 말이 다 끝나지 않았는데도 무슨 말인지 아는 듯한 표정으로 대답을 하기도 하고 과장된 몸짓을 하기도 한다. 게다가 시시때때로 아주 큰 소리로 웃는다. 그러면서 의사 노릇을 하다니…… 하지만 적어도 나 정도는 돼야 미치광이다.

빈센트는 이런 생각을 했다.

가셰 박사의 집은 골동품 가게처럼 온갖 물건들로 가득 차 있었다. 유리그릇이며 그림은 물론이고 무기와 가면, 트렁크, 낡은 장롱, 음악 시계, 수도복, 두건, 세계 각국의 지도, 낡은 주석 식기류, 사슴 뿔 등 별별 기념품들이 어수선하게 널렸다.

마당도 색달랐다. 널찍한 화단에는 엄선한 듯 보이는 여러 종류의 꽃나무와 외국 식물이 심겨져 있었다. 안뜰에는 오리, 닭, 칠면조, 공작새 등이 다섯 마리의 고양이와 두세 마리의 개와 함께 살고 있었다.

아내를 잃은 가셰 박사는 열아홉 살 된 날씬한 몽상가 딸과 어릴 적 테오를 꼭 닮은 폴이라는 열여섯 살짜리 아들과 함께 살고 있었다.

가셰 박사는 일주일에 두 번 일하기 위해 파리로 가기로 했지만, 차차 원래 직업에는 게을러져서 오베르에서 멀리 나가는 일은 거의 없이 그림만 그렸다. 그래서 가까이 사는 피사로나 세잔과도 친했다.

오베르는 화가들의 소굴 같았다. 도비니나 도미에[50]도 그곳에서 살았고, 지금도 숱한 젊은 화가들이 일하고 있었다. 그들 모두 가셰 박사와 친분이 있어서 언제든 반갑게 맞아주는 그의 집을 종종 찾아왔다. 또 가셰 박사는 화가들이 병이 나면 언제나 무료로 진찰해 주었다.

재미있는 이야기를 많이 알고 있는 가셰 박사는 곧잘 그런 이야기들을 해주었는데, 자기 집에 찾아오는 사람들을 이름으로만 불렀기 때문에 폴이나 에드가, 기이 같은 이름들은 너무 많아서 누구를 가리키는지 제대로 알기 힘들 지경이었다.

가셰 박사의 집에 온 지 얼마 안 되어 빈센트는 그의 초상을 그리기 시작했다. 흰 모자를 쓰고 걸터앉은 모습이었다. 금발과 못생긴 손은 밝은 색조로 그리고, 연미복은 파랑, 배경은 코발트블루, 가셰가 기댄 책상은 빨강, 그 위의 책은 노랑, 그리고 가셰가 왼손에 쥔 디기탈리스 꽃은 보랏빛이었다. 가셰 박사는 그 초상화를 보고 솜씨에 감탄하며 칭찬했다.

가셰 박사의 칭찬이 끝나지 않자 빈센트는 겸연쩍어 짐짓 자신의 병에 대해 이야기를 시작했다. 가셰는 일주일에 한 번씩 빈센트를 세밀하게 진찰했는데 아직 병세에 대해서는 한 마디도 없었다.

"자네한테 또 그 우울 귀신이 찾아왔군, 빈센트."

가셰 박사가 말을 이었다.

"그 따위 것은 당장 쫓아버리게나. 그리고 그놈이 찾아오는 대로 내게 알려주게. 당장 쫓아줄 테니까. 난 우울이라는 괴물이 싫어하는 약을 알고 있네. 하얀 가루약인데, 그걸 먹으면 깊은 잠이 들고, 깨어났을 때 ㄱ 우울이란 놈이 어디론가 사라져버린 후지. 자네 안에 뻔뻔스럽게 도사리고 있는 여러 괴물들일랑 무시해 버리라고. 자네의 생리적 기능엔 아무 문제가 없어. 그런데 자네의 정신적 증상이 말이지…… 여러 명의 의학 대가들이 모여도 의견이 일치하지 않을 걸세. 난 대가는 아니지만…… 자네 병은 간질 같네. 간질에 듣는 약은 우리 의사들도 모르고. 그 외엔…… 자넨 그저 모든 예술가들과 마찬가지로 약간 미치광이일 뿐이야. 예술가들은 모두 저마다 조금씩 독특한 면이 있어서 미치광이로 보이기 십상인데, 예술이 진보함에 따라 그 독특함도 증대되지. 빈센트, 자네의 그림이 훌륭한 걸 보며 자네의 광증도 증폭되었을 거라 생각하네."

빈센트는 웃었지만 가셰 박사는 알아채지 못하고 말을 이어 나갔다.

"자네 듣기 좋으라고 하는 소리가 아니야. 난 자네를 훌륭한 예술가로 생각하는데, 예술가는 아무래도 미치광이가 될 소지가 많지 않은가. 각자 자기 안에서 새로운 세계를 창조하고…… 새로운 작품을 창조할 때마다 또 다른 새로운 세계를 창조하는 것 아닌가. 제아무리 건강한 사람이라도 그런 일을 배겨내기는 힘들지. 하나님도 그렇게 몇 번씩 세계를 만들 수는 없을 거네."

"하나님이 만드신 세계는 이 하나만으로도 충분하지요."

빈센트가 대꾸했다.

"나는 정상적인 예술가는 거의 못 봤네. 물론 폴 같은 사람은 정신병원에 넣어야만 할 인간이야.(빈센트는 어느 폴일까 생각했다.) 길에서 누가 말이라도 시키려면 바로 도망가 버리지. 또 샤를르는 말이지, 일주일씩 자기 아틀리에에 처박혀 아무도 오지 못하게 하고(빈센트는 이 변덕스러운 의사가 샤를르라고 부르는 이는 또 도대체 누구일까 생각하다가 귀찮아서 묻지 않았다.) 앙리는…… 그런데 앙리가 산책하는 걸 본 적 있나? 그놈은 절대로 똑바로 걷는 일이 없지. 입수염 씹는 버릇이 있는 사람이 있는가 하면, 피에르와는 한 가지 주제를 가지고 끝까지 토론한 적이 없다네. 지나치게 비약하는 습관이 있는데다가 무슨 말을 해도 언제나 뚱딴지같은 대답만 해. 앙뜨완은 건강하면서도 언제나 병에 걸렸다고 골골거리고, 조셉은 피해망상이야. 밥티스트는 정신을 잃을 때까지 술을 마시지만 많이 마실 때만 이성적이지. 에드와르는 일할 때 종종 광포성 발작을 일으키는데, 칼을 휘둘러 자기 아내와 자식들에게 겁을 준다네. 얼마 전에도 울면서 아내의 상처를 고쳐 달라고 왔었는데, 일하고 있는데 식사하라고 불러서 상처를 입혔다고 말하더군. 이런 녀석들이 모인 곳은 맹수들만 있는 동물원과도 같지. 천재와 미치광이는 한 끗 차이야. 하나님이 그렇게 만드셨어."

정말이지 가셰 박사는 입을 다물 틈이 없었다.

"그런데 자네의 저 그림도 아주 멋진걸. 똑같이 그려 하나 갖고 싶은 그림일세."

"캔버스 값도 만만치 않아요. 게다가 피사로와 세잔의 그림을 틀도 안 끼고 있잖아요. 돈이 있으면 그 그림들에 틀이나 끼워주세요."

"빈센트, 자네는 민중의 예술가야. 화가들 속 성자라고. 자네 그림들이 그걸 증명해 주지. 사물의 진면모를 볼 수 있게 해주네."

"아니에요. 피사로의 그림에 틀이나 끼워주세요. 그 편이 훨씬 나아요."

"아마도 자네가 자신의 가치를 제대로 인식하지 못하는 건 자네 병 때문인 것 같네. 자신이 어떤 인간인지 전혀 모르고 있어. 물론 세상에는 시시한 녀석들이 자신을 과대평가하고, 위대한 예술가는 구석에 처박혀 있기 일쑤지."

"그러니까 피사로의 그림에 틀을 끼우라고요."

"자네의 말은 내 진단을 확증시켜 줄 뿐일세."

"어떤 진단을 내렸는데요?"

"간단히 말해 자네는 위대한 예술가야."

"됐어요. 그런 실없는 소린 그만하세요."

"알았네. 그만해 두지. 그건 그렇고 내일 아침에 우리 집에서 같이 식사나 하지 않겠나?"

"좋습니다. 그런데 너무 푸짐하게 차리지는 마세요. 전 기름진 음식은 먹지 않아요. 오랫동안 감자와 빵만 먹고 살아온 데다 굶주릴 때도 많았거든요. 그런데 당신 집에서 닭, 생선, 쇠고기 등의 요리를 먹으면 분명 탈이 날 거예요. 그리고 그렇게 이것저것 마구 먹는 건 미덕이 아니란 생각도 듭니다. 차라리 그런 돈을 아껴서 피사로의 그림에 틀을 끼우면 어떨까요?"

그러나 가셰 박사는 빈센트의 마지막 그림 앞에서 감탄하고 있었다.

"이 용설란과 사이프러스 좀 봐! 완벽하군. 기가 막히는 솜씨야."

"제발 그런 소리는 이제 그만 좀 해요. 그런 칭찬은 듣고 싶지 않다고요. 당신은 이 그림에서 뭐가 잘못됐는지 모르겠어요? 잎사귀는 바람에 휘고 나무줄기는 너무 가늘어요."

"참내, 고집불통이군."

"보세요, 잎이 허공에 떠 있다고요. 이렇게 서툰 그림을 보면서 위대한 예술가라고 하다니……."

"마치 대학 교수처럼 비판하고 분류하는군. 그러면서 예술가라고 할 수 있겠나?"

"나는 그저 내 그림의 잘못되고 서툰 부분을 제대로 알아야 한단 말이에요!"

빈센트는 외쳤다.

"아니, 내가 보기에 자넨 쥐뿔도 몰라!"

가셰 박사 역시 지지 않고 큰 소리로 말했다.

"어쨌든 이 그림은 엉터리예요."

이렇게 말하며 빈센트는 화필을 바닥에 던졌다.

"아무리 그렇게 말해도 이 그림은 대작이네."

가셰는 마주 소리쳤다.

"자네는 그저 단순한 미치광이가 아니야. 하늘이 준 재능을 가지고 있으면서 자기 자신을 그렇게 하찮게 여기다니…… 그게 얼마나 바보짓인 줄 아나? 미치광이라면 제발 미치광이처럼 굴게나. 미치광이 궤도를 타고 제대로 하라고!"

"흐…… 미치광이 궤도요?"

빈센트는 웃었다.

"그러면서 용케 의사가 되었군요. 그것도 신경과 의사가 되다니…… 그런데 당신과 나 둘 중에서는 어느 편이 더 미치광이인 건가요?"

"내가 봤을 때, 이 그림이 엉터리라고 한다면, 자넨 예술가에게 허용된 광기의 범위를 넘어선 것 같네. 그리고 난 그런 미치광이는 다뤄본 적이 없어."

"아무리 그래도 이 그림은 별볼일 없는 그림이에요. 차라리 찢어버리는 편이 낫겠어요."

"말도 안 돼!"

가셰 박사는 빈센트를 밀어젖히고 그 그림을 둘둘 말아 가지고 문쪽으로 갔다.

"자넨 정말 바보야. 이 그림은 진정한 걸작이란 말일세. 그걸 모른다니 미친 게 분명하네. 난 이 그림을 자네에게서 구해 내겠어. 그리고 틀에 끼워야겠어."

그리고는 눈 깜작할 사이에 문 뒤로 사라졌다.

"피사로의 그림이나 틀에 끼우라니까요!"

빈센트는 그 뒤에 대고 고래고래 소리를 질렀다.

3

일요일에 테오가 작은 빈센트를 데리고 요한나와 함께 찾아와서 다 함께 테라스에서 점심을 먹었다. 흥겨운 분위기 속에서 빈센트는 유난히 들떠 있었다.

그는 어린 조카를 즐겁게 해주기 위해 엉금엉금 기어 다니기도 하고, 고양이나 강아지 흉내를 내기도 했다. 아기가 방긋 웃거나 그 작고 토실한 손으로 빈센트를 잡으면 좋아서 어쩔 줄 몰라 했다.

가셰 박사가 웃으며 말했다.

"이곳에 온 후로 정말 좋아진 것 같아요. 누가 지금 빈센트를 병자라

오베르의 교회

오베르 | 1890 | 유화 | 94×74cm | 파리, 오르세 미술관

고 하겠어요?"

"네, 정말 그래요. 테오보다도 훨씬 건강해 보이는걸요."

요한나가 말했다.

"모두 선생님 덕분이에요. 선생님도 예술가신 것 같은데······."

테오가 맞받아 말했다.

"예술가라고 할 수는 있겠지만······ 확실히 의사는 아니야."

빈센트가 중얼거렸다.

"형, 그게 무슨 실례되는 말이야."

"허허허, 괜찮아요. 그냥 맘대로 얘기하게 두세요."

가셰 박사가 웃으며 말했다.

"난 아직 가셰 박사님에게 내 병에 대한 합리적인 조언을 들어보질 못했다고. 물론 예전엔 명의였을지 몰라도 지금은 다 잊어버린 것 같아. 그저 내 그림을 보고 무조건적으로 감탄만 할 뿐이지. 그래서 화가 날 지경이라니까. 가셰 박사님과는 성격도 잘 안 맞고, 또 나 같은 인간은 자극하면 안 된다는 사실을 전혀 모르는 것 같아. 그 정도는 의학 지식인데 말이야."

"그건······."

테오가 빈센트의 말을 막았다.

"형님이 나쁜 의도로 그런 말을 하는 건 아닌 것 같아요."

요한나가 말했다.

"내 말은, 가셰 박사님도 나와 똑같이 제정신이 아니란 말이지."

빈센트가 말했다.

DARK BLACK

"그렇게 생각해 주니 나로서는 고마울 뿐이라네. 단순한 의사에 불과한 이 인간을 예술가와 같은 반열에 올려주다니."

"바로 저 생각이 문제야. 가셰 박사님은 예술가는 모두 미치광이인 줄 알고, 또 자신을 예술가라고 생각하기 때문에 자신도 미치광이라고 은근히 자랑하는 거라고."

"빈센트, 자네 생각 한번 흥미롭군. 자네가 의사가 안 되어 명의 한 사람을 잃어버린 것 같네."

가셰가 큰소리로 말했다.

"만약 가셰 박사님이 예술을 잘 모른다면 의학보다 예술을 훨씬 잘 이해한다고 할 수 있지만, 두 분야 모두 잘 알고 있는 것 같으니 실은 어느 쪽에도 대단한 수준에는 미치지 못했다는 생각이 드는군요."

"형, 그게 무슨 말이야!"

테오가 당황해 빈센트를 제지하며 말했다.

"농담이 아니야. 가셰 박사님은 나와 마찬가지로 자신이 미쳤다고 생각하는데, 그렇다면 소경이 소경을 인도하는 꼴 아니냐. 결국 두 사람 다 도랑에 빠져버릴 거야."

"빈센트 형!"

"난 상황을 명확하게 파악하고 있을 뿐이야, 테오."

"테오, 당신은 형을 잘 모르는군요. 빈센트는 천재예요. 천재에게는 지성이 필요 없는 법이죠. 오직 창조할 뿐이에요. 당신 형이 날 미치광이라 해도 난 상관없어요. 실은 나도 미치광이니까……."

가셰 박사가 말했다.

슬퍼하는 노인

생레미 | 1890 | 유화 | 81×65cm | 오테를로, 크뢸러뮐러 미술관

사이프러스와 별이 있는 길

오베르 | 1890 | 유화 | 92×73cm | 오테를로, 크뢸러뮐러 미술관

"내 말이 지나쳤을지도 모르겠네요. 이제 박사님 혼자 잘 생각하면 실상을 알게 될 거예요."

빈센트가 비웃는 듯 말했다.

"빈센트 형님은 자신을 천재로 생각하는 사람은 모두 바보로 생각하는 것 같아요."

요한나가 웃으면서 말했다.

"난 노동자일 뿐이에요. 그 이상도 이하도 아니예요."

빈센트가 말했다.

"당신이 노동자라고요?"

가셰 박사가 흥분하며 말했다.

"이 사람, 빈센트 반 고흐는 자기가 노동자라고 하는군요."

가셰 박사는 절망적인 몸짓을 했다.

"빈센트 당신은 천재지 노동자가 아닙니다. 그 사실을 모른다면 당신은 바보요."

"테오, 이 사람을 내가 어떻게 상대해야 할지 알려다오."

요한나는 웃음을 터뜨리며 말했다.

"이제 두 분 다 맘 푸세요. 두 분 말씀 다 옳아요. 이곳은 정말 멋진 곳이군요. 저도 이런 곳에서 지내고 싶은 맘이 들 정도예요."

"그럼 좋겠군."

빈센트가 맞장구쳤다.

"하지만 저희 둘 다 파리로 돌아가야 해요. 그래도 자주 찾아올게요. 다음에 올 때는 가셰 박사님과 빈센트 형님 중 어느 분이 더 바본지 결론이 나겠지요?"

"아니, 가셰 박사님과 난 도무지 의견 일치가 안 될 것 같아요."

빈센트는 이렇게 말하며 가셰 박사 쪽을 보았다.

"이제 그만하지. 이렇게 결론내면 좋으려나…… 우리 두 사람 중 내가 더 미치광이라고 말일세."

가셰 박사가 말했다.

"아…… 또 시작이군!"

빈센트가 소리쳤다.

"맞아요. 가셰 박사, 당신이 나보다 더 심각한 미치광이에요."

며칠 후 파리로 돌아간 테오에게 편지가 왔다. 작은 빈센트가 병이 나 밤새도록 울어 요한나가 쩔쩔매고 있다는 소식이 적혀 있었다.

빈센트는 그 편지를 들고 가셰 박사에게 달려갔다.

"박사님, 살려주세요. 이 아이에게 혹시 나와 같은 병이 유전된 건 아닐까요? 무서워서 견딜 수가 없어요. 나도 어릴 때 밤새 운 적이 많았다고 어머니가 그랬어요. 이 애가 만일 나와 같은 병을 물려받았으면 어떡하지요?"

"어제 당신이 지난주에 그린 그림들을 봤어요. 그 청색은 내가 이제까지 본 것 중 가장 강렬한 청색이었고, 코발트색은 폭발이라도 할 것 같은 느낌이었어요. 초록빛은 에메랄드가 햇볕에 녹아든 것 같았고, 노랑색은…… 아, 내가 뭐라 말로 표현할 길이 없네요. 당신 그림은 모두 그 대상의 본질을 드러내고 있어요. 당신이 그린 나무와 들판은 순수한 조화로움 속에서 나무와 들판의 본모습을 그대로 보여주고……
당신의 그림은 모든 대상을 최초의 혼돈 상태에까지 이르게 한 후 거
기에서 새롭게 창조한 것 같은 느낌이에요."

"박사님, 그런 얘기는 제발 그만둬요. 작은 빈센트에게 혹시 내 병이
유전된 건 아닐까요? 왜 테오는 그 아이에게 내 이름을 붙여주었는지!"

"당신 그림은 세상의 절망 속에서 잉태된 것 같아요. 당신은 나무와
숲과 들판 등 일체의 모든 것들을 혼자서 만들어내고 있지요. 당신이
아버지인 동시에 어머니인 거죠. 혼자 잉태하고 혼자 낳고……."

"속이 터지겠어요. 가셰 박사님!"

빈센트는 이렇게 외치더니 가셰 박사를 마구 흔들었다.

"박사님, 눈을 떠보세요. 꿈을 꾸고 있는 거 아니에요? 불쌍한 어린
빈센트에게 내 병이 유전되었는지 알아봐 달라고요. 걱정이 되서 난
점점 더 미쳐버릴 것 같아요. 그러니 제발!"

가셰 박사는 다시 눈을 크게 떴다.

"빈센트, 왜 그렇게 흥분해서 난리를 치는 거요? 그 애는 이제 이가
나기 시작한 거예요."

가셰 박사의 진단은 정확했다.

테오는 다음에 보내 온 편지에서 작은 빈센트에게 이가 난 사실을
알려왔다. 빈센트는 기뻐서 어쩔 줄 몰랐다.

아이는 건강하다. 그 아이에게 내 병이 유전되지 않았어. 하나님께
서 우리를 불쌍히 여기신 거야. 그러니까 난 불운하다고 할 수는 없어.

빈센트는 너무나 기쁜 나머지 가셰 박사가 그동안 여러 차례 부탁했

던 가셰 박사 딸의 초상을 그리기로 했다. 그런데 진행이 순조롭지 않았다. 모든 게 붓을 한 번 놀릴 때마다 뒤에서 지켜보며 탄성을 지르는 가셰 박사 탓이라고 빈센트는 생각했다. 빈센트는 가셰 박사를 내보낸 다음 그리던 그림을 찢어버리고 다시 그리기 시작했다.

빈센트는 가셰 박사의 딸이 장밋빛 옷을 입고 피아노 치는 모습을 주황색 점을 무수히 찍어낸 녹색 배경에 그렸다. 전체적인 조화를 위해 피아노를 암자색으로 할까 하다가 잠시 머뭇거렸다. 암자색 피아노가 있을까? 하지만 이 그림에서는 그렇게 그려야만 한다.

그림을 그리는데 꽤 오랜 시간이 걸렸다. 그리고 이 날씬한 아가씨가 아침마다 아틀리에 문을 두드릴 때, 빈센트의 가슴은 뛰었다.

만일 내가 이 젊고 날씬한 아가씨와 결혼했더라면, 지금까지의 내 삶과는 전혀 다른 삶을 살았을 것이다. 아마도 이런 바보 같은 병에도 걸리지 않았으리라.

마음만 먹으면 결혼을 할 수도 있지 않을까? 아직 완전히 늦었다고는 할 수 없지 않을까? 다시 건강해질 수도 있을 것이다. 벌써 이렇게 건강해졌는데……

아니다, 역시 나는 병에 걸린 환자다. 매일같이 그 병의 고통을 느끼지는 않는다 해도, 병은 단지 잠자고 있을 뿐이다. 언젠가 병에 대해 잊고, 그래서 병을 두려워하지 않게 되었을 때 다시 덮쳐 올 것이다.

그렇다, 분명 병은 다시 찾아올 것이다. 그리고 나를 완전히 정복할 것이다. 온몸으로 그렇게 느낀다. 그렇게 되면 일도 나를 구원하지 못하리라. 아직까지는 일이 나를 병으로부터 지켜주고 있지만……

나는 지금 아홉 장의 그림을 그리고 있다. 어쩌면 마지막이 될지도 모른다. 나는 반짝이는 별과 사이프러스를 그린다. 지상의 짙은 어둠 위 밤하늘에 희미한 상현달이 떠 있다. 노란 울타리가 어둠 속에서 돋보이고, 그 길 위를 흰 말이 노란 마차를 끌며 지나간다. 나그네 두 사람이 서둘러 길을 간다.

밀밭도 그리기 시작했다. 밀 줄기가 바람에 흔들려 시원한 소리를 내는 것처럼 그리고 싶다. 그리고 노르스름한 하늘을 배경으로 배나무와 초록빛 성도 그리고 있다. 푸른 바탕에 주황색 점무늬가 있는 소매 없는 저고리에 하늘빛 리본이 달린 커다란 모자를 쓴, 억세게 생긴 시골 여자도 그리고 있다. 배경은 노란 빛이다.

이 모든 것들을 병정처럼 한 줄로 죽 늘어놔야지.

빈센트가 방 한가운데에 그림을 늘어놓아 방이 둘로 나뉘고 말았다. 캔버스에 가려 빈센트의 모습이 보이지 않을 지경이었다.

한참 동안 웅크리고 앉았던 빈센트는 가셰 박사가 들어오는 줄도 몰랐다.

"무얼 하고 있나요, 빈센트?"

"조용히 좀 해주세요. 그렇게 큰소리를 내면 안 된다고요. 난 지금 숨어 있는 거예요. 병이 나를 찾지 못하게. 이렇게 그림 뒤에 숨어 있으면 병이란 녀석이 날 쉽게 찾지 못할 거예요."

"당신 병은 당신의 일을 존중하기 때문에 당신 일에 아무 해도 안 끼칠 거요."

"그래도 여기 이렇게 숨어 있는 게 나아요."

"이제 슬슬 나와봐요. 내가 여기 서 있다가 병이란 녀석이 다가오면 하얀 약으로 질식시켜 버릴 테니 아무 걱정 말고."

빈센트는 가만히 캔버스 뒤에서 얼굴을 내밀었다.

"파리의 동생한테 가서 아기의 이가 잘 나왔는지 확인하고 와도 좋아요."

"박사님, 정말 그래도 되요?"

"물론이지요."

"모든 것이 암흑으로 보여요. 뭐라 표현 못할 정도로 불안해요."

"가엾은 빈센트, 이리 와요. 약을 줄게요. 그럼 순식간에 암흑이 사라지고 당신이 좋아하는 노란빛을 띨 거예요."

4

파리에서 빈센트는 테오와 요한나, 그리고 어린 빈센트 모두 건강히 잘 지내는 걸 확인했다. 곧바로 오베르로 돌아가려 했는데 테오가 말했다.

"내일까지라도 여기 있어, 형. 오늘 금요회金曜會 사람들을 만나면 한결 마음이 가벼워질 것 같은데……."

카페에 들어서면서 빈센트는 후회했다. 카페는 모르는 얼굴들로 가득 차 있었다. 로트렉과 베르나르 외에는 아는 사람이 눈에 띄지 않았다.

베르나르는 빈센트를 보더니 반갑게 다가와 얼싸안으며 아무 말 없이 손을 잡았다.

로트렉도 다가오더니 이렇게 말했다.

"나의 친구 빈센트 반 고흐여, 파리에 잘 왔네. 이 보잘것없는 도시 파리에 영광을 안겨주기 위해 찾아왔구려. 우리 모두 자네를 환영한다네. 물론 반겨 맞아줄 아가씨는 없네. 환영해 주는 아가씨가 스무 명이 된다 한들 자네에게 무슨 의미가 있겠냐만…… 모두 부질없는 일이지. 이제 파리는 신기한 일도 없는 식상한 도시가 되었네. ……아직 한쪽 귀는 남아 있군. 나머지 귀마저 곧 잘라버리는 건 아니겠지? 예전에 우리는 가끔 자기 귀를 잘라 보이는 풍습이 있었지."

이때 베르나르가 로트렉에게 뭐라고 속삭였다.

"그게 무슨 말인가?"

로트렉이 큰소리로 말했다.

"그러니까 베르나르 자네는 내 이 경쾌한 풍자가 오늘 우리의 존경하는 손님에게 무슨 해라도 끼친다는 건가? 그건 나에 대한 모욕이네. 이 손님의 이름으로 격렬히 항의하는 바이네. 내 다정한 추억이 이 손님의 정신적 균형을 깨뜨린다면, 이 사람이 그리스도교적인 고결한 정신을 가지고 그런 행위를 했음에도 불구하고 이 사람의 정신은 병이 든 거라고 할 수 있지."

"고결한 정신?"

"그래. 그에게 두 개의 귀는 너무 벅찼던 거야. 그래서 하나를 잘라 가난한 사람에게 베푼 거지. 빈센트, 건배하지!"

빈센트는 아까부터 로트렉이 하는 말을 거의 귀담아 듣지 않았다. 그저 술을 권하는 걸 알고는 함께 들이켰다. 그는 아까부터 중간 키의

한 남자에게 주의를 빼앗기고 있었다.

한 번도 본 적 없는 얼굴이었다. 남자의 얼굴은 맑게 빛났는데, 얼굴의 고상한 주름에는 삶의 비애와 고뇌, 투쟁의 그림자가 배어 있었다. 또 아련하게 푸른 눈은 세상과 인간들을 깊은 동정심으로 바라보는 것만 같았다.

"기욤, 오늘 왜 이리 늦었나?"

누군가 그에게 말을 건넸다.

"다시 가봐야 돼."

기욤이 말했다.

그때 누군가 다가와 기욤의 외투를 벗기려 했다.

"괜찮아요."

기욤은 조심스러운 태도로 말했다.

"여기 두면 바닥에 떨어질지 모르니 잠깐이라도 걸어두는 게 좋을 것 같아서요."

"아니, 됐습니다. 난 외투를 평생 도둑맞기보다는 잠깐 동안 먼지투성이가 되게 놔두는 편이 낫다고 생각하니까요."

이렇게 말하며 기욤은 외투를 손에 그러쥐었다.

"저 사람은 누구요?"

빈센트가 물었다.

에밀 베르나르가 대답했다.

"어떻게 설명하는 게 좋을지 모르겠는데…… 이 사람은 새로운 길을 모색하는 작곡가예요. 그런데 멸시당하고 조롱당하면서도 빵을 위해 어떤 시시한 녀석에게 음악을 가르치고 있지요. 그러니 최고의 음악을 만들기는 애당초 어려운 불쌍한 사람이라고 할까…… 신께서 저 사람의 위대한 재능에 아주 조금만이라도 생활력을 주셨더라면 얼마나 좋았을까요."

"만일 그랬다면 저 친구는 지금과는 전혀 다른 아주 평범한 사내가 되었을 거야. 자, 기욤, 건배하지!"

로트렉이 외쳤다.

빈센트는 정말 보기 드문 얼굴이라고 생각하며 기욤을 유심히 바라보았다.

저런 얼굴을 의미심장한 얼굴이라고 할 수 있겠지…… 저 얼굴을 꼭 그리고 싶은데, 모델이 돼줄까? 몸이 좋아지면 꼭 이 사람을 그려야겠어. 저 주름 진 얼굴은 수없이 쟁기질을 한 밭을 연상시킨다. 수많은 의미가 담겼다. 노동과 투쟁과 고뇌와 궁핍…… 세파에 찌든 인간은 도저히 이 사람에게 접근할 수 없으리라. 병이 내게서 조금만 멀어진다면 이 얼굴을 멋지게 그려보고 싶다. 그러나 그럴 여유가 나에게 있을까…… 아니 지금 스케치라도 해두어야겠다.

빈센트는 주머니에서 종이와 연필을 꺼내 기욤을 스케치하기 시작했다. 그가 눈치 채지 않게 종이를 무릎 위에 놓고 조심조심 그려 나갔다.

그렇게 이 음악가의 얼굴을 조목조목 뜯어보고 있노라니 얼른 스케치해야겠다는 애초의 생각을 까맣게 잊고 말았다. 특히 눈이 어려웠다.

저것은 파랑색일까 청회색일까…… 저 사람의 눈은 매우 밝은 듯 보이면서도 꿈꾸듯 몽롱해 보인다. 그렇다. 저 얼굴에는 여성적인 요소가 많다. 그러나 또 산처럼 굳은 남성적인 저 이마는…… 참으로 매력적인 대비를 이루는 얼굴이다. 이 사람은 남성적인 이성과 여성적인 감성 모두를 갖고 있다. 아마도 사물에 대해서는 지극히 준엄하게, 고뇌하는 인간에 대해서는 매우 상냥하고 친절할 것이다.

빈센트는 기욤의 얼굴을 관찰하며 스케치하는 데 빠져 다른 사람들의 이야기는 거의 듣지 않았다. 그저 멀리서 울려오는 메아리처럼 들릴 뿐이었다.

반탕은 자신의 최근 작품에 대해 이야기했다.

"지금 초상화를 새로 그리고 있는데, 이렇게 말하는 게 매우 조심스럽긴 하지만…… 아주 기가 막힌 그림이 될 것 같아요."

"스스로 그렇게 장담할 정도면 정말 훌륭한 그림이겠는걸요. 그런데 당신에게 초상화를 부탁한 그 행복한 사람은 누군가요?"

"북구의 작가, 아우구스트 스트린드베리[51]라는 사람이에요."

"아, 스트린드베리요? 그 사람은 내 결혼에 책임이 좀 있는 사람인데……."

기욤이 말했다.

"그게 무슨 말이에요? 스트린드베리가 결혼 예찬론자는 아닌 것 같은데……."

"'악처를 데리고 사는 것은 지옥이다'라고 쓴 그의 책을 읽었어요. 그래서 착한 여자와 결혼하면 다 될 줄 알았지요. 하지만 그게 아니더군요. 스트린드베리가 과연 결혼에 대해 얼마나 알면서 그런 글을 썼는지 모르겠어요."

갑자기 모두들 불행한 결혼에 대해 이야기하기 시작했다. 젊은 화가들을 중심으로 지껄이던 들라크루아의 색채론도 자취를 감추었다. 누군가 불행한 결혼의 본보기에 대해 이야기를 시작하자 기욤이 그 말을 가로막더니 이렇게 말했다.

"차라리 헤어지는 편이 낫지."

"헤어진다고 끝이 아니잖아. 부모의 불행한 결혼을 목격한 아이들은 어떻게 하냐고. 그 아이들은 부모 때문에 인생을 망칠 수도 있거든."

"적당한 핑계거리를 만들어 따로 사는 게 좋지 않을까? 불행한 결혼은 결국 자식들까지 불행하게 하고, 어떤 경우 아예 파멸시켜 버리지."

"결혼생활에서 생기는 모든 불행은 바로 거짓에서 생기는 거야. 그러니 정직한 마음으로 결혼을 해야 해."

한 젊은 남자가 말했다.

"도대체 정직한 결혼이 가능할까? 우리가 학교에 다니며 시험을 칠 때, 교사에게 들키지 않으려고 오히려 버젓이 드러내놓고 커닝을 했던 것처럼. 결혼도 그런 거라고."

기욤이 말했다.

빈센트는 도대체 이 녀석들은 무얼 이렇게 지껄이는 걸까, 생각하며 자신이 스케치한 그림과 모델인 기욤을 번갈아 보았다.

아, 난 정말 서투르기 그지없구나. 저 얼굴을 절반쯤 그릴 때까지만 해도 그릴 수 있겠다고 생각했는데, 이렇게 그려놓고 보니 너무 엉망이라 도저히 그릴 수 없겠다.

그저 저 얼굴을 표면적으로 스치듯 그려냈을 뿐이다. 저 얼굴 뒤에

숨은 것을 하나도 표현하지 못했다. 이 인간을 움직이는 근본적인 힘을 찾아내 그려야 했다.

나는 저 얼굴 표면이 아니라 그 핵심을 표현해야 했다. 저 얼굴 속에서 활동하는 사상을 밝혀내야 했다. 고정된 것이 아니라 움직이는 것을 포착해야 했다. 이 사람의 이마는 창백하게, 배경은 회색, 피부 밑 신경과 정맥은 담황색과 백색으로 그려야 한다. 물감을 가져왔으면 좋았을 텐데…….

한 고결한 인간을 제대로 이해하지도 못하면서 함께 이야기하며 멍청하게 웃고 있다니, 수치스럽지도 않은가! 이 녀석들은 이처럼 고상한 인간과 한자리에서 이야기하는 것만으로도 얼마나 행운인지 전혀 모르고 있다.

아, 그런데 나는 도저히 저 눈을 그릴 수가 없다. 아마도 기욤에게 내 초상을 그리게 한다면, 그는 분명 저 눈을 가지고 나의 눈을 그대로 표현할 수 있으리라…… 기욤의 눈은 모든 사물을 속속들이 꿰뚫어볼 것 같다. 자, 이제 기욤이 다시 눈을 뜰 때까지 기다리자.

바로 지금이다. 1분만이라도 가만히 있어주면 좋겠는데. 아니다, 나는 도저히 저 얼굴을 그릴 수가 없다. 나는 도저히 파악하기 힘든 무엇을 담고 있는 저 얼굴을 나는 그릴 수가 없다.

빈센트는 얼굴이 둥글고 살이 찐 한 오페라 가수가 자신의 방탕한 생활과 참회를 늘어놓는 걸 흘긋 쳐다보았다. 기욤은 그 진부한 이야기를 불쾌한 듯 들으며 손가락으로 테이블 끝을 두드렸다.

그 얼굴을 보며 빈센트는 아, 또 다른 표정이 나오는구나, 생각했다.

저 입 언저리에 도깨비불이 훨훨 일고 있다. 저것은 분명 그의 따뜻한 마음속에 숨어 있는 악의의 일면일 것이다.

다시 화가들이 지껄이기 시작했다. 로트렉은 이베트 기르베르의 소묘를 그린 이야기를 했다.

"기르베르요?"

기욤은 이렇게 되묻더니 갑자기 눈을 번쩍거렸다. 그의 얼굴은 주름에도 불구하고 어린아이 같았다.

"난 그 여자를 좋아해요. 아주 매혹적이지요. 그런데 이런 얘기가 내 마누라한텐 제발 들어가게 하지 말아줘요. 그럼 절대로 나와 이혼해 주지 않을 테니 말이에요."

모두들 와자지껄 웃었다. 그들은 기욤이 아내를 매우 존경한다는 사실을 잘 알고 있었기 때문이다.

"그런 말을 절대 하지 않겠다고 맹세하겠네."

로트렉은 잔을 높이 들며 말했다.

"최근에 로데페크의 소묘를 보았는데, 일대 진보를 하고 있더군. 기욤, 자네도 그의 작품을 본 적 있나?"

"아니요. 하지만 당신이 그렇게 생각했다면 맞겠지요. 대중이 재능을 인정하지 않는 경우에나 진보가 가능한 것 아니겠어요?"

베르나르는 한숨을 쉬면서 이렇게 말했다.

"어떤 사람은 아주 쉽게 그리고 또 어떤 사람은 즐기면서 그리지. 그런데 나는 그릴 때마다 매번 용을 써야 한단 말이야. 열 번이나 고쳐 그리고 열 번이나 낙심하며 때로는 거의 절망해 버리기도 하지. 내 자신에 대해 도무지 만족할 수가 없어. 지금 풍경화를 그리고 있는데, 이것 역시 내게는 한참이나 모자란 그림으로 보여."

"너무 과장하지 말게. 그런데 고갱에 대해 뭐 들은 거 없나? 마다가스카르로 간다는 말을 들었는데……."

로트렉이 말했다.

"고갱?"

빈센트가 새파랗게 질려 되물었다. 그러더니 벌떡 일어나서 모자와 외투를 집어 들고 밖으로 달려 나갔다.

"빈센트, 왜 그래?"

자신을 부르는 소리도 빈센트의 귀에는 들리지 않았다.

베르나르가 뒤를 쫓아가서 겨우 그를 데리고 돌아왔다.

"자네 왜 그렇게 놀라는 건가? 빈센트, 난 자네가 고갱과 편지 왕래를 하는 줄 알았는데……."

베르나르가 말했다.

"분명 난 또 발작을 일으킬 거야. 똑똑히 느껴져. 발작을 일으키기 전에 어서 가셰 박사에게 돌아가야 해. 그는 이 병을 쫓아버리는 하얀 가루를 가지고 있거든."

"빈센트!"

베르나르가 외쳤다.

"제발 좀 조용히 해주게. 난 정말 자네의 그 커다란 목소리가 질색이야."

"빈센트."

이번에는 속삭이는 듯한 목소리로 베르나르가 말했다.

"자넨 뭐가 가장 무서운지 아나?"

빈센트가 쭈뼛쭈뼛하며 서서 물었다.

"그게 대체 뭔가?"

베르나르가 조그만 소리로 물었다.

"멀쩡한 정신을 가지고도 무서운 병에 걸리는 일이지."

빈센트는 숨도 쉴 수 없었다.

"난 미치광이가 되고 만 거야, 베르나르. 목사면서 화가인 이중인격이 아니었다면 난 벌써 예전에 세상을 떠났을 걸세. 그런데 이번에야말로 완전한 미치광이가 될 것 같아. 그게 분명히 느껴져. 사람들은 어쩌면 나를 미친개처럼 때려죽일지 몰라. 그러니 에밀, 자네가 내 친구라면 날 때려 죽여주게."

"빈센트, 자네 너무 지쳤어. 지금 떨고 있잖아. 뚱딴지같은 생각에 쫓기지 말고 침대에 누워 있어야 해."

"창살 속 침대 말하는 거지? 난 확실히 미치기는 했지만 피해망상은 아니야. 난 언제나 영원을 생각했어. 내 모든 생각은 끊임없이 영원한 생명으로 향해 있어."

"빈센트, 이리 오게. 같이 동생에게 가세."

"인생의 모든 고뇌는 필요하면서 유익한 것이겠지, 에밀. 죽음도 삶과 마찬가지로 상대적인 거야."

베르나르는 친구의 팔을 잡았다.

"나를 파괴해 버리는 병도 내 신념을 흔들 수는 없어. 하나님은 지혜

DARK BLACK

롭고 옳아."

"집에 거의 다 왔네."

베르나르는 가까스로 빈센트를 끌고 갔다.

"종교적 신념에 대해서는 신중해야 한다는 걸 알고 있네. 난 날 감시하고 있어. 다시 발작이 일어나면 나 자신을 용서하지 않을 거야. 그땐 들에 나가 나를 판결하고 말 거야."

"이제 곧 자네 동생 집이야."

베르나르가 속삭였다.

"아냐, 아냐! 이런 꼬락서니로 테오한테 갈 수는 없어. 아기가 있다고. 난 가셰 박사에게 돌아갈 거야. 돌아가서 그 하얀 가루를 달래서 먹어야지. 어서."

이렇게 말하고 빈센트는 친구를 뿌리치고 저 멀리 달려갔다.

5

다음날 아침 일찍 빈센트는 모자도 쓰지 않고 가셰 박사의 집으로 갔다. 그리고는 매우 다급하게 가셰 박사를 만나고 싶다고 했다.

"박사님은 아직 주무시고 계신데요……."

하녀가 말했다.

"지금 당장 박사님을 만나야 돼요."

빈센트는 이렇게 말하고는 가셰 박사의 침실로 다짜고짜 들어갔다.

"빈센트, 자네가 아침 인사를 하러 오다니, 오늘은 아주 좋은 날이 되겠군."

"급히 얘기할 게 있어서요, 박사님."

"이번에 그린 자네 그림은 정말 거침없는 우아함을 뽐내더군. 그림 중의 그림이야. 여기 이 '면사무소' 그림 역시 얼마나 멋진지…… 파란색, 흰색, 빨간색의 조그만 깃발과 가지각색의 초롱 좀 보게나."

"드릴 말씀이 있습니다, 박사님."

"현존하는 화가 중에 이런 그림을 그릴 수 있는 사람은 아무도……."

"하나님이 지상의 모든 걸 만드셨지요."

"그야 그렇지. 어쨌든 자네의 이 면사무소 그림은 하나님의 축복을 받은 걸작이야."

"하나님은 인간들을 존중하고 싶어하지요."

"그렇지. 그런데 세상 사람들은 자네를 별로 존중하지 않지. 존중? 아니 사람들은 자네를 존경해야 돼."

"그만 좀 하세요, 박사님. 인간이 서로를 존중해야 한다면서 박사님은 왜 피사로나 세잔의 그림을 틀에 끼우지 않고 내버려두는 건가요?"

"피사로나 세잔의 그림보다 자네 그림이 훨씬 가치가 있어."

"오…… 그런 말을 하는 건 죄악이에요. 제발 부탁이니 피사로와 세잔의 그림을 틀에 끼워주세요. 이렇게 무릎 꿇고 부탁드려요."

빈센트는 털썩 무릎을 꿇더니 애원하듯 가셰에게 손을 뻗었다.

"어서 일어나게. 자네는 자신을 그렇게 낮출 필요가 없네."

"어서 피사로와 세잔의 그림을 틀에 끼워주겠다는 신성한 약속을 해주세요."

"그래, 그래. 알았으니 어서 일어나라고."

빈센트는 벌떡 일어났다.

"당신은 짐승같이 게을러서 분명 또 저 그림들을 틀에 끼우지 않을 거예요. 그럼 내가 어쩌나 보라고요!"

"내가 꼭 저 그림들에 틀을 끼울 테니 걱정 말게."

"아니, 당신은 야만인에 폭군이라고요……."

이렇게 말하더니 빈센트는 호주머니에 손을 쑤셔넣었다.

가셰는 빈센트의 손에 번쩍이는 물건이 쥐어 있는 것을 보았다. 권총이었다. 그 순간 자신이 의사라는 사실만 인식한 가셰 박사는 자기에게 총을 겨누고 있는데도 아랑곳없이 빈센트에게 다가갔다.

"어서 권총을 내려놓게. 그런 건 도대체 어디서 났나? 군인이라도 될 작정인가?"

가셰 박사는 예리한 눈빛으로 빈센트의 움직임을 주시했다.

빈센트는 권총을 쥔 손을 떨어뜨렸다.

"죄송합니다, 박사님. 제가 큰 실수를 했어요. 용서해 주세요."

거의 알아들을 수 없는 목소리로 이렇게 중얼거리더니 빈센트는 뛰쳐나갔다.

빈센트는 자기 방으로 돌아와 책상 앞에 주저앉았다. 그렇게 가만히 있으니 마음이 가라앉기 시작했다.

7월도 다 지나가는 무렵이라 한길은 후텁지근하게 더웠지만 방 안은 서늘했다.

늘 이렇게 상쾌하면 얼마나 좋을까. 조용하고 서늘하고…… 그리고 머리에 떠오르는 오만 가지 상념들을 쫓아버릴 수만 있다면 완벽하게 행복할 텐데. 조용하고 서늘하고 아무 생각이 없는 무념무상의 상태…… 눈앞에서 노란색과 까만색 반점이 어른거린다. 또 발작이 오려는 걸까.

빈센트는 종이를 집어 써내려갔다.

친애하는 고갱…… 내가 자네와 친구가 되어 자네에게 고통을 안겨 주었네. 떳떳치 못하게 살기보다는 차라리 정신이 멀쩡할 때 죽어버리 는 편이 낫겠어.

빈센트는 편지를 다시 읽어 보았다. 그리고 생각했다.

나는 도대체 왜 이따위 편지를 쓴 걸까. 권총 자살이라도 하겠다는 건가…… 그런 생각은 해보지도 않았다. 나는 절대로 내게 총을 겨눌 수 없다.

그런 비겁한 말을 하는 넌 누구냐! 이리 나오너라. 누구냐고! 내 욕 을 하는 비열한 녀석, 당장 이리 오너라.

빈센트는 권총을 자신의 심장 가까이에 대었다.

나는 도저히 내 자신에게 총을 쏠 힘은 생기지 않는다. 난 단지 자살 하겠다는 생각을 희롱하는 것이다.

또 나를 깔보는구나. 넌 누구냐! 난 비겁한 놈이 아니다. 비겁하지 않단 말이다.

그는 방아쇠를 당겼다. 무시무시한 천둥소리와 함께 갑자기 하늘이 내려앉고 대지가 흔들리고 청색과 회색이 하나가 되어버리는 듯했다.

빈센트는 쓰러졌다.

가셰 박사가 숨을 헐떡거리며 빈센트의 방으로 뛰어 들어왔다.

"빈센트!"

그는 마룻바닥에 쓰러진 빈센트를 보았다.

"맙소사! 결국 일을 저지르고 말았군. 혼자 두지 말았어야 했어. 빌 어먹을!"

그는 빈센트를 살펴보았다.

왼쪽 어깨 아래의 조그만 상처에서 선혈이 흘러나오고 있었다.

"다행이야. 심장을 빗나갔어."

방아쇠를 당길 때 손이 떨려 총탄이 심장을 벗어났던 것이다.

"마즐리 박사를 좀 불러주게. 총알이 늑막 밑에 박혔어. 다행히 폐는 다치지 않은 것 같고……."

가셰 박사는 구석에서 모자를 만지작거리던 집주인에게 말했다.

잠시 후 마즐리 박사가 왔다. 그는 검은 가방에서 청진기를 꺼내 빈 센트를 진찰했다. 그리고 잠시 후 이렇게 말했다.

"이미 늦었네. 수술을 할 수 있는 상태가 아니야. 가족에게 연락을 하는 게 좋을 것 같아."

"난 괜찮을 줄 알았는데……."

"파리에서 이런 총상을 입은 사람들을 많이 봤어. 대부분은 치명상 을 입어 죽게 되지."

그때 빈센트가 눈을 떴다.

나는 지금 어디에 있는 걸까? 극심한 두통이 느껴진다…… 내가……
나를 총으로 쏘았을까…… 하늘이 땅으로 떨어지지 않았던가.

"동생 주소를 좀 가르쳐주게."

그때 가셰 박사가 말했다.

"테오에게는…… 나는 절대로…… 그 아이에게…… 작은 빈센트에게
나쁜……."

가셰는 종이에 한두 문장을 적어 집주인에게 주며 테오에게 보내 달
라고 부탁했다.

빈센트는 눈을 부릅뜨고 위쪽을 응시하고 누워 있었다.

이 위대한 화가는 저렇게 누워 무슨 생각을 하는 걸까.

가셰 박사는 이런 생각을 하며 웃옷을 풀어 헤치고 침대 옆에 앉았
다. 그때 빈센트가 무슨 말인가 하려고 했다. 가셰는 빈센트의 입술을
살짝 누르며 애원하듯 말했다.

"제발 아무 얘기 하지 말게. 오늘만은 절대 안정을 취해야 하네. 내
일…… 내일이 되면 무슨 말이든 하게."

가셰는 다시 말을 이었다.

"자넨 도둑이야. 자넨 자네가 누군지 알고 있나?"

빈센트는 뭐라 말하고 싶었으나 아무 말도 할 수 없었다.

"자넨 인류에게 절도 행위를 한 거야. 빈센트, 자네는 이 세상에서 도
망쳐 인류의 귀중한 보배를 잃어버리게 한 거지. 자네가 하루라도 일을
하지 않으면, 그만큼 인류는 귀중한 재산을 얻지 못하는 결과가……."

가셰는 입을 다물었다.

DARK BLACK

"이럴 때가 아니지. 자넨 안정을 취해야 돼. 잠깐만 있게. 내 그 하얀 가루약을 가져다줄 테니, 그걸 먹고 엄마 품에 안긴 듯 푹 자게."

다음날 아침 테오가 왔을 때, 빈센트는 자고 있었다. 가셰 박사는 침대 옆에서 밤을 새운 듯 창백해진 얼굴이었다.

"조용!"

가셰 박사는 테오를 얼른 옆방으로 데리고 갔다.

"큰 사고가 났네."

가셰 박사는 테오에게 자초지종을 이야기하고 의학적 설명을 장황하게 늘어놓았다.

"그렇지, 간질이라는 병은 정말 골치 아픈 병이에요. 마즐리 박사는 여러 말을 하지만, 나로서는 빈센트가 간질 외에 어떤 병을 앓았는지 도무지 모르겠어요."

"빈센트 형은 괜찮은가요? 생명에 지장은 없나요?"

테오는 불안해하며 물었다.

"가슴을 쏘았으니 물론 좋진 않아요."

"죽을까요?"

"우린 모두 죽기 마련이지요. 빈센트는 살아 있으면서 더 많은 예술 작품을 창조할 수 있었을 텐데…… 스스로 목숨을 재촉하다니, 정말 어리석은 짓을 했어요."

"수술을 하면 안 될까요?"

테오가 흐느끼며 말했다.

"현재는 도저히 그렇게 할 수 없는 상황이에요."

1890

"병원에 입원을 시키는 게 더 좋지 않을까요?"

"지금 움직여선 절대 안 돼요."

"그럼 이렇게 지켜보고만 있어야 하는 건가요?"

"우리 의사들은 언제나 팔짱을 끼고 지켜볼 수밖에는 없는 법이라오. 목숨은 하늘의 뜻이니……."

"할 수 있는 일이 아무것도 없다는 건가요?"

테오는 다시 물었다.

"기도나 하시오."

가셰 박사는 무뚝뚝하게 말했다.

"나는 내 자신보다 더 이 가엾은 빈센트 반 고흐를 살리고 싶다오."

테오와 가셰 박사가 방으로 들어갔을 때 빈센트는 눈을 떴다.

"테, 테오!"

빈센트는 조그만 소리로 말했다.

"너에게 폐 끼치고 싶지 않았는데…… 기별을 받고 달려온 모양이구나. 저기 파이프를 좀 집어주겠니?"

빈센트는 담배를 피고 나서 말했다.

"모두 끝났다. 나는 참 주변머리 없는 인간이야. 안 그러냐, 테오."

"형, 아무 얘기 하지 마."

"괜찮아요. 말하게 놔둬요."

가셰 박사가 말했다.

"내가 변변치 못해서 네가 애를 많이 먹었지. 그런데 자살마저 제대로 하지 못했구나."

테오는 떨리는 손으로 빈센트의 베개를 고쳐 베주었다.

"정말 푹 잘 잤다. 그 하얀 가루약이 효험이 있었던 게야. 이렇게 단 잠을 잘 수 있다는 게 얼마나 좋은지…… 꿈도 안 꿨어. 그런데 잠을 깼을 때 이제까지 아무도 그린 적 없는 아름다운 그림들이 많이 보였어. 브라반트의 집과 런던, 우술라와 멘데스, 케이, 보리나주의 탄갱 들이 보였어……."

"눈앞에 보였다기보다는 빈센트가 기억을 더듬은 거라고 할 수 있지."

가셰 박사가 옆에서 피식 웃으며 말했다.

"그리고 시엔도 보였고, 다른 여러 가지 것들도 보였어. 시엔을 떠나지 말아야 했어. 지금 내가 당하는 고통은 모두 시엔을 버린 죄값이야."

"간질은 자네가 시엔과 함께 있었어도 사정을 안 봐줬을 거야."

가셰 박사가 말했다.

테오는 빈센트가 고갱에게 쓴 편지를 읽고 눈물을 닦았다.

"고갱…… 형이 이렇게 된 건 어쩌면 모두 고갱 탓 아닐까요?"

테오가 작은 소리로 물었다.

"고갱이 없었더라도 발작은 일어났을 거요. 고갱이 간질을 막을 재간이라도 있었을 것 같소?"

"그…… 작은 아이, 빈센트는……."

빈센트가 너듬거렸다.

"잘 있어요."

테오가 갈라진 목소리로 말했다.

"그 애에게는 아무 말도 하지 말아라…… 알리지 말아라……."

1890

"네, 약속할게요."

"그리고…… 그 애에게 다른 이름을 지어주어라."

"알겠어요."

빈센트는 다시 의식을 잃었다. 그리고 한참 후 다시 깼다.

"내 그림을…… 내 그림과 파이프를 좀……."

테오와 가셰 박사는 빈센트의 그림들을 가져와 벽에 걸었다.

아를르의 노란 집과 의자, 전원 풍경, 정물화와 초상화 등의 그림이었다.

"많군."

빈센트가 중얼거렸다.

"그렇지, 아주 많다네."

가셰 박사는 계속해서 그림을 가져왔다.

"기가 막혀, 정말 훌륭해."

가셰 박사는 그림을 새로 가져올 때마다 외쳤다.

"자, 이젠 자네도 저항할 수 없겠지. 빈센트, 자네는 대가야. 그래서 자네 그림은 모두 틀에 끼우는 거야."

빈센트가 미소 지었다.

"이제 돌아가도 좋다고 말해 주시오."

빈센트가 속삭였다. 그리고는 온몸을 심하게 떨었다.

"자, 이 그림들을 보게, 빈센트."

가셰 박사는 다시 한 번 이렇게 말하며 침대 옆으로 다가갔다.

"그렇구나……."

테오는 심장이 멎어버릴 것만 같았다.

"에크시투스!"

가셰 박사가 말했다.

"뭐라고요?"

테오가 물었다.

"죽었단 말이오!"

가셰 박사가 외쳤다.

빈센트가 죽기 전 머물렀던 오베르의 라브 여인숙 앞에 선 구스타프 라브(왼쪽 끝)와
빈센트의 모델이 되어주기도 했던 그의 딸(가운데) 아드리네.

10

관 뒤에는 테오와 가세, 툴루즈 로트렉, 에밀 베르나르, 폴 시냐크, 조셉 반탕, 파스케, 그리고 집주인…… 이렇게 여덟 명이 따라갔다.

"이 묘지는 정말 깨끗한 곳이야. 가엾은 빈센트가 자주 그리던 보리밭에 둘러싸였군."

모두 구덩이 앞에서 조그만 삽으로 흙을 퍼 넣었다.

제일 먼저 테오가 앞으로 나왔다.

형은 이제야 그렇게 원하던 평화를 얻었네. 그런데 나는 영원한 슬픔을 얻었어. 나 역시 곧 형 곁으로 갈 것만 같은 생각이 들어. 그러면 나도 형이랑 나란히 누울 수 있겠지. 어머니, 우리 두 사람은 정말 다정한 형제였어요.

테오는 마음속으로 이렇게 말했다.

가세는 커다란 해바라기 꽃다발을 무덤 속으로 던졌다.

"노란 꽃을 좋아했던 자네에게 이 꽃을 보내네. 하지만 이 꽃은 자네가 그린 그림만큼 아름답지 않군."

돌아오는 길에 로트렉은 이렇게 말했다.

"서둘러서 파리로 돌아가야 해. 난 지금 코미디계의 한 비극 여배우를 그리고 있는데…… 아주 기가 막히지."

"다음은 내 차례라고! 요즘 담즙이란 놈이 발광을 시작해 아파서 죽을 지경이야."

파스케가 말했다.

"파스케 자네는 가엾은 빈센트가 자네보다 먼저 죽어 샘이라도 나는 모양이군."

로트렉이 중얼거렸다.

"난 내 얘기 하는 걸 별로 즐기지 않지만…… 난 지금 길을 그리고 있어요. 온통 회색이지요. 그 회색을 당신들이 보고 잘 이해해야 할 텐데…… 아무튼 나도 서둘러야 해요."

반탕이 말했다.

"자네는 어떤가, 에밀?"

시냐크가 물었다.

"풍경이야. 난 그 그림을 최대한 빨리 마무리할 생각인데…… 자네가 보기에 어떨지 빨리 보여주고 싶네. 아직도 빛을 표현하는 게 제대로 안 된단 말이야. 하지만 언제까지나 이전 사람들이 해오던 걸 따라 할 수는 없잖아. 우린 노예가 아니니까."

"우린 항상 새로운 걸 추구하며 앞으로 나가야 해."

폴 시냐크가 말했다.

"그렇지. 전진하는 거야. 어제의 대가가 오늘의 우리에게 도움을 줄 수는 없어. 우리는 오늘을 살면서 각자 혼자 힘으로 전진해야 해. 자, 어서 돌아가서 우리의 일을 계속하자고!"

1853년 3월 30일 네덜란드 북부 브라반트 지방 준데르트에서 테오
도루스 반 고흐 목사와 그의 아내 안나 코르넬리아
의 여섯 자녀 중 첫째 아들로 빈센트 윌렘 반 고흐
가 태어났다. 1년 전 같은 날 태어난 같은 이름의
형이 있었으나 태어나자마자 죽었다.

1857년 5월 1일(4세) 동생 테오도루스가 태어났다.

1869년(16세) 빈센트 숙부(센트 숙부)가 설립한 구필 화랑의 헤이
그 지점 점원으로 취직했다.

1872년(19세) 동생 테오와 편지 교환을 시작했다.

1873년(20세)   테오가 구필 화랑의 브뤼셀 지점에 취직했고, 빈센트는 5월에 런던 지점으로 옮겨갔다. 그곳에서 로이어 부인 집에 하숙하며 그녀의 딸 우술라에게 마음을 빼앗겨 구애하나 거절당한다.

1874년(21세)   10월에 구필 화랑의 파리 본점으로 임시 발령받았고, 12월에 다시 런던 지점으로 돌아왔다.

1875(22세)   5월, 파리 샤프탈 가의 구필 화랑 본점으로 정식 발령을 받는다. 그러나 미술품 매매에 점점 관심을 잃고 성경에 탐닉하게 된다.

1876년(23세)   구필을 잇는 부소&발라동 화랑을 떠나 에텐의 부모님 집에 잠시 머물다가 다시 영국으로 떠난다. 런던 램스게이트의 기숙학교에서 보조 교사로 일하며 열 살에서 열네 살까지의 소년 24명을 지도했다. 7월부터는 런던 근처 아이슬워스의 사제 T. 슬레이드 존스의 설교 조수가 되어 거기서 최초의 설교를 했다. 12월에는 다시 부모님이 있는 에텐으로 돌아갔다.

1877년(24세)   1~4월까지 도르트레히트에 있는 반 블루세&반 브라암 서점 점원으로 일했다. 5월에는 암스테르담의 요하네스 숙부 집에서 신학 대학에 들어가기 위해 공부를 시작했다. 그러나 빈센트의 머리 속에선 렘브란트에 대한 생각과 그의 그림들만이 맴돌았다.

1878년(25세) 신학 공부를 포기하고 에텐으로 돌아왔다. 8월에 브뤼셀의 전도사 양성소에 들어가 석 달 동안 연수를 받았지만 전도사로 임명받지 못했다. 그러나 빈센트는 "가난한 자들, 굶주린 자들에게 성경 말씀을 들려주기" 위해 자비로 보리나주의 탄광지대로 들어가 광부들에게 성경을 가르치기 시작한다. 이때부터 데생에 대한 관심이 생겼다.

1879년(26세) 1월 6개월간의 임시 전도사로 임명된다. 그러나 탄광이 폭발하고 파업이 일어났을 때 보인 지나친 헌신이 상부의 심기를 불편하게 해 계약을 갱신하지 못한다. 자비로 쿠에스메스에서 선교를 계속하며 테오와 불화를 겪었다.

1880년(27세) 7월부터 다시 테오와 편지를 주고받게 된다. 파리의 부소&발라동 화랑에 취직한 테오는 빈센트에

게 매달 송금하기 시작했고, 동생 덕분에 용기를
얻은 빈센트는 광부들을 그리고 밀레의 그림들을
모사했다. 또 바르그의 교본을 보고 혼자 데생 공
부를 했다. 11월에는 브뤼셀로 가서 안톤 반 라퍼
르트를 만났다.

1881년(28세) 4월 에텐에서 테오와 만난다. 이때는 주로 풍경과
농촌 사람들을 그렸고, 사촌 안톤 모베를 만난 이
후 그의 권유로 물감을 사용하게 된다. 사촌 케이
에 대한 가망없는 사랑으로 인해 가족들과의 관계
가 악화된다.

1882년(29세) 1월, 안톤 모베가 있는 헤이그로 간다. 그곳에서
클라시나 마리아 후릭(시엔)을 만나 동거하며 그녀
를 모델로 몇 점의 그림을 그렸다. 헤이그의 예술
가들과 교류하며 수채화 작업을 했고, 유화와 석판
화도 시작했다.

1883년(30세) 시엔과 헤어져 드렌테로 갔다가 12월에는 당시 누
에넨에 살고 있던 부모님에게 돌아갔다.

1884년(31세) 누에넨에서 아틀리에를 얻어 직조공, 농부, 풍경들

을 그렸다. 자신을 사랑하는 열 살 연상의 마르호 트와 결혼할 생각을 했으나 그녀 가족의 반대로 이루지 못했다.

1885년(32세) 3월, 빈센트의 아버지 반 고흐 목사가 갑작스레 사망했다. 빈센트는 농부들의 인물 습작에 몰두했고, 〈감자 먹는 사람들〉을 제작했다. 10월에는 암스테르담의 여러 미술관들을 방문했고, 11월에는 앙베르로 거처를 옮겼다. 일본 석판화에 관심을 가졌고, 루벤스의 작품에 감동받았다.

1886년(33세) 1월, 아카데미에 등록해 누드모델을 앞에 두고 작업해 보았다. 3월에는 파리의 테오와 합류해 코르몽의 아틀리에에서 공부하며 인상파 화가들을 만났고 로트렉, 베르나르, 기요맹, 피사로 등과 친분을 맺었다. 이때 물감 상인 줄리앙 탕기도 알게 되었고, 이 시기에 몽티셀리풍의 꽃들이 있는 풍경과 도시 풍경을 많이 그렸다. 인상파 화가들의 특징을 자신의 화풍에 흡수했나.

1887년(34세) 3월, 카페 르 탬버랭에서 일본 석판화 전시회를 열었다. 11월에는 클리시 가에서 개최된 '뒷골목의 인상파 화가들'의 전시회에 그림을 전시했고, 12월에는 시냐크, 쇠라 등과 함께 테아트르 리브르 당투안에서 그림을 전시했다.

1888년(35세) 2월, 파리를 떠나 아를르로 가 라마르틴 광장에 있는 '노란색 집'을 빌려 거주하며 작품 활동에 온 힘을 쏟았다. 6월에는 5일간 지중해의 생트 마리 드 라 메르에서 지냈다. 8월에는 해바라기 그림을 그리기 시작했고, 9월에는 고갱, 베르나르와 자화상을 교환했다. 그리고 10월에는 아를르로 온 고갱과 공동생활을 시작했다. 12월 23일, 고갱과의 격렬한 말다툼 끝에 자신의 왼쪽 귀를 잘랐다. 고갱은 아를르를 떠났다.

1889년(36세) 1월에 회복되어 노란색 집으로 돌아와 〈귀를 자른 자화상〉과 〈흔들의자에 앉은 여인〉을 그렸다. 그러나 2월에 다시 발작을 일으켜 병원에 입원했다. 이후 곧 퇴원했지만, 아를르 시민들의 요청으로 정신병원에 감금된다. 3월에 시냐크가 병원으로 빈센트를 방문했고, 4월 17일에는 테오가 요한나 게시나 봉제르와 결혼했다. 5월 8일에는 빈센트 스스로 생 레미의 생 폴 드 모솔 정신병원에 입원했다.

그곳에서 병원과 정원, 올리브 나무, 사이프러스 나무, 별이 빛나는 밤 등을 그렸다.

7월에 세 번째 발작을 일으킨 이후에는 병원에서 지내며 주로 밀레와 렘브란트의 복제 판화들을 소재로 그림을 그렸고, 자화상도 많이 그렸다. 9월에는 앵데팡당전에 유화 2점을 출품했다.

1890년(37세) 1월 브뤼셀에서 열리는 20인전에 초대되어 유화 6점을 전시했고, 그중 〈붉은 포도밭〉이 안나 보호에게 팔렸다. 평론가 알베르 오리에가 《메르큐레 드 프랑스》 창간호에 반 고흐에 대한 중요한 평론을 실었다. 2월 말 다시 격심한 발작을 일으켰다. 5월 16일, 생레미를 떠나 파리로 가서 사흘 동안 테오의 집에 머물렀다. 그때 테오의 아내 요한나 게시나 봉제르와 자신의 이름을 물려받은 테오의 아들을 처음 만났다. 그후 가셰 박사의 치료를 받기 위해 오베르의 여인숙에 머물면서 석 달 동안 80점이 넘는 유화를 그렸다.

7월 27일 마침내 빈센트는 자신의 가슴에 방아쇠를 당겼고, 7월 29일 동생 테오가 지켜보는 가운데 숨을 거뒀다. 테오도 이듬해 1891년 1월 25일 건강 악화로 사망했다.

1) Jules Dupré, 1811~1889, 프랑스의 화가, 석판화가.

2) Georges Michel, 1763~1843, 프랑스의 화가.

3) Charles-Francois Daubigny, 1817~1878, 프랑스의 화가.

4) Jacob Maris, 1837~1899, 네덜란드의 화가.

5) Jozef Israels, 1824~1911, 네덜란드의 화가.

6) Anton Mauve, 1838~1888, 네덜란드의 화가.

7) Jean-Baptiste-Camille Corot, 1796~1875, 프랑스의 화가.

8) Jean-Louis-Ernest Meissonier, 1815~1891, 프랑스의 화가.

9) Xavier de Cock, 1818~1896, 벨기에의 화가.

10) 유럽 원산의 십자화과 다년초로 봄에 향기로운 노란 꽃이 핀다.

11) Albrecht Dürer, 1471~1528, 독일의 화가이자 조각가.

12) Albert Cuyp, 1620~1691, 네덜란드의 화가.

13) Galanthus, 수선화과에 속한 알뿌리 식물. 유럽이 원산지로 약 15종 정도

가 있다. 알뿌리 근처에 줄 모양의 잎이 두세 개 붙으며, 높이 20～30센티
미터 정도로 자라고 겨울에서 이른봄에 걸쳐 흰 꽃이 꽃대 끝에 한 송이
핀다.

14) Thomas a Kempis, 1380?～1471, 네덜란드의 신학자. 그리스도교 문학
에서 성서 다음으로 가장 큰 영향을 미친 것으로 여겨지는 신앙서《그리스
도를 본받아^{Imitatio Christi}》의 저자로 추측된다.

15) Jean Léon Gérome, 1824～1904, 프랑스의 화가이며 조각가.

16) Edouard Frère, 1819～1886, 프랑스의 화가.

17) Pieter Bruegel, 1528?～1569, 플랑드르의 화가.

18) Matthys Maris, 1839～1917, 네덜란드의 화가.

19) Charles Mèryon, 1821～1868, 프랑스의 화가.

20) Jules Breton, 1827～1901, 프랑스의 화가.

21) Félicien Rops, 1833～1898, 벨기에의 화가.

22) Jean Baptiste Simeon Chardin, 1699～1779, 프랑스의 화가.

23) Jan Steen, 1626?～1679, 네덜란드의 화가.

24) Max Liebermann, 1847～1935, 독일의 화가.

25) Cremona, 이탈리아의 바이올린 명산지.

26) strychnine, 마전의 씨에 함유되어 있는 알칼로이드. 신경 자극제로 쓰며
쓴맛이 있는 흰 결정성의 유독물로 미소량은 척수신경 장애, 골격근 무력
증, 시각·청각 기능의 저하, 성기능 쇠약 따위에 유효하지만 양이 지나치
면 중추신경 마비, 근육 강직, 경련 따위를 일으킨다.

27) Madame Bovary, 플로베르의 동명 소설의 여주인공. 남편에 대한 불만으

로 부정을 저지르다가 끝내 자살하고 만다.

28) absinthe, 19세기 후반 프랑스에서 많이 마셨던 술로서 쑥의 줄기와 잎을 잘게 썬 다음 고농도의 알코올을 부어 방치한 후 추출하고, 방향 성분이 녹아 있는 이 추출액을 다시 증류해 제조한다. 알코올 도수(45~74퍼센트)가 강하고 당분을 포함하지 않은 암록담황색 술로 식전주로 많이 이용했다.

29) alkaloid, 식물체 속에 들어 있는 질소를 포함한 염기성 유기 화합물을 통틀어 이르는 말. 중요한 생리 작용과 약리 작용을 나타내는 것이 많다. 니코틴, 모르핀, 카페인 따위가 있다.

30) aconitine, 바곳 식물에 포함되어 있는 알카로이드로서 지각·운동·분비 등의 신경을 흥분시켰다가 나중에는 마비시키는 작용을 한다.

31) chloral, 최면 진정제.

32) 콩과에 딸린 작은 상록 교목. 단목(丹木), 소방목(蘇方木)이라고도 한다.

33) Diego Velázques, 1599~1660, 스페인의 화가.

34) Fernand Cormon, 1845~1924, 프랑스의 화가.

35) Berthe-Marie Pauline Morisot, 1841~1895, 프랑스의 여류 화가.

36) Stéphane Mallarmé, 1842~1898, 프랑스의 상징주의 시인.

37) Raphaë Collin, 1850~1917, 프랑스의 화가.

38) Jean-Baptiste-Camille Corot, 1796~1875, 프랑스의 화가.

39) Emile Bernard, 1868~1931, 프랑스의 화가.

40) Henri Rousseau, 1844~1910, 프랑스의 화가.

41) Eugène Delacroix, 1798~1863, 프랑스의 화가.

42) Salon des Refusés, 1863년, 관전(官展) 심사에서 낙선한 그림들을 나폴

레옹 3세가 편파적인 심사라는 세론을 받아들여 살롱 바로 옆에서 연 전람
회. 낙선전(落選展)이라고도 한다.

43) Jean Frédéric Bazille, 1841~1870, 프랑스의 화가.

44) Quentin de La Tour, 1704~1788, 프랑스의 화가.

45) Nadar, Gaspar-Félix Tournachon, 1820~1920, 1842년에 만화가로 데
뷔했다가 1854년에 사진을 시작하고 파리에 사진관을 차렸다. 그의 스튜
디오는 파리 예술계의 명물이었다. 세계 최초로 공중 촬영을 했다.

46) Paul Signac, 1863~1935, 프랑스의 신인상파 화가.

47) Giotto de Bondone, 1266?~1337, 이탈리아의 화가.

48) Gustave Doré, 1832~1883, 프랑스의 화가.

49) Adolphe Monticelli, 1824~1886, 이탈리아계의 프랑스 화가.

50) Honoré Daumier, 1808~1879, 프랑스의 화가.

51) August Strindberg, 1849~1912, 스웨덴의 작가.

'반 고흐' 브랜드와 거리 두기

반 고흐, 천재보다 성실한 인간으로 만날 때

반이정 미술평론가

내 안의 양가감정^{兩價感情}이 반 고흐 비평을 주저하게 한다. 그 양가감정은 현실의 조건들이 만든 것이다. 반 고흐는 19세기 네덜란드 태생의 이름 없는 화가였지만, 그의 사후 지난 20세기부터 하나의 브랜드로 확고하게 자리 잡았다. 독보적인 미적 성취를 이뤘지만 비운의 생애와 맞물려 견제장치 없이 과대평가되는 현재의 위상……. 이는 모두 반 고흐를 둘러싼 불편한 진실이다. 반 고흐에 대한 모순된 시각의 원인은 생전과 생후에 극단적으로 반전된 평가에 기인한다.

반 고흐와 관련해 쏟아지는 거액의 수치들은 우상숭배의 기반을 단단히 굳힌다. 미술 경매 세계 최고가 기록 갱신의 최전선에 그의 유작들이 항시 선전하는 사실이나, 작품을 항공기로 운송할 경우 만일에 대비해 여러 비행기에 나눠 운송한다는 전언이나, 비행기 폭발에도 보호할 수 있는 초강력 크레이트^{crate}에 작품이 실린다는 사실과 작품당 1000억 원대의 운송보험에 가입한다는 순회 전시의 후문 따위도 마찬가지다.

반 고흐 연보는 전업 예술가로 활동한 10년간을 이동 거주지별로 구분한다. 자신의 고향 네덜란드 화단의 17세기 화풍을 답습해 어두운 화면 일색인 네덜란드(1881~1885) 시기, 이와 대조적으로 인상주의의 나라 프랑스에서 밝은 색채로 전환하는 파리(1886~1888) 시기, 동경하던 일본 판화의 또렷한 윤곽선과 신인상주의의 보색대비를 화면에 투영한 아를르(1888~1889) 시기, 흔히 '불타는 붓놀림'으로 알려진 반 고흐의 브랜드가 완성 단계에 이르는 생레미(1889~1890) 시기, 마지막으로 생의 마지막 70여 일을 머문 오베르(1890) 시기로 분류된다.

정규 예술 교육을 이수하지 않은 반 고흐의 10년여의 작업 여정은 19세기 당시의 자율학습법, 즉 유명 화가의 인쇄본을 베껴 그리는 임화臨畵에 의존했다. 그는 임화를 '해석적 번역'으로 간주한 것 같다. 전업 화가가 되기 전 예술품을 복제하는 구필 화랑에 근무하던 시절부터 그는 미술관을 구경하며 선배 작가의 화풍을 두루 접했다. 그후 들라크루아, 렘브란트, 도미에처럼 타지 태생 예술가의 작품을 베껴 그리면서 모범이 되는 화풍을 익혔다.

반 고흐의 독보적 화풍에 영향을 준 것은 1870년대부터 헤이그에서 수집한《도해와 삽화로 전하는 런던 뉴스graphic and illustrated london news》다. 회화에선 만나기 힘든 삽화의 선명한 선 묘사는 파리와 아를르에 머무는 동안 큰 영향을 받은 일본 목판화의 간결한 선 처리 기법과 상통하는 미학이자, 그의 화면으로부터 손쉽게 연상하게 되는 반 고흐 브랜드이기도 하다.

화상畵商 앙브루아즈 볼라르가 회고록에서 당시 화상들로부터 '거미

줄 같은 그림'이라는 혹평을 받았다고 적은 반 고흐의 '불타는 붓질' 자국은 역설적으로 오늘날 그를 기억하는 또 다른 브랜드가 되었다. 이 기법도 화면에 물감을 두텁게 올리는 아돌프 조제프 토마스 몽티셀리Adolphe Joseph Thomas Monticelli의 임패스토impasto 기법을 독자적으로 발전시킨 결과다. 생전 몽티셀리를 동경한 반 고흐와 동생 테오는 몽티셀리에 관한 첫 화집 출간에도 적극적이었다. 색채와 임패스토 기법이 남긴 반 고흐의 화면은 그에게 고정 팬을 만들었다.

반 고흐 유작의 겉과 속에는 사람들의 기대치를 충족시킬 요인들이 빼곡하다. 그의 그림에 관한 무수한 해설문마다 색감과 붓질을 언급하는 건, 그림의 표면이 남다른 매력을 지녔다는 의미일 것이다. 하지만 그의 생전 외면된 작품이 사후 높은 평가로 역전된 현상의 이면에는 동생 테오와 주고받은 서신 등 대중의 연민을 끌어내기 충분했던, 그림의 표면 바깥의 요인에도 기인한다.

인상적인 화면에 버금가게 반 고흐의 인기를 보장한 건 반 고흐에 관한 이런저런 이야기들이다. 친동생 테오가 부양해 준 그의 궁핍한 삶, 자해에 이어 자살로 이어진 정신질환, 생전 저평가된 작품이 생후에는 최고의 현대화 반열에 오른 반전 드라마까지, 반 고흐는 후대의 연민을 살 만한 드라마를 지닌 예술가다. 동생 테오에게 보낸 600여 편의 서신을 포함해 생전에 남긴 800여 통의 서신이 고스란히 보존된 점도 그의 일대기를 신화로 구축하는 사료가 되었다. 그가 쓴 편지에는 그림의 주제에 대한 고민과 그림의 진행 과정 등이 시시콜콜 기록되었으며, 더러 삽화까지 편지지에 그려 넣기도 했다. 말하자면 그이 편지가 자신의 그림에 관한 객관적 해설서가 된 거다. 당연히 사료적 가치가 높을 수밖에 없다.

27세에 전업 화가의 길을 택해 10년의 짧은 창작을 끝으로 세상을 뜬 반 고흐의 이른 죽음이나 생전에 남긴 서신들은 그의 유작이 누리는 무한한 명예를 보증한다. 왜냐하면 그는 편지에 남긴 진술을 끝으로 영원히 입을 다물었기 때문이다. 후대가 채울 수 있는 큰 여백이 남은 셈이다. 무수한 각주 혹은 부풀린 예찬이 매달리는 건 예상된 귀결이다. 모델을 살 형편이 못 되어 자화상을 많이 그렸지만, 다른 화가에 비해 상대적으로 많이 남긴 자화상은 남다른 자의식의 예술가로 해석되는 괴이한 빌미가 되었다. 또한 작가의 의도와 상관없이 반 고흐의 얼굴을 반복적으로 접하게 됨으로써 세간의 호감도가 과도하게 높아지는 결과를 낳았다.

예술의 평가는 현재의 이해관계에 좌우된다. 생전에 외면받은 반 고흐의 작품과 그의 짧고 불우한 삶과 대조적으로, 경매 최고가를 갱신하는 그의 유작으로 미학적 경제적 수혜를 현 세대 사람들이 나눠 갖는 서늘한 풍경은 예술과 현 세대 간의 밀접한 이해관계를 명징하게 보여준다. "예술가는 종교 모델을 내면화하고, 전기 작가들은 그 모델을 활용하며, 후세 사람들은 그 모델에 동화되는 것." _{〈반 고흐 효과〉, 아트북스, 2006년 9월 출간} 이라는 해석이 미술사기기 이닌 니달리 에니히 _{Nathalie Heinich}라는 사회학자의 입에서 나온 사정도 같은 배경이리라.

반 고흐에 대한 선대의 외면만큼 후대가 꾸준히 조성하는 반 고흐 불패신화도 예술의 본질과는 거리가 멀 것이다. 반 고흐를 동시대에 어떻게 수용해야 할까? 주변의 몰이해로 외면받은 천재화가로 이해해야 할까? 그런 해석이야말로 대중의 기대치를 충족시키는 손쉬운 답변일 것이다.

전해지는 반 고흐의 생애는 굵은 안료들로 뒤엉킨 화면처럼 궁핍과 고독, 정신병과 자해, 자살과 저평가로 뒤엉켜 있다. 그의 작업은 물론 남달랐지만 이른 사망 때문에 남겨진 해석의 여백을 후대가 이해관계에 얽혀 과장된 예찬으로 끊임없이 채우는 점은 직시해야 할 것이다. 반 고흐는 편지에서 세속적 성공에 대한 욕심을 숨기지 않은 인물이었다. 그가 달성한 독보적인 화풍도 무수한 고전회화 인쇄물을 베끼는 과정에서 수련된 것이며, 색점으로 구성된 창의적인 화면은 신인상주의 점묘파를, 두텁게 안료를 올리는 기법은 바르비종파의 디아즈 드라 페냐^{Diaz de La Pena}와 몽티셀리의 선례를 독자적으로 발전시킨 결과였다.

반 고흐를 직시하려면 주변의 손쉬운 경거망동에 흔들리지 않고 그의 발전상을 초연하게 지켜보는 것일 게다. 배타성 없이 여러 유파^{流派}의 스타일을 융통성 있게 차용한 반 고흐의 10년간의 태도를 직시해 제 삶의 태도로 수용하면 될 것이다. 반 고흐는 브랜드가 되었다. 그러나 그 브랜드는 개개인의 태도로 수용하긴 어려울 브랜드이다. 왜냐하면 후대가 끊임없이 매단 무수한 각주들로 완성된 브랜드이니 말이다.

또 반 고흐의 생애를 가장 근거리에서 밝힌 이 책을 통해 '반 고흐' 브랜드가 아닌 화가 빈센트 반 고흐의 삶과 작품을 과장된 평가나 불필요한 연민 없이 바라보는 것도 반 고흐를 직시하는 하나의 방법일 것이다.